电子商务类专业
创新型人才培养系列教材

网络营销
策划与推广

AIGC 版 慕课版 | 第2版

王涛 邵胜春 / 主编

人民邮电出版社
北京

图书在版编目（CIP）数据

网络营销策划与推广 ： AIGC 版 ： 慕课版 / 王涛，邵胜春主编. -- 2 版. -- 北京 ： 人民邮电出版社，2025. --（电子商务类专业创新型人才培养系列教材）.
ISBN 978-7-115-66496-9

Ⅰ. F713.365.2

中国国家版本馆 CIP 数据核字第 2025G74H55 号

内 容 提 要

互联网的快速发展使网络营销成为企业营销推广的主流方式，本书从网络营销策划与推广的角度出发，先介绍网络营销基础、网络营销市场分析与调研、网络营销策划等内容，再介绍事件营销、内容营销、软文营销、口碑营销、病毒营销、网络广告营销、场景化营销、LBS 营销、大数据营销等常用的网络营销方法，最后介绍搜索引擎营销、社会化媒体营销、短视频和直播营销等当下主流的营销手段。本书内容层层深入，且实例丰富，为读者全方位介绍网络营销策划与推广的相关知识和技能，有效引导读者进行网络营销策划与推广的学习。

本书可作为普通高等院校、高等职业院校网络营销相关课程的教材，也可供有志于从事或者正在从事网络营销相关工作的人员学习和参考。

◆ 主　　编　王　涛　邵胜春
责任编辑　恭竟平
责任印制　王　郁　彭志环

◆ 人民邮电出版社出版发行　　北京市丰台区成寿寺路 11 号
邮编　100164　　电子邮件　315@ptpress.com.cn
网址　https://www.ptpress.com.cn
固安县铭成印刷有限公司印刷

◆ 开本：787×1092　1/16
印张：12.75　　2025 年 6 月第 2 版
字数：349 千字　　2025 年 9 月河北第 2 次印刷

定价：52.00 元

读者服务热线：(010) 81055256　印装质量热线：(010) 81055316
反盗版热线：(010) 81055315

本书第 1 版自出版以来，深受广大院校教育工作者的喜爱及广大读者的好评。随着市场环境的不断变化，以及新技术的不断进步和创新，网络营销持续发展，新的案例不断涌现，网络营销的平台、工具和形式也在不断更新和演变。例如，近年来社会化媒体平台算法的变革，以及人工智能（Artificial Intelligence，AI）技术的应用，都对网络营销的策划与推广提出了新的挑战和要求。因此，编写团队对《网络营销策划与推广（慕课版）》进行全面升级改版，编写了《网络营销策划与推广（AIGC 版 慕课版 第 2 版）》。

一、改版说明

本书在升级改版的过程中，积极响应党的二十大报告中“必须坚持科技是第一生产力、人才是第一资源、创新是第一动力，深入实施科教兴国战略、人才强国战略、创新驱动发展战略，开辟发展新领域新赛道，不断塑造发展新动能新优势”“加快发展数字经济，促进数字经济和实体经济深度融合”的号召，致力于将网络营销策划与推广实践紧密结合，以网络营销数字化工作为内容框架，全力培养具备拔尖素养和高度专业能力的优秀人才，力争做到以下创新。

1. 项目任务驱动教学

本书由第 1 版的章节式结构转变为项目任务式结构，将传统的教师主导、学生被动接收知识的模式转变为以学生为中心的主动探索模式，使学生能够在课程学习的过程中逐步培养职场所需的各项技能。

2. 教、学、练一体化

本书重新梳理了网络营销的知识体系，旨在为学生提供一种全面、系统且实践性强的学习体验。本书经过精心编排，每个项目均按照学习目标、能力目标、素养目标、情境导读、案例引导、知识讲解、课堂实训、课后习题的体例顺序介绍，使学生能够系统掌握网络营销策划与推广的核心知识与技能。

3. 弃旧换新

本书紧跟网络营销的发展趋势，引入最新的营销理论、策略和方法，如网络广告营销、场景化营销、大数据营销、小红书营销、AI 在网络营销中的应用等，精选众多具有代表性的网络营销案例，帮助学生了解行业动态，把握市场走向。

4. 以职业素养促进德才并进

本书着眼于岗位需求，注重立德树人，培养学生自信自强、守正创新、踔厉奋发、勇毅前行的精神，强化学生的社会责任感和法律意识，从而全面提高人才的自主培养质量，努力培养出符合时代要求的创新型人才。

二、本书特色

本书主要具有以下特点。

1. 情景代入，贯通全书

本书针对网络营销岗位，循序渐进地按照“案例引导＋知识讲解＋课堂实训＋课后习题”的顺序介绍网络营销策划与推广的相关知识，由浅入深，层层深入。与此同时，本书以新员工按照公司业务需求开展各种网络营销策划与推广项目的情境引出教学主题，并围绕项目运营需求，模拟真实的工作情景，实施各项任务，旨在让学生了解相关知识点在实际工作中的应用情况，做到理论与实践相结合。

本书设置的情景角色如下。

公司：北京泰创营销策划公司，是一家大型网络营销策划公司。

人物：李巧——北京泰创营销策划公司实习人员；赵磊——北京泰创营销策划公司资深的网络营销专员。

2. 案例新颖、丰富，实战性强

本书每个项目均以案例导入的方式引导学生学习，并在介绍相关知识的过程中穿插对应的示例。示例以文字或图片的形式进行展示，具有很强的可读性和参考性，可以帮助学生快速理解与掌握网络营销策划与推广的方法。

3. 栏目多样

书中的“专家指导”栏目总结了与网络营销策划与推广相关的经验、技巧等，“职业素养”栏目涵盖行业规范、职业道德、法律法规、中华传统文化、社会主义核心价值观等内容，可以帮助学生更好地梳理知识，提高思辨能力和综合素质。此外，本书通过二维码的形式提供了一些拓展知识，扫描二维码即可阅读。

4. 教学资源丰富

本书提供了精美的 PPT 课件、参考答案等资源，还提供模拟题库、电子教案等资源，用书教师可通过人邮教育社区自行免费下载。

扫码看慕课

由于编者水平有限，本书难免存在不足之处，欢迎广大读者批评指正。

编者

2025 年 2 月

Contents 目录

目录 Contents

目录 Contents

PART 01

项目一 网络营销基础

学习目标

- 熟悉网络营销的概念、特点、发展趋势和新兴技术，以及 AI 在网络营销中的应用。
- 掌握网络营销岗位的工作职责、任职要求和职业素养。
- 掌握网络营销的 4 大策略。

能力目标

- 能够灵活运用 AI，辅助开展网络营销工作。
- 能够根据自身实际情况和网络营销岗位的要求提升个人技能。

素养目标

- 培养创新意识和创新思维，勇于尝试新事物，敢于实施创新活动。
- 树立正确的营销意识，规范营销行为。

情境导读

李巧是一名市场营销专业的学生，在学校学习了网络营销课程后，她对网络营销产生了浓厚的兴趣。临近毕业，李巧顺利进入北京泰创营销策划公司（以下简称“泰创公司”）实习。赵磊是泰创公司的资深网络营销专员，李巧实习期间，由赵磊全面负责对她的指导工作。为了让李巧能够快速适应网络营销工作，赵磊为她精心规划了一系列学习和实践任务。

案例引导

网络营销助力国货崛起，白象引领方便面市场新风尚

近年来，在国货崛起的大背景下，不少低调的国货品牌开始重新进入人们的视野，并借着可靠的品质、亲民的价格，以及出色的网络营销获得了不少称赞，白象就是其中的典型代表之一。白象创立于1997年，凭借着对市场的敏锐洞察和创新的网络营销策略，成为引领方便面市场新潮流的佼佼者。

受到外卖的冲击，人们对方便面的需求逐渐减少。在这样的背景下，白象积极谋求转型，主动拓展产品线，将自家产品从传统方便面扩展到整个方便速食品类（包括卤鸡蛋、荞麦面、酸辣粉、麻辣烫等），以满足新一代年轻用户对方便速食产品的需求。针对人们对方便速食产品的多元化需求，白象在产品研发时主要聚焦还原我国各地的地域风味和将线下餐饮类型复刻到线上两个方向，并缩短了产品从研发到上架的时间。仅2023年，白象就上市了10多款新品，包括大辣娇火鸡面系列和走街串巷系列等。其中，大辣娇火鸡面针对不同地方的特色，推出了经典甜辣、贵州酸辣、新疆烧烤、湘辣擂椒4种口味；走街串巷系列则聚焦蟹黄拌面、红酸汤鱼面、沙嗲海鲜面、胡椒猪肚鸡汤面等地域小众风味。不仅如此，白象对未被满足的市场需求的洞察十分敏锐。以热销产品香菜方便面为例，白象通过抖音的流量数据大盘发现，抖音上香菜相关话题有着巨大的流量，这表明抖音用户对香菜的兴趣和关注度相当高。白象察觉到市面上没有香菜口味的方便面，于是迅速抓住这一市场机会，与抖音合作，快速推出了香菜方便面。

在营销方面，白象也展现了其前瞻性和创新性。白象积极采用微信、微博、短视频、直播等年轻用户普遍接受的方式开展营销，不仅提升了品牌的曝光度和知名度，也增强了与年轻用户的互动和连接。例如，为推广香菜方便面，白象与多位抖音达人（达人即在某一领域非常专业的人）合作，从不同角度打造创意内容，如“把香菜面拍成吃不起的样子”“深夜香菜面真香吃播”短视频等，以展现香菜方便面的特色，加深了用户对香菜方便面的印象。为拉近与用户的距离，白象还在各大网络营销平台上积极地与用户互动，通过发起话题挑战、有奖竞猜等形式，吸引用户参与并分享，有效提升了品牌曝光度、增加了用户黏性，并且培养了忠实的粉丝群体。另外，白象开展的网络营销工作还会根据平台的不同采取差异化的营销策略。例如，在微信公众号，白象会定期发布有关产品介绍、新品上市、优惠活动等的营销内容；在抖音，白象会借助短视频、直播等来直观地展示产品的卖点（取材、原料、口味），以实现产品“种草”，拓宽用户群体。凭借多元化的产品、差异化且贴近年轻用户的营销策略，白象成功地吸引了广大用户的目光，受到越来越多用户的喜爱。

思考

（1）白象采用的产品策略是怎样的？

（2）白象是如何营销香菜方便面的？

任务一 认识网络营销

随着市场经济的成熟、信息技术的飞跃、营销渠道的多样化，以及移动智能设备的普及，网络营销迈入全新的发展阶段，在市场营销中越来越受到重视。基于互联网的网络营销，不仅延伸了传统市场营销的路径与手段，还优化了企业的营销生态，对提升企业核心竞争力、达成经营目标等具有不可忽视的作用。

一、网络营销的概念与特点

网络营销已成为现代营销领域的主流趋势，无论是企业或品牌的专业营销团队，还是从事营销相关工作的人员，都应该充分了解网络营销的概念和特点，以便结合互联网开展营销实践活动。

（一）网络营销的概念

网络营销是企业营销战略的重要组成部分，是以互联网和现代营销理论为基础，利用数字化的信息和网络媒体的交互性来辅助实现营销目标的一种新型市场营销方式。总的来讲，凡是以互联网为主要平台开展的各种营销活动，都可被称为网络营销。不过，需要对以下 3 点进行区分。

1．网络营销不等于网络销售

网络销售是网络营销发展到一定阶段的产物，但网络营销本身不等于网络销售。一方面，网络营销的目的不仅是促进产品销售，还有提升品牌价值、加强品牌与用户之间的沟通、拓展对外信息发布渠道和改善客户服务等。另一方面，网络销售的推广不仅需要依靠互联网，往往还需要采取许多传统的销售方式，如传统媒体广告宣传、发布新闻和印发宣传册等。

2．网络营销不等于电子商务

网络营销和电子商务均基于互联网开展，但电子商务的核心是电子化交易，强调的是交易方式和交易过程；而网络营销并不是一个完整的交易过程，它只是电子商务中的一个重要环节，为促成电子化交易提供服务支持，对电子化交易起到重要的信息传递作用。

3．网络营销是手段而不是目的

网络营销指通过综合利用各种网络营销方法、工具、条件，并协调它们之间的相互关系，从而更加有效地实现企业营销目的的手段。

（二）网络营销的特点

网络营销随着互联网的变化而发展，相比传统市场营销手段，网络营销具有以下特点。

1．全球性

互联网的全球连通性让网络营销可以跨越地理界限，实现全球范围内的产品推广和客户服务。企业可以 24 小时不间断地向全世界的用户展示产品和服务，而不必受时间和空间的限制。

2．交互性

网络营销具有良好的交互性。一方面，用户能自主通过网络平台查看与搜索信息；另一方面，企业能更加直接地与用户交流和沟通，拥有更多展示自身的机会，同时也有助于提升企业的应变能力。

3．个性化

网络营销可以根据用户的兴趣、偏好和需求，提供个性化的产品和服务。通过数据分析和用户行为跟踪，企业可以深入了解用户的需求，并据此制订更加精准的营销策略。

4．经济性

相比传统营销方式，网络营销往往具有更高的经济性。很多在线营销手段，如搜索引擎优化（Search Engine Optimization，SEO）、内容营销、社会化媒体营销等，初始投资相对较小，但覆盖面广、长期效果显著，可以用较低的成本实现品牌推广和销售目标。

5．创新性

在数字信息时代，网络营销焕发了前所未有的创新活力。例如，在战略布局上，网络营销不再局限于传统的营销渠道和方式，而是充分利用互联网的特性，将线上和线下进行有机整合，构建全方位的营销体系。在技术应用上，网络营销巧妙地应用 AI、大数据等技术进行精准营销、个性化推荐、沉浸式体验等创新实践。这些创新不仅可以推动营销行业的发展，还可以为企业带来更多的商业机会和竞争优势。

6．可衡量性

网络营销的效果可以通过各种数据指标进行追踪和衡量，如网站访问量、转化率、互动量等。这些数据可以帮助企业了解营销活动的实际效果，从而及时调整营销策略，提高营销效率。

专家指导

虽然网络营销对传统市场营销产生了巨大的影响，也有着巨大的优势，但这并不代表网络营销可以完全取代传统市场营销。网络营销与传统市场营销是互相依赖、互相补充和互相配合的关系。

二、网络营销的发展趋势

目前，网络营销所涉及的行业和领域越来越广泛，营销的方式也越来越丰富，再加上移动互联网、社会化媒体平台的开放性和互动性，使网络营销得到了更加广泛的应用。随着互联网技术的飞速发展与用户行为习惯的不断演变，网络营销在未来的发展可能会呈现以下趋势。

1．精细化

一方面，大数据等技术使得企业能够更深入地洞察用户，通过数据分析预测用户的购买行为，进而制订更为精准的营销策略；另一方面，用户对产品或服务的需求越来越个性化，他们不再满足于千篇一律的产品和服务，而是希望获得更加符合其自身需求和喜好的定制化体验，这种个性化需求的增加会促使企业不得不更加关注用户的个体差异和独特需求，从而推动精细化营销的发展。

2．智能化

目前，我国 AI、大数据等技术发展良好，这些技术也将在网络营销中发挥越来越重要的作用。例如，AI 技术将用来智能分析用户的购买历史和浏览行为，预测其在未来的消费趋势，并借助智能算法实现精准推送，提升营销效果；大数据技术将用来了解市场动态、竞争对手情况和用户需求，以提升数据分析的便捷程度。未来，网络营销会愈发智能、高效。

3．移动化

随着智能手机和平板电脑的普及和移动互联网技术的发展，网络营销将呈现移动化的发展趋势。例如，企业将移动设备作为首要触达用户的渠道，设计和优化网站、发布营销内容时会优先考虑移动用户的体验；会开发企业专属移动应用程序等。

4．可视化

在信息过载的网络环境中，用户会更倾向于直观、生动、参与性强的视觉内容，如短视频、直播等。未来，网络营销也会愈发强调以视觉为中心，通过直观、生动、参与性强的视觉内容，增强信息传达效率，从而提升用户的参与度和营销效果。

三、网络营销的新兴技术

网络营销的新兴技术持续推动着该领域的创新和发展，如大数据、AI、虚拟现实（Virtual Reality，VR）、增强现实（Augmented Reality，AR）、区块链等。

（一）大数据

数据是存储在某种介质上的、包含信息的物理符号；大数据指无法在一定时间范围内用常规软件工具捕捉、管理、处理的数据集合；大数据技术指为传送、存储、分析和应用大数据而采用的软件和硬件技术，也可将其看作面向数据的高性能计算系统。在网络营销中，大数据技术的应用主要有用户画像和个性化推荐、舆情监测与分析、营销广告的投放等。例如，图 1-1 所示为微信朋友圈和公众号消息中的信息流广告（根据用户的在线行为、兴趣、地理位置等多种数据，将广告自然地融入用户浏览的信息流中的广告形式），这种信息流广告就是应用大数据技术，通过分析用户的浏览记录、搜索历史、社交关系等数据，构建用户的兴趣、偏好、需求等，然后实现对广告的精准投放。

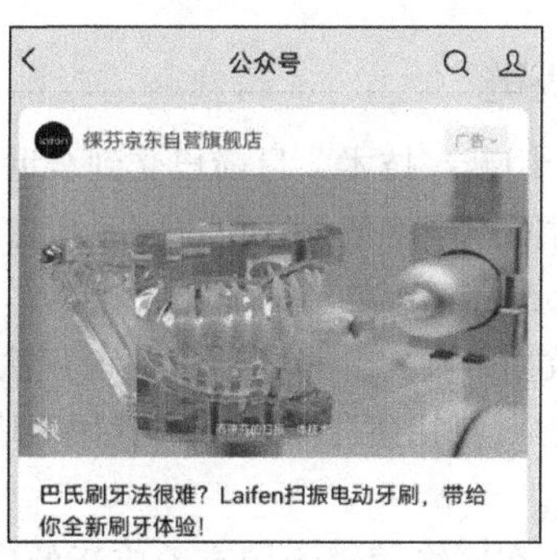

图 1-1 朋友圈和公众号信息中的信息流广告

专家指导

就技术层面而言，大数据必须依托分布式（将一个系统划分为多个业务模块，并分别部署到不同的机器上）架构来分布式挖掘海量数据，且必须利用云计算的分布式处理、分布式数据库、云存储和虚拟化技术。因此，大数据与云计算密不可分。云计算技术可以在很短的时间内（几秒）完成对数以万计的数据的处理，可以将其理解为通过“云”（对互联网的一种比喻说法）将巨大的数据计算处理程序分解成无数个小程序，然后通过多部服务器组成的系统进行处理和分析，最后得到结果并将其返回给用户。

（二）AI

AI指由人工制造的系统所表现的智能，可以概括为研究智能程序的一门科学。人工智能研究的主要目标是用机器来模仿和执行人脑的某些智力功能，探究相关理论、研发相应的技术，如判断、推理、识别、感知、理解、思考、规划、学习等思维活动。目前，AI在网络营销中的应用比较广泛，如内容生成和审核、智能客服、虚拟主播等，可以用来提升用户体验和营销效率等。

（三）VR

VR是一种可以创建和体验虚拟世界的计算机仿真系统。VR的主要特征是让用户成为并感受到自己是模拟环境中的一部分。当用户感知到虚拟世界的刺激，包括触觉、味觉、运动感知等时，便会产生思维共鸣。VR可以实现人机交互，用户可以在操作过程中得到在模拟环境中的真实反馈，如在推动虚拟世界中的物体时，物体会向力的方向移动、翻倒、掉落等。

（四）AR

AR是在VR的基础上发展起来的技术，即将计算机生成的文本、图像、三维模型、音频、视频等虚拟信息进行模拟仿真后，应用到真实世界中。两种信息互为补充，从而实现对真实世界的"增强"。将AR应用在网络营销中的优势在于能够创新推广方式、增强营销效果。通过AR互动，用户可以更加积极地参与营销活动，从而提升用户的留存和裂变推广。

专家指导

AR和VR在网络营销中各有优势，AR更侧重于在真实环境中增加虚拟元素，从而改善用户体验、提升互动性；而VR更侧重于提供完全沉浸式的虚拟体验，让用户可以全方位、多角度地观察和体验产品。

（五）区块链

区块链是一门新兴技术，目前已受到全世界金融界与技术界的高度关注。从狭义上讲，区块链是一种按时间顺序将数据区块以顺序相连的方式组合的一种链式数据结构，并以密码学方式保证其不可篡改和不可伪造的分布式账本。从广义上讲，区块链技术是利用块链式数据结构来验证与存储数据，利用分布式节点共识算法来生成和更新数据，利用密码学的方式保证数据传输和访问的安全，利用由自动化脚本代码组成的智能合约来编程和操作数据的一种全新的基础架构和应用模式。

区块链技术在网络营销领域有着广泛的应用前景，可以提升营销内容的可信度、透明度和安全性，进而改善用户体验。具体来说，区块链在网络营销中的应用主要有营销内容的版权保护与溯源、用户数据隐私保护等。

四、AI在网络营销中的应用

AI在网络营销中的应用广泛且深入，包括调查研究、营销内容创作、用户体验等，有效地提高了网络营销的效率和效果。

（一）AI+调查研究

在网络营销的调查研究方面，AI可以提供更为全面、深入和高效的市场信息支持。例如，AI技术可以快速且有效地从海量互联网数据中收集关于市场趋势、用户行为、竞争状况等方面的数据，并通过自然语言处理和机器学习等技术，自动解析和分类数据，从中提取有价值的信息，从而帮助企业更好地了解市场动态和用户需求。图 1-2 所示为秒针系统（基于数据和 AI 的第三方监测公司）提供的洞察分析功能（部分功能展示），该系统有着强大的数据处理和分析能力，可以帮助企业更为深入地了解市场和用户。

图 1-2 秒针系统基于数据和 AI 提供的洞察分析功能

（二）AI+ 营销内容创作

在网络营销中，营销内容是建立品牌认知、吸引用户、促进用户参与和推动销售的关键因素。AI 的出现为营销内容的创作提供了全新的可能性，而 AIGC（Artificial Intelligence Generated Content，人工智能生成内容）就是 AI 在内容创作领域的应用。目前，AIGC 可以根据用户的需求和兴趣自动生成各种形式的营销内容，包括文本、图像、音视频等。通过深度学习算法，AIGC 还可以模仿多种写作风格，并且根据大数据分析来优化内容的质量和效果。这种自动生成内容的方式可以节省时间和人力成本，提高营销效率。通常用来生成内容的 AIGC 工具有 DeepSeek、文心一言、通义千问、笔灵 AI 等。

例如，网易严选在成立 7 周年时，联合网易云音乐用 AI 创作了主题曲《如期》。这首主题曲的作词、作曲、编曲、演唱全部都由 AI 完成，图 1-3 所示为相关宣传海报。又如，伊利曾发布过一支利用 AI 辅助创作的《AI 忆江南》短视频，该短视频聚焦杭州亚运会的举办地——杭州，将古代诗人的名句还原为烟雨朦胧的江南水墨画，生动立体地展现了伊利产品包装上的江南景象。图 1-4 所示为《AI 忆江南》短视频的片段截图。

图 1-3 主题曲《如期》宣传海报

图 1-4 《AI 忆江南》短视频片段截图

（三）AI+ 用户体验

在开展网络营销时，优质的用户体验可以吸引和留住用户，增强用户的忠诚度。AI 在改善和提升用户体验方面同样有着丰富的应用。例如，利用语音识别、语音合成、语义理解等 AI 技术打造的智能客服或聊天机器人，不仅可以回答常见问题、提供产品信息、处理投诉和问题，还能与用户实时互动，提升用户的服务体验。又如，利用图像识别、机器翻译、无人直播等 AI 技术打造的直播间，可以优化用户的视觉体验和购物体验。

（四）AI+ 个性化营销

开展个性化营销是在进行网络营销时用以提升用户黏性和促进销售转化的重要策略。AI 可以通过深度分析用户数据，为其推荐更精准、个性化的产品和服务，推送个性化的营销内容。例如，某饮品品牌基于移动应用收集的用户购买数据，利用 AI 技术对这些数据进行分析，然后根据用户的个性化需求发送优惠券、推荐特定的饮品，并开展定制化的会员奖励活动。

（五）AI+ 广告投放

传统的营销广告投放通常需要人工设定投放时间、投放媒体、目标用户等参数，不仅效率低下，而且在目标用户定位的准确性上也存在局限。随着 AI 技术在网络营销广告方面的应用，广告投放的效率和精准度得到显著提升。具体来说，AI 能够基于用户的历史数据和实时行为数据，自动筛选与广告需求高度匹配的用户群体，从而实现更为精准的目标用户定位。同时，AI 还能根据用户的兴趣爱好和地理位置等信息，对广告的创意和内容进行智能调整，从而确保广告信息与目标用户的偏好和需求高度契合，进而提高广告的点击率和转化率。通过这种方式，不仅可以提高广告的投放效率，还可以提升广告投放的精准度和效果。

任务二　网络营销岗位

随着技术的迅速发展和市场环境的不断变化，社会对网络营销人才的需求越来越大。一名优秀的营销人员不仅需要对网络营销的基础知识有着清晰的认识，还需要充分了解网络营销岗位的工作职责、任职要求和其应具备的职业素养。

一、网络营销岗位的工作职责

纵览招聘网站，我们不难发现，网络营销岗位的工作职责已经远远超出传统的营销范畴，常常涉及运营和推广等多个方面。就岗位本身而言，网络营销岗位如今可以说是一个综合性的职位，其不仅要求从业人员具备营销知识和技能，还要求从业人员具备运营和推广方面的能力。这是因为网络营销的工作往往涉及整个营销过程，包括市场调研、目标用户定位、内容创作、广告投放、社交媒体管理、数据分析等多个方面。图 1-5 所示为智联招聘和 BOSS 直聘上不同公司对网络营销岗位的工作职责的描述。

随着网络营销在企业中被应用得越来越广泛，网络营销岗位的细分程度也越来越高，部分企业还按照营销渠道和具体工作内容等将其划分为搜索引擎营销（Search Engine Marketing，SEM）、新媒体营销、内容营销等岗位。这些岗位各有侧重，但本书只对网络营销岗位这一综合岗位做详细介绍。

结合网络营销的整个过程和图 1-5 中关于网络营销岗位的工作职责描述，可总结出网络营销岗位的工作职责，主要包括以下 8 项。

- 负责分析市场动态和趋势，进行市场调研，分析竞争对手，并根据这些信息制订和执行营销策略。
- 负责企业网站和平台的日常内容更新和维护，确保网站和平台正常运行、内容更新及时。
- 负责创作和编辑各类营销内容，如微信公众号文章、产品和品牌营销短视频、宣传海报等。
- 负责对搜索引擎的优化和营销，提高网站在搜索引擎的搜索结果中的排名，从而增加网站的可见性和流量。
- 负责开展社会化媒体营销，利用各类社会化媒体平台与用户互动，树立品牌形象，提高用户参与度。
- 负责跟踪和分析各种营销活动的数据，如网站流量、用户行为、转化率等，以评估营销效果，并根据数据调整营销策略。
- 负责建立和维护与其他网站、媒体和合作伙伴的友好关系，以寻求合作机会。
- 通过网络渠道收集潜在用户信息，为营销运营和推广提供业务线索；收集和分析用户反馈，调整营销方案，提升用户满意度。

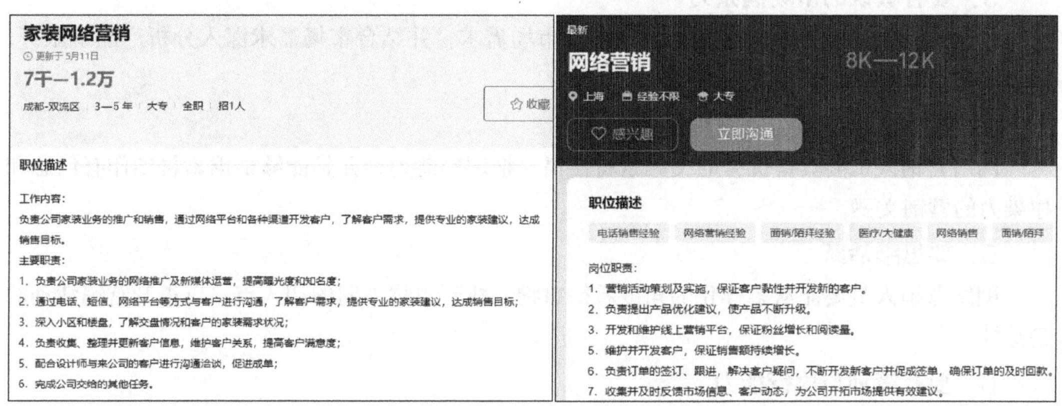

图 1-5　智联招聘和 BOSS 直聘上不同公司对网络营销岗位的工作职责的描述

专家指导

2022 年，人力资源和社会保障部发布《中华人民共和国职业分类大典（2022 年版）》，其中新增互联网营销师这一职业信息。该职业属于网络营销岗位的范畴，学生可以通过阅读《互联网营销师国家职业技能标准》来掌握明确的学习目标和方向。

二、网络营销岗位的任职要求

不同企业网络营销岗位的工作职责大体类似，但各企业关于网络营销岗位的任职要求各不相同。图 1-6 所示为智联招聘和 BOSS 直聘上不同公司关于网络营销岗位的任职要求。

综上，网络营销岗位的任职要求主要体现在以下 6 个方面。

任职要求：	任职要求：
1. 具有1年以上网络营销经验，熟练掌握数字营销领域的各种工具和技术；	1. 大专及以上学历；
2. 精通SEO、SEM和社交媒体营销，具备良好的网络资源和行业了解；	2. 广告策划、市场营销、大众传播、公共关系、艺术展览、传媒等相关专业毕业者优先；
3. 性格开朗外向，有激情，工作严谨；	3. 有抖音、TikTok的运营经验优先，有账号运营经验的优先；
4. 出色的逻辑思维和判断力，能够在复杂的市场环境下做出明智的决策；	4. 有较强的的活动策划、组织能力、熟悉活动流程、善于沟通；
5. 能吃苦耐劳，有责任心，勇于挑战，具有较强的沟通能力；	5. 具备较强的学习能力和优秀的沟通能力；
6. 认同公司文化，遵守公司制度，服从公司管理。	6. 性格坚韧、思维敏捷，具备良好的应变能力和承压能力；
	7. 有服务意识，有开拓精神和良好的团队合作意识，有很强的学习沟通能力。

图 1-6　智联招聘和 BOSS 直聘上不同公司关于网络营销岗位的任职要求

1．要求学历及相关工作经验

一般来讲，网络营销相关岗位会要求应聘者有专科及以上文凭，一般倾向于选择广告、营销、传媒等专业的应聘者，个别公司还要求应聘者通过英语四级。在工作经验方面，大多数公司会要求应聘者有相关实习经验，或是 1 年及以上相关工作的经验。对于特定高级岗位，如网络营销策划总监，除更高的学历和工作经验要求外，还会要求有相关领域深造经验或专业认证。

2．要有沟通协调能力

网络营销涉及多个环节，需要与各部门的工作人员协调与沟通，因此网络营销人员要具备良好的沟通协调能力。

3．要有敏锐的市场洞察力

网络营销人员要能够快速、准确地捕捉市场需求，并结合市场需求深入分析产品或服务，以确定产品或服务的核心卖点。

4．要有素材搜集与文案编辑能力

网络营销人员要具备优秀的文案素材搜集、整理的能力，并且能够根据素材创作有创意和感染力的营销文案。

5．要思维活跃

网络营销人员要能从多样化的角度看待事物，找到事物不同的切入点，以提升营销活动的创意性。

6．要有策划与执行能力

网络营销人员需要具有卓越的策略思维和创意发散能力，具备优秀的营销策划与执行能力。

网络营销岗位虽然常有学历及专业要求，但若是应聘者的能力较强或对该行业有独到见解，并且具有创新意识，那么企业也可能会放宽择取条件。

专家指导

为提升学生的职业能力，部分院校会积极开展相关技能大赛或考试，如网络营销技能大赛、“1+X”（学历证书 + 若干职业技能等级证书）等级考试等。学生应当积极参加技能大赛或考试，以提升自身的职业能力和技能，增强自身的就业竞争力。

三、网络营销岗位的职业素养

良好的职业素养可以帮助网络营销人员更好地应对网络营销工作中所遇到的各种问题，从而不断地学习、进步。总的来说，职业素养主要包括职业信念和职业能力两个方面。

（一）职业信念

持有正确的职业信念对网络营销人员的职业发展至关重要，这些职业信念不仅指导着网络营销人员的日常工作，还影响着他们的决策和行为。职业信念主要包括以下几方面内容。

1. 以用户为中心

营销的核心是满足用户需求。网络营销人员应始终将用户放在首位，努力理解他们的需求、期望和偏好，并据此开展营销工作。这种职业信念有助于建立长期的用户关系，提高用户满意度和忠诚度。

2. 诚实守信

诚实守信是营销活动的基石。网络营销人员应遵守商业道德和法律法规，不进行虚假宣传或误导性营销。网络营销人员不仅应坦诚地面对用户，为其提供真实、准确的信息，还应当遵守承诺。

3. 持续创新

网络营销是一个不断变化的领域。网络营销人员应具备创新精神，关注市场趋势和新技术的发展，不断探索新的营销策略和方法。

4. 不断学习

网络营销是一个需要不断学习和成长的领域。网络营销人员应保持开放的心态，不断学习和掌握新的知识和技能。

5. 团队合作

网络营销工作往往需要跨部门、跨领域。网络营销人员应具备良好的团队合作精神，与其他部门同事保持密切沟通，共同制订和执行营销策略，从而更好地整合资源，提高营销效果。

职业素养

党的二十大报告提出，要“坚持创新在我国现代化建设全局中的核心地位”“培育创新文化，弘扬科学家精神，涵养优良学风，营造创新氛围”。创新的重要性由此可见。营销人员应当树立创新意识、提高创新能力，努力成为一名创新型人才。

（二）职业能力

网络营销人员应拥有充足的知识储备和相应的工作能力，为开展网络营销工作奠定良好的基础。

1. 营销基础知识

网络营销人员需要理解和掌握与营销相关的基本理论、策略和模型，如市场调研、目标市场定位、用户心理分析、营销策略等。

2. 写作能力

写作能力包括创作营销内容时的语言组织等能力；对营销内容的语言风格的把控能力；灵活创作具体内容的能力，即根据不同的营销平台写作不同的内容；运用内容写作技巧的能力，如善用图片、音乐、视频、超链接等元素的能力。

3. 软件应用能力

网络营销人员要熟悉并能应用各种线上营销工具与技术，包括搜索引擎优化、搜索引擎营销、社会化媒体营销、内容营销等。除此之外，部分网络营销人员可能会承担宣传海报、营销短视频的设计工作，因此网络营销人员还应具备常用软件操作能力，如熟练掌握Photoshop、Office、会声会影及在线编辑工具等。

4. 创意与策划能力

网络营销人员需要具备创意和策划能力，能够设计吸引人的网络营销活动和广告内容，从而提高用户的参与度和转化率。

5. 分析能力

分析能力包括对企业、品牌定位和风格的分析，对产品投放的市场、面对的目标用户的分析，对投放渠道及用户反馈的分析。通过数据分析结果，网络营销人员能够更好地监控营销活动的表现、评估营销策略，并基于数据对其做出调整和优化。

6. 学习能力

网络营销是个不断积累与学习的过程，网络营销人员应具备良好的学习能力，不断吸收新知识，并对新知识融会贯通，同时在此基础上推陈出新，策划更有创意的营销活动。

任务三　网络营销策略

在传统市场营销中，企业主要采取以产品需求为主的营销策略。而在网络营销环境下，用户需求成为影响营销策略的主要因素。同时，由于网络市场开放性与多样性对用户消费需求的刺激，企业的营销策略也发生了相应的变化。

一、产品策略

产品策略指企业在制订经营战略时，用以明确企业要提供什么样的产品和服务以满足用户需求的策略。原则上讲，多数产品都可以在网上营销，但为了取得更好的营销效果，最好选择适合的产品。一般来说，特别适合开展网络营销的产品主要有以下5类。

（一）数字化产品

数字化产品可以通过互联网在全球范围内进行销售和分发，并且无须等待物流运输，因此很适合开展网络营销。例如，操作系统、办公软件、图像处理软件，各类电子书籍、教程、报告等，音乐、电影、电视剧等娱乐内容，均属于数字化产品。

（二）快速消费品

快速消费品与用户的日常生活紧密相关，通过网络营销，可以使其触及更为广泛的用户群体。洗发水、沐浴露、洗衣液，以及零食、饮料、服饰等日常生活用品均属于快速消费品。

（三）服务类产品

服务类产品属于无形产品，利用网络平台，可以实现对这些产品的便捷预订和即时服务，以改善用户体验。在线教育、咨询服务、旅游预订、酒店预订、票务服务、金融服务等均属于服务类产品。

（四）个性化定制产品

个性化定制产品不仅能够满足用户的个性化需求，还能提升他们的购买体验和满意度，因此也很适合开展网络营销。例如，王老吉曾经推出姓氏罐，其“定制姓氏＋姓氏图腾”的个性化设计，以及磨砂质感的实体罐手感，受到年轻用户的广泛欢迎。又如，某奶茶品牌曾推出定制化奶茶（见图 1-7），用户可以根据自己的喜好选择奶茶的类别、基底、调味、加料、做法等，还可以为奶茶取一个有趣的名字。

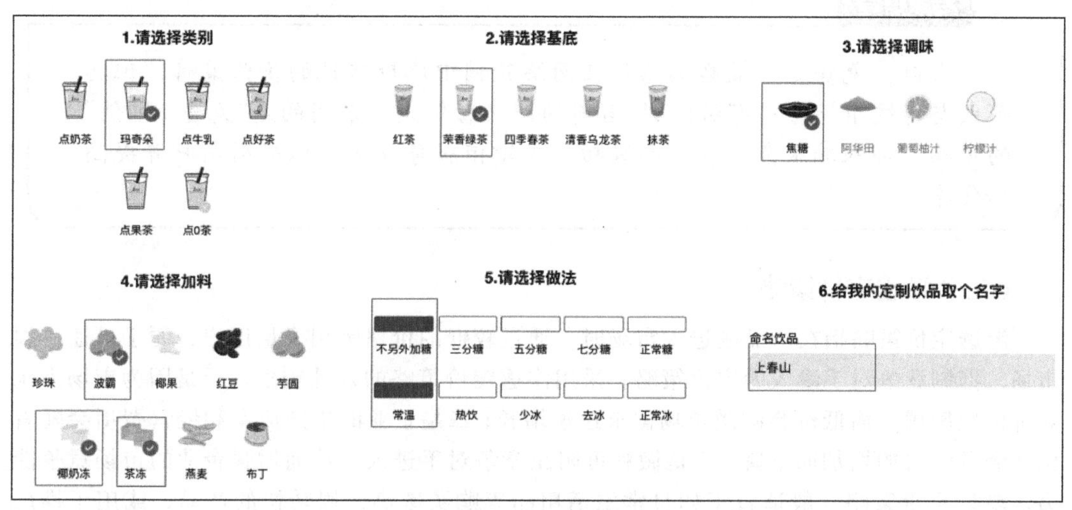

图 1-7 定制化奶茶

（五）创新独特的产品

创新独特的产品本身就具有较强的吸引力，结合网络营销，更能够迅速吸引用户的目光，激发他们的好奇心和购买欲望。另外，创新独特的产品有助于塑造独特的企业或品牌形象，如营销产品的设计理念、创新过程及独特功能，从而强化品牌的创新性和独特性。

专家指导

产品策略的重点不是如何生产和制造产品，而是通过挖掘产品的功能、使用群体、卖点和价值等，使产品与用户需求充分匹配，并通过各种营销手段将其告诉用户，从而勾起用户的购买欲望。

二、价格策略

价格策略指企业通过分析用户需求和成本，选择一种能吸引用户、实现市场营销目标的策略。在互联网时代，价格是公开透明的，用户可以同时知晓某种产品在不同渠道的售价，以做出购买决策。因此，企业要想在价格上取胜，就需要重视价格策略，以不同的产品定价吸引用户。

（一）免费定价策略

免费定价策略是市场营销中常用的定价策略，指企业的产品或服务以零价格的形式提供给用户使用的定价方式。采用免费定价策略的产品一般都是利用产品成长推动占领市场，帮助企业通过其他渠道获取收益，为未来市场发展打下基础。一般情况下，免费定价策略适合复制成本几乎为零的数字化产品和无形产品。例如，办公软件 WPS Office 提供免费的基础版本供用户使用，对于需要更高级功能的企业和个人，则提供付费的 VIP 服务和商业授权，以此实现盈利。又如，爱奇艺、优酷等视频网站提供大量的免费视频内容，以吸引用户观看，同时通过插播广告、会员制度（付费去广告、提前观看独播内容）等方式获取利润。

专家指导

当前，免费定价策略仍然是在网络营销中比较常见的价格策略，但其形式与传统市场营销有所区别。当前的网络营销大多采用的是“免费＋增值”的策略，即基础服务免费，高级功能或增值服务收费，以吸引用户并提高转化率。

（二）渗透定价策略

渗透定价策略指在产品刚进入市场时，通过较低的价格吸引大量用户，便于迅速占领市场，抑制竞争对手渗入的定价策略。采用渗透定价策略的好处较多，一是因为市场需求对价格较敏感，而低价会刺激市场需求迅速增长；二是企业的生产成本和经营费用会随着生产经营经验的增加而下降；三是微利可阻止竞争对手进入，从而增强企业的市场竞争能力。渗透定价策略一般适宜于如日常生活用品等购买率高、周转快的产品，或用于推广网站。

（三）撇脂定价策略

撇脂定价策略指在产品刚进入市场时，把产品价格定得很高，以便在短期内获取较高利润的定价策略。采用撇脂定价策略的前提是市场有足够的购买者，即使把价格定得较高，市场需求也不会大量减少。采用撇脂定价的好处，一是尽管高价会使市场需求减少，但不会抵消高价所带来的收益；二是在高价情况下，可以保持独家经营的状态。撇脂定价策略一般适宜于周转慢、销售与储运成本较高的特殊商品和耐用品等。

（四）竞争导向定价策略

竞争导向定价策略指企业根据竞争对手的价格来制订或调整产品定价的策略。此策略有助于保持企业的相对价格优势。要采用这种价格策略，企业除了要重视竞品的定价，还必须随时关注用户需求的变化。

（五）成本导向定价策略

成本导向定价策略指依据产品的成本来制订或调整产品定价的策略，其核心思想是确保企业能够覆盖所有成本并获得预期的利润。企业采用这种定价策略，需要准确计算产品的全部成本，包括直接成本（如原材料、直接人工、直接制造费用）和间接成本（如管理费用、营销费用、折旧等）。这种定价策略简单易行，能覆盖成本，有助于避免亏损，尤其适合成本相对稳定、市场变化不大的行业。但过度关注成本可能导致其无法有效应对市场变化。

（六）动态定价策略

动态定价策略指根据市场需求、库存情况和促销活动等因素动态调整产品价格。这种价格策略打破了传统固定价格的局限性，通过灵活定价来最大化企业的收益和市场竞争力，不仅可以快速响应市场变化、保持价格竞争力，还能优化库存、提高收益。同时，频繁或大幅度的价格变动也可能引起部分用户的不满并导致其信任度下降。在开展网络营销时，企业可以结合大数据和 AI 技术来预测未来需求并调整价格。

（七）定制定价策略

定制定价策略是企业在能实行定制生产的基础上，利用网络技术和辅助设计软件，为帮助用户自行设计能满足其需求的个性化产品而制订产品价格的一种定价策略。例如，用户通过网络平台向提供旅游定制服务的企业提交个性化旅游路线设计，由企业根据用户指定的目的地、住宿等级、交通方式、景点组合等规划旅游服务，因此旅游套餐的定价是由用户自行选择的旅游路线和服务等来决定的。

专家指导

在网络营销中，产品价格的制订受诸多因素的影响和制约，因此企业要想制订合理的价格，需要做好以下 4 个方面的事项。首先，企业要通过调研活动获取并分析用户的需求；其次，企业要评估产品的成本；再次，企业要分析市场中同类产品与替代品的价格策略，为企业选择定价策略提供参照；最后，在初步确定产品价格后，企业需要根据用户的反馈意见调整定价。

三、渠道策略

网络营销渠道指借助互联网将产品从生产者转移到用户所经历的通道或路径。一个完善的网络营销渠道应具备订货功能、支付功能和配送功能。在传统营销渠道中，中间商占有重要地位。但互联网的发展和商业应用改变了营销渠道的结构，使得传统营销渠道的诸多环节变得更加简化，并形成了两类主要的网络营销渠道：网络直接营销渠道和网络间接营销渠道。

（一）网络直接营销渠道

网络直接营销渠道就是直接销售，指开展网络营销的企业直接通过网络将产品销售给用户。在这种模式下，企业可以通过官方网站、移动应用和社交媒体平台，或在电子商务平台开设直营网店，直接销售产品。例如，图 1-8 所示为华为自建的网上商城，图 1-9 所示为华为在京东开设的网店，这就是华为在利用网络直接触达用户并进行产品销售。

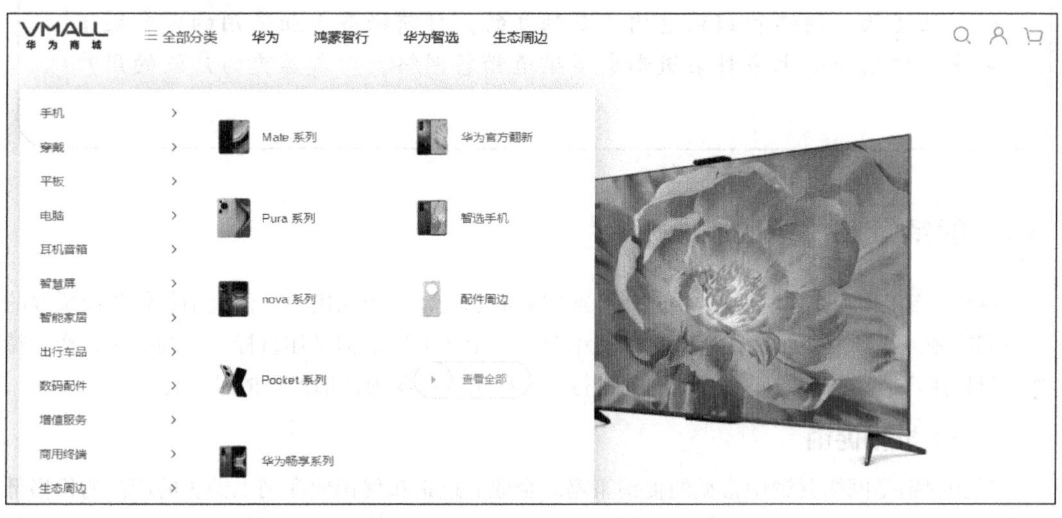

图 1-8　华为自建的网上商城

图 1-9　华为在京东开设的网店

网络直接营销渠道的建立让生产者和用户可以直接进行连接和沟通，并让用户对产品的意见和建议直达企业，便于企业改进产品质量和提高服务水平。同时，网络直接营销渠道省去了中间交易环节，能够大大降低企业运营成本，从而为企业降低产品售价提供保障。但同时，网络直接营销渠道的建立对企业自身的运营能力要求较高。

（二）网络间接营销渠道

网络间接营销渠道指企业通过网络中间商将产品销售给用户。在这种模式下，企业可以通过授权、代理的形式，让其他企业或个人在网上销售产品。通过建立网络间接营销渠道，企业可以利用网络中间商的强大分销能力迅速覆盖市场并提高产品销量。但是，网络间接营销渠道容易受制于中间商，市场信息反馈不如网络直接营销渠道通畅，并且中间商的存在会提高产品售价，因而使得产品缺乏竞争力。

专家指导

上述两种网络营销渠道均不是独立的，目前很多企业采用的是多渠道策略，即结合以上多种渠道形成多渠道销售网络，以覆盖更为广泛的用户群体。

四、促销策略

网络营销促销策略是企业为提高产品或服务的曝光率、吸引用户、促进销售转化而采取的一系列措施。当前网络营销促销策略的类型较多，企业可以根据具体目标、市场定位、产品特性及目标用户群体的不同而灵活地对其进行组合使用，以实现营销效果的最大化。

（一）折扣促销

折扣促销是网络营销中常见的促销策略。企业通过折扣促销使在网上销售的产品的价格低于商场、超市等传统购物场所的价格，以此来提高用户的购物热情。折扣促销的形式主要包括直接降价（见图 1-10）、满额折扣、满量折扣等。其中，满额折扣即满多少减多少，如满 400

元减 50 元，如图 1-11 所示；满量折扣即达到多少数量便可享受一定的折扣，如购买两件服装可享 8 折优惠，如图 1-12 所示。

图 1-10　直接降价

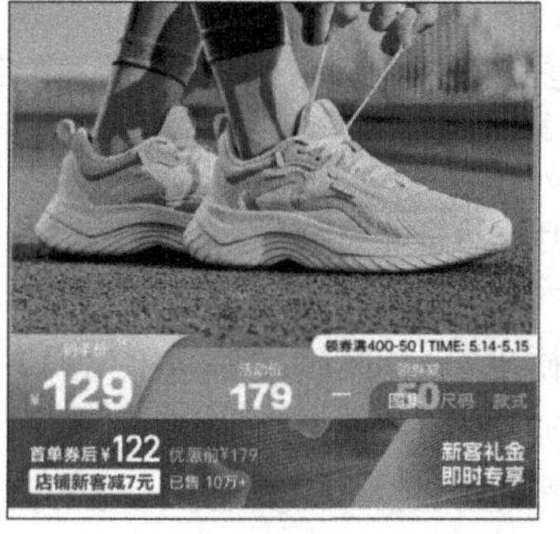

图 1-11　满额折扣

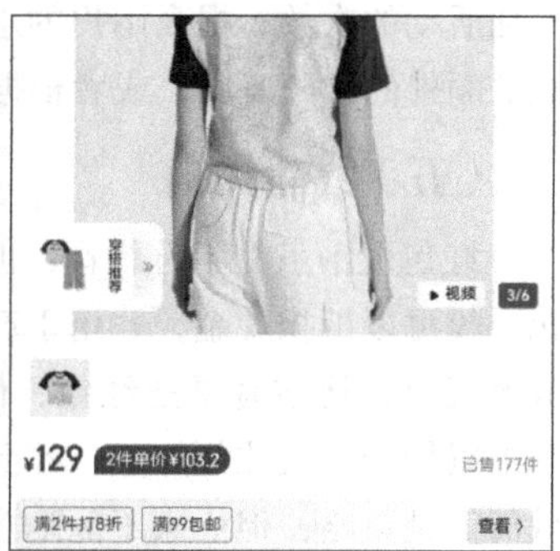

图 1-12　满量折扣

（二）抽奖促销

抽奖促销是在网络营销中应用得较为广泛的促销策略之一，主要在调查、产品销售、庆典、推广某项活动等场景中使用，如图 1-13 所示。抽奖促销应注意：网上抽奖活动流程要简洁，易于用户参加，流程较复杂或难度较大的抽奖活动会减弱用户参与活动的兴趣；奖品应具有一定的价值，否则对用户没有太大的吸引力；为保证抽奖的真实性，应及时通过各种渠道向参与者公告活动进度和结果。

（三）赠品促销

赠品促销一般在新产品推出试用、产品更新、对抗竞争品牌、开辟新市场等情况下使用，这样可以达到比较好的促销效果。赠品促销主要有两种表现形式，一种是满额赠送，即购买金额达到一定额度送赠品，如图 1-14 所示；另一种是满量赠送，即达到一定购买数量即可送赠品，如图 1-15 所示。有时赠送的产品不止一个，可能会赠送多个。赠送的产品既可以是本产品，也可以是互补产品，如购买手机赠送手机壳、蓝牙耳机等。赠品对用户而言应该具备实用性，这样才能取得更好的宣传效果。

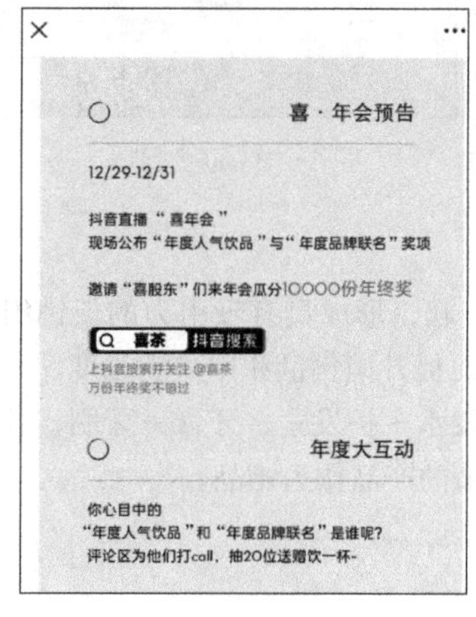

图 1-13　抽奖促销

图 1-14　满额赠送

图 1-15　满量赠送

（四）积分促销

积分促销是为了吸引用户并鼓励其进行更多消费而采取的一种促销策略。在积分促销策略下，用户购买产品或服务可以获得一定数量的积分，这些积分可以在后续的购物中用于抵扣现金、兑换礼品或享受其他优惠，如图 1-16 所示。积分促销在一定程度上可以增加用户购物和参加活动的次数、提高用户的忠诚度等。另外，积分促销常常与会员制度共同实施，如为会员提供额外的积分奖励，或者根据会员等级设置不同的积分兑换比例。

（五）红包促销

红包促销虽然不再新颖，但依然是非常有效的促销策略。在网络营销中，红包促销中的红包一般可以抵扣现金，并用于产品购买，能够快速集聚人气，并推动用户下单。常见的红包发放形式有注册或登录送红包、使用产品可领红包（见图 1-17）、分享活动页面给好友领红包、二维码扫一扫关注领红包、签到领红包、观看直播领口令红包等。红包促销虽然是一种快捷高效的促销策略，但商家不能随意发放红包，需要配合一定的营销活动使用，如周年庆促销活动等，并且红包的面值要有一定的吸引力，红包的数量也应当有一定限制。

（六）联合促销

联合促销指由不同企业或品牌联合开展的促销策略，如喜马拉雅与京东、腾讯视频的“开通喜马拉雅 VIP 送京东、腾讯视频会员”联合促销，如图 1-18 所示。联合促销的费用由各方分摊，这样可以降低各方的促销成本。同时，联合促销的产品或服务可以起到一定的优势互补、提升双方价值等的效用。

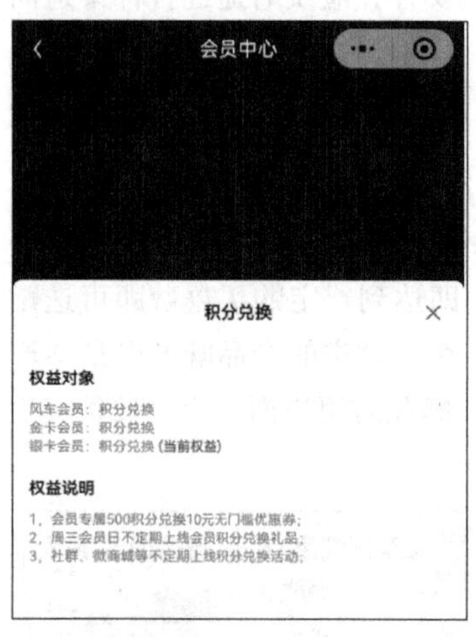

图 1-16　积分促销

图 1-17　红包促销

图 1-18　联合促销

（七）组合促销

组合促销指将两种或多种产品或服务以特定方式打包在一起，形成具有吸引力的促销组合，旨在通过提供额外价值或优惠来激发用户的购买欲望，从而提升销售量和用户满意度。一般来说，组合促销多将相关联或互补的产品组合在一起，如洗发水 + 护发素、牙膏 + 牙刷，并且组合促销价通常低于单独购买的总价，或将其中一件较小价值的产品作为赠品。

课堂实训

实训一　分析网络营销案例

在初步了解了网络营销的知识之后，赵磊让李巧收集并深入剖析一些知名品牌的网络营销案例，了解其营销特点、营销策略等关键细节，总结并分析这些案例成功或失败的原因，为她未来的网络营销实践积累宝贵的经验。

1. 实训要求

（1）利用微信的搜索工具搜索案例并对其进行整理。

（2）分析案例中的营销亮点（包括渠道、营销策略等）、内容创意和营销效果等。

（3）总结这些案例所带来的启示。

2. 实训步骤

（1）搜索案例。进入微信 App 主界面，点击界面上方的“搜索”按钮（见图 1-19），在打开的界面的搜索框中输入“网络营销案例”并进行搜索，然后在搜索结果界面上方点击“文章”选项卡查看搜索结果，如图 1-20 所示。

（2）选择案例。点击文章链接，在打开的界面中查看案例详情（见图 1-21），挑选 3 个近年的案例。然后打开搜索引擎，输入案例相关的关键词，查找更多案例相关的资料。

图 1-19 点击“搜索”按钮

图 1-20 查看搜索结果

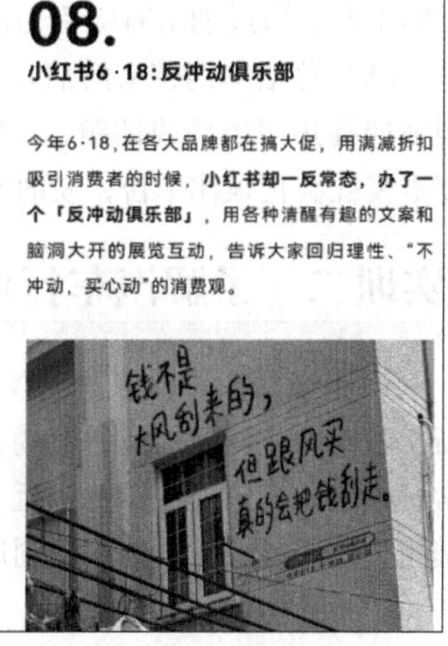

图 1-21 查看案例详情

（3）整理案例。将案例中的营销亮点、内容创意和营销效果等整理到表 1-1 中。

表 1-1 案例整理

案例	基本概述	营销亮点	内容创意	营销效果
长城炮借助热门事件开展网络营销	一位粉丝较多的抖音达人在骑行中无意间被一辆长城炮皮卡吸引，并表达对车的喜爱。视频中，她向司机询问车的品牌和价格，并在视频结尾时喊出“长城，炮！”的口号。由于达人的可爱形象和长城炮皮卡的硬派风格形成强烈反差，视频迅速登上抖音热榜。紧接着，长城炮便围绕该事件开展营销	① 长城炮官方账号积极地在短视频平台与达人互动，并表示会赠送她一辆定制长城炮。 ② 在微博、短视频平台公布该达人专属定制车辆的制作进度。 ③ 发布一系列与“长城炮”相关的互动话题和挑战活动。 ④ 在各大平台积极回应用户的反馈，甚至满足他们的特定需求	① 与该抖音达人合作共创短视频。 ② 在展示定制长城炮制作进度的短视频中，同步宣传品牌的供应链、工厂等	① 长城汽车皮卡迅速打开知名度。 ② 各大平台账号的粉丝迅速增加。 ③ 品牌的市值增加

续表

案例	基本概述	营销亮点	内容创意	营销效果

（4）分析营销案例。分析品牌的营销好在哪里。例如，就长城炮网络营销事件而言，其成功的原因有：一是该抖音达人的短视频登上抖音热榜；二是长城汽车对“长城炮”热潮的积极回应，即承诺为达人安排她梦想中的汽车，因而抓住了该热门事件带来的热度；三是利用各大营销平台，通过创造有吸引力的内容，积极地与用户互动，从而增加了品牌和产品曝光度。

（5）总结案例带来的启示。例如，从长城炮网络营销事件中可以获得一些启示：一是要敏锐地捕捉热门事件或话题；二是要创新营销内容，形成有记忆点、利于传播的创意内容；三是要重视社会化媒体平台，及时响应和反馈用户的需求和意见。

实训二　了解汽车行业网络营销发展态势

近年来，我国汽车行业发展迅速，新能源汽车成为主流，并且行业的市场规模、技术创新、基础设施建设、竞争格局、营销推广等都发生了重大变化。李巧对汽车行业的网络营销非常感兴趣，为了解汽车行业近年来的网络营销发展情况和未来的发展趋势，积累更多与网络营销相关的基础知识，她准备利用网络查找并分析汽车行业的网络营销发展态势。

1．实训要求

（1）利用搜索引擎和社会化媒体平台搜索汽车行业网络营销的相关资料。

（2）阅读艾瑞咨询发布的《2024年汽车行业网络营销监测报告》。

（3）分析并总结汽车行业网络营销的发展态势。

2．实训步骤

（1）打开搜索引擎，输入“汽车行业网络营销发展态势”，按“Enter”键查看相关搜索结果，如图1-22所示。然后继续在微信、今日头条等搜索与汽车行业网络营销发展态势相关的资讯和文章。

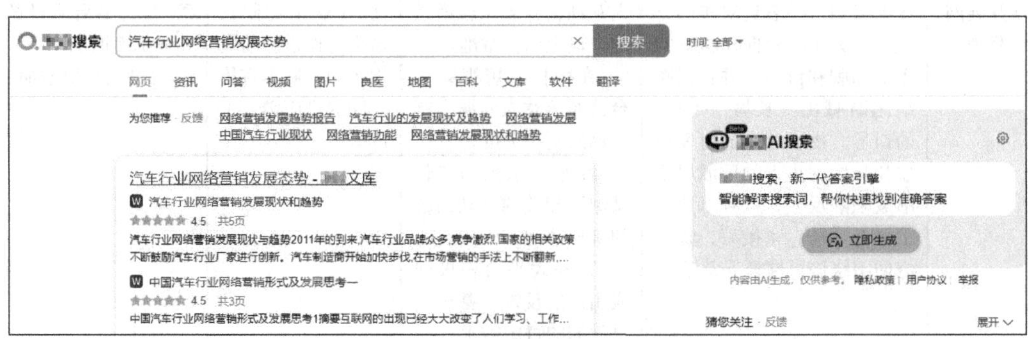

图1-22　搜索引擎中显示的搜索结果

（2）进入艾瑞咨询官网，单击界面右上方的“搜索”按钮，在打开的文本框中输入“2024年汽车行业网络营销监测报告”，然后在搜索结果中单击报告标题链接，查看报告的详细内容。图 1-23 所示为对报告部分内容的展示。

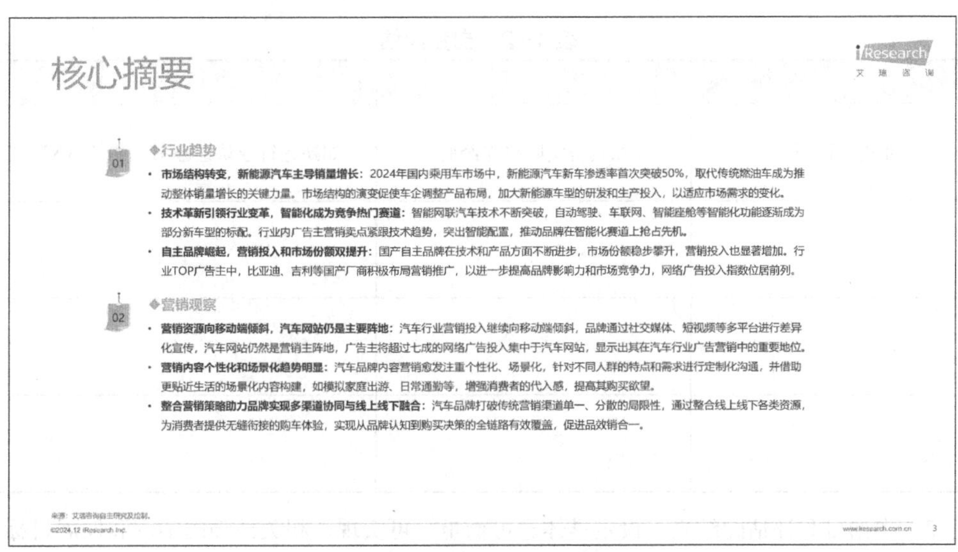

图 1-23　报告部分内容展示

（3）结合报告内容及搜索引擎、社会化媒体平台上的相关资讯和文章，分析汽车行业网络营销的发展态势，并将其填写在下方的横线上。

发展态势：①汽车行业广告主对网络营销的信心稳定，其投入呈现增长态势；② 3—5 月是汽车网络营销投放的小高峰期，这可能与春季新车发布、促销活动，以及用户购买意愿增强等因素有关；③高质量、高冲击力的营销内容更能吸引用户的注意力；④汽车营销策略正逐步转向精细化、个性化，通过数据分析来定制化推广内容，以及利用技术手段提高营销效率和效果；⑤____

____

____

____

____

实训三　提升网络营销技能

李巧一直梦想成为一名优秀的网络营销人员，为此她做了许多努力，如深耕专业、持续练习写作、不断学习行业新知识等。为增强自身竞争力、精进网络营销能力，使自己更加匹配网络营销岗位的要求，李巧准备针对自身不足制订未来的学习和发展计划，从而提升自身的网络营销技能。

1．实训要求

（1）针对自身实际情况进行自我评估。

（2）明确学习目标和方向。

（3）制订具体的学习计划。

2．实训步骤

（1）深度剖析自己，实事求是地进行自我评估，思考自己在网络营销领域的现有知识和技能，从而了解自身的优势和劣势。思考后，将评估结果填写在表1-2中。

表1-2 自我评估

技能类别	优势	劣势
如资质认证	如具备实际操作经验	如缺乏行业认证证书，如“1+X”证书

（2）根据自我评估的结果，设定具体、可衡量、可实现、相关性强的学习和发展目标，然后将其填写在下方的横线上。

学习目标：①考取“1+X”证书；②

发展目标：①转为正式员工；②

（3）制订学习计划。根据自我评估结果和学习、发展目标制订相关计划。在制订计划时，可以设定详细的学习时间表。考虑到工作时间，可以以周、月为单位进行划分，从而确保学习的连续性和系统性。表1-3所示为学习时间表示例效果。

表1-3 学习时间表示例效果

周次	学习内容安排	学习完成情况	学习时长	备注
一	①看网络营销视频课程第1章 ②……			
二				
三				
四				

课后习题

1. 阅读艾瑞咨询发布的《2024年美妆及日化家清行业网络营销监测报告》，分析美妆及日化家清行业网络营销的趋势。

2. 创客贴是一款图片在线处理工具，可以利用其中的模板完成对微信公众号封面、电商海报、长图、动态二维码等的设计。近年来，为方便用户创作，创客贴推出创客贴AI、AI智能设计等功能，用户可根据上传的图片设计图片，或让AI生成设计作品等。图1-24所示为创客贴的智能设计界面。请试着使用创客贴，并回答下列问题。

（1）你知道哪些在开展网络营销时会用到的AI工具？

（2）AI对网络营销工作的开展有什么好处？

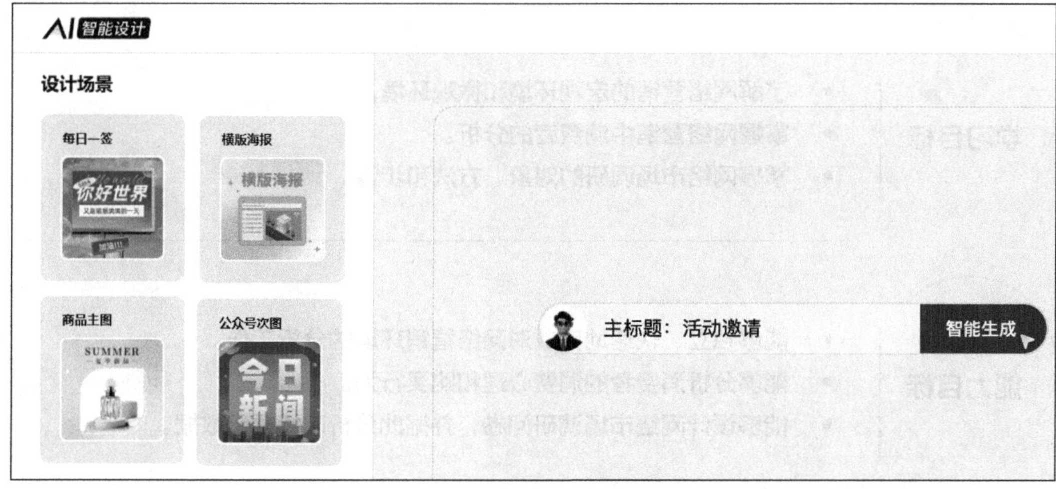

图1-24 创客贴的智能设计界面

3. 假设你是初加入某知名品牌营销部的营销人员，该部门的晋升路径为营销专员→高级营销员→项目经理→营销经理。现在请你为自己制订一份职业晋升计划。

4. 某科技馆提供丰富的互动展览、科学实验和科普讲座，可以提高公众的科学素养和科技意识。然而，由于缺乏有效的营销策略，参观人数逐渐减少。为提高科技馆的知名度并吸引更多游客，该科技馆决定开展网络营销活动。请你参考故宫博物院和敦煌研究院的网络营销，为该科技馆制订合适的营销计划。

PART 02

项目二 网络营销市场分析与调研

学习目标

- 了解网络营销的宏观环境和微观环境。
- 掌握网络营销中消费者的分析。
- 掌握网络市场调研的对象、方法和步骤。

能力目标

- 能够独立、快速地完成对网络营销环境的分析工作。
- 能够分析消费者的消费心理和购买行为。
- 能够设计网络市场调研问卷，并据此分析市场调研数据。

素养目标

- 注重个人隐私保护，通过透明、合规的方式收集和使用数据。
- 紧跟全球趋势，主动拓宽国际视野，助力国产品牌“走出去”。

情境导读

好智慧家是一个专注于提供智能家居产品及服务的品牌，其主推产品为智能门锁。在消费需求多样化的背景下，好智慧家当下采取的营销策略无法有效吸引并留住目标消费者，智能门锁销售增长缓慢。基于此，好智慧家委托泰创公司为其开展对智能门锁市场的调研与分析，以重新调整产品和营销策略，提升品牌和产品竞争力。为让李巧快速掌握网络营销市场的调研与分析技能，赵磊决定带着她深入参与调研与分析的全过程。

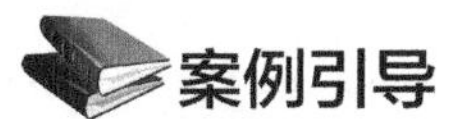

案例引导

一加进军海外市场，彰显民族品牌自信

一加是我国成立时间较短、海外成长速度较快的手机品牌。在品牌成立之初，一加便着手搭建海外团队、大力拓展国际市场。时至今日，一加已经在海外智能手机的版图上留下了浓墨重彩的一笔。

根据某媒体对一加海外网络营销的分析，一加成功的原因主要有4个：一是性价比高，即价格低但配置高；二是邀请制的销售模式（即仅限一加的员工和已经买到手机的人将邀请链接发给别人），使得厂商可以根据市场需求定制产品，同时提升了用户的期待值；三是一加的用户多是科技极客（指追求一切应用了新科技的产品的科技爱好者），他们的认可让一加的口碑传播更有力度；四是多样化的海外营销策略，如与海外社交媒体上粉丝数量较多的达人开展产品测评和推广合作。这种创新的营销策略让一加成功打开了海外市场，并在短时间内便获得了极高的市场关注度，获得了国外用户的肯定。此外，社会化媒体平台也给一加带来了大量的海外流量。其中，TikTok、YouTube和Twitter是其社交流量的主要来源。显然，一加为进军海外市场做足了功课，其在分析海外网络营销的宏观和微观环境的基础上，抓住了用户普遍存在的实惠心理、好奇心理、求异心理，结合创新的营销策略吸引国外用户，并通过使用国外知名社交媒体引流，在较短时间内便打开了海外市场的大门。图2-1所示为海外媒体对一加手机产品的评价展示。

图2-1 海外媒体对一加手机产品的评价展示

当前，一加在海外市场的网络营销策略持续进化，不仅在已有的成功因素上深化布局，还不断探索新的营销方式和渠道，以保持品牌的持续竞争力和市场影响力。例如，与某海外电信运营商合作，根据当地实际情况开展量身定制价格和营销策略。一加如今的市场覆盖北美、欧洲、印度和东南亚，在全球范围内广受欢迎，为我国民族品牌走出去树立了很好的标杆。

思考

（1）一加手机进军海外市场的营销策略为何能取得成功？

（2）越来越多的国产品牌走出国门，并受到了国外用户的认可，对此你有何看法？

任务一 网络营销环境分析

网络营销环境指影响企业生存与发展的，直接或间接与企业网络营销活动有关联，而企业网络营销系统又无法或难以控制的因素的总和，可以分为宏观与微观两个层面。网络营销环境分析是制订网络营销策略的重要前提，特别是在社会化媒体时代，网络营销的发展受到诸多环境因素的影响，分析和判断营销环境的变化有助于把控营销效果。

一、网络营销宏观环境分析

企业营销活动是在复杂的社会环境中进行的。环境的变化既可以给企业带来市场机会，也可能给企业造成某种威胁。企业只有通过分析宏观环境对企业网络营销的影响，才能更好地开展营销活动。

（一）网络营销宏观环境构成

网络营销宏观环境是企业外部能对企业网络营销活动产生间接影响，且企业网络营销系统无法控制的因素的总和，主要包括政治、法律、经济、社会文化、科学技术、人口等。

1．政治环境

政治环境指国家管理市场的方针和政策的具体内容，这些内容会对企业的网络营销活动产生一定的影响。在分析政治环境时，企业应关注会对自身网络营销策略的执行造成影响的因素，如产业政策、税收政策、网络监管政策等。

2．法律环境

企业开展网络营销活动，需要了解国家或地方政府颁布的各项法律法规，如知识产权法、电子商务法、广告法、环境保护法等。法律法规的影响在于其规定了企业必须做什么、不能做什么，从而影响企业的战略抉择。

3．经济环境

经济环境指企业面临的社会经济条件及其运行状况，是制约企业生存和发展的重要因素。经济环境对网络营销市场具有广泛而直接的影响，宏观经济环境直接制约社会购买力，影响消费者的收入水平和市场价格。经济环境包括经济发展状况、消费者购买力、对外贸易状况等。

4．社会文化环境

社会文化环境指影响和塑造消费者价值观、生活方式、购买习惯、沟通方式和消费行为的广泛社会文化因素，包括消费者的文化素养、生活方式、消费习惯、受教育水平、语言和沟通方式、民族与宗教状况，以及社会趋势和流行文化、风俗习惯、价值观念等。社会文化环境在很大程度上影响着消费者的购买行为，影响着消费者购买产品的动机、方式和地点，会对企业的网络营销活动产生重要影响。

5．科学技术环境

企业的发展与科学技术的发展有着非常紧密的关系，科学技术不仅可以为网络营销提供技术基础，还能推动营销策略和方法不断创新。例如，大数据技术可以帮助企业构建消费者画像，让企业可以更加准确地了解消费者的需求、行为和偏好，为制订精准的营销策略提供依据；AI技术可以辅助企业制订营销策略、实现消费者自动化接待，进而提高营销效率，为用户提供更好的服务体验。

6．人口环境

人口是构成市场的基本要素，人口数量、人口结构、人口分布等都对网络营销具有深远的影响。例如，人口数量多，产品的需求量自然就大，尤其是油、盐、酱、醋、纸等日用品。当人口数量增长时，日用品的需求量必然增长。人口结构包括年龄结构、性别结构、家庭结构等，对人口结构的分析研究有助于企业得出网络营销市场需求规律，如年轻人群是网络营销的主要目标群体之一，他们具有较高的网络使用率和消费能力，对新兴的网络营销方式和产品具有较高的接受度。人口分布指人口在不同地区、不同城市、不同国家的分布情况，其变化会影响网络营销的地域性和针对性。

营销人员在策划营销活动时，务必严格遵守我国的各项法律法规，以确保其合规性。在经济全球化的大背景下，我国众多企业正积极"出海"，寻求更广阔的国际市场，其国际影响力与日俱增。当企业迈向国际市场时，营销人员应主动拓宽国际视野，深入了解并严格遵循出口国政府制订的经营、贸易和投资相关的法律法规，包括但不限于进口限制、税收管制及外汇管理制度等，以确保企业在国际市场中的合规运营，从而为企业树立良好的国际形象，促进品牌价值的国际化提升。

（二）网络营销宏观环境分析方法

网络营销宏观环境的主要分析方法是 PEST 分析法。其中，PEST 分别代表政治（Politics）、经济（Economy）、社会（Society）、技术（Technology）4 个方面的因素。使用 PEST 分析法有助于企业识别可能影响其网络营销活动的宏观因素，并制订相应的策略。图 2-2 所示为 PEST 分析法的示意图。

图 2-2 PEST 分析法的示意图

二、网络营销微观环境分析

网络营销微观环境是企业内外部与企业网络营销活动联系密切、起直接影响作用，且网络营销系统自身难以控制或无法完全控制的各种因素的总和。通过分析网络营销微观环境，企业不仅可以深入了解消费者需求及竞争对手的优劣势，还可以了解自身的资源和能力，如产品、价格、渠道、促销等方面的情况，从而提升企业自身的竞争力和市场地位。

（一）网络营销微观环境构成

网络营销微观环境主要由企业、供应商、营销中介、消费者、竞争对手等企业开展网络营销过程中的上下游组织机构构成。

1．企业

企业制订网络营销策略不仅需要洞察外部环境和条件，还需要内部的合作和支持。不管是企业最高管理层、财务部门、研究与开发部门、采购部门、生产部门、销售部门，还是专门的营销部门，都应该密切配合、协调合作，以保证企业网络营销活动的顺利开展。此外，企业最高管理层对网络营销的认知态度、企业产品和服务的质量、企业网络营销自媒体运营等也是影响企业内部环境的主要因素，都将对企业网络营销活动的具体实施产生直接影响。

2．供应商

供应商指向企业提供生产经营所需的原料、设备、能源、资金、劳务等生产资源的企业或个人。企业与供应商的关系既受宏观环境影响，又制约着企业的营销活动。当供应商所提供的生产资源成本较高时，会直接影响企业的生产成本。同时，供应商的供货质量和服务水平等也会直接影响企业的网络营销水平。

3．营销中介

营销中介指协助企业促销和分销产品给最终购买者的企业或个人，经销商、经纪人、代理商，以及仓储、运输、银行、保险、网络服务机构等服务商均属于营销中介，而网络环境中的营销中介更加多样化。消费者可以通过网络自由地选购产品，生产者、批发商、零售商和网上销售商也可以自建网站营销产品。网络不仅使企业间、行业间的分工模糊化，随着更多新业务方式的出现，网络也促进了网络营销过程中各种中介机构的产生和发展。

4．消费者

消费者是企业开展网络营销的直接或最终对象，企业的网络营销活动以满足消费者需求为核心。互联网不仅给企业提供了广阔的营销空间，也增强了消费者选择产品的广泛性和可比性。因此，在网络中，不同类型的消费者通常会表现出不同的购买目的、购买需求和购买特点。企业不能控制消费者的购买行为，却可以通过分析消费者的网络消费行为，为消费者提供更为贴心的产品和服务，并通过有效的营销活动处理好与消费者的关系，从而促进产品的销售。

5．竞争对手

竞争是市场经济活动的必然规律，网络营销也如此。当下，越来越多的企业加入了网络营销的队伍。而在网络环境下，网络市场中企业的优缺点都可以通过网络进行呈现。随着相似业务的数量越来越多，不可避免地会形成企业之间的竞争。竞争可以促使企业改善自身的不足，使企业在开展网络营销活动的过程中，学会识别和确认竞争对手。分析竞争对手的目标和策略，分析竞争对手的资源、团队、能力和反应模式，都是企业在网络营销中克敌制胜的好方法。

（二）网络营销微观环境分析方法

网络营销微观环境的主要分析方法是SWOT分析法。其中，SWOT分别代表优势（Strengths）、劣势（Weaknesses）、机会（Opportunities）、威胁（Threats）。SWOT分析法是一种基于内外部竞争环境和竞争条件的态势分析方法。SWOT分析法通过结合各项内容、资源，分析企业的优劣势及其所面临的机会和威胁，如表2-1所示。

表 2-1 SWOT 分析法

		内部环境	
		优势（S）	劣势（W）
外部环境	机会（O）	SO 战略 依靠内部优势，利用外部机会	WO 战略 利用外部机会，改进内部劣势
	威胁（T）	ST 战略 依靠内部优势，回避外部威胁	WT 战略 克服内部劣势，回避外部威胁

1．优势

主要是分析本企业或产品在成本、营销手段、品牌力及产品本身等方面有什么长处和竞争点。

2．劣势

主要是分析企业或产品本身存在哪些弱点，竞争对手是否避免了这点，以及竞争对手做得好的原因。同时，还要分析用户反馈的不足之处，总结自身的失败原因，因为有些问题可能是企业本身难以注意到的。

3．机会

主要是分析企业内部所规划目标的机会在哪里，短期目标如何实现，中期目标如何实现，长期目标要依靠什么；分析企业外部有什么发展机会，包括消费者观点的变革、产品的更新换代、新营销手段的出现、销售渠道的拓宽等是否能为网络营销策划提供机会点。

4．威胁

主要是分析哪些因素会不利于企业的发展或产品的营销，这些因素包括最新的行业发展、国家政策、经济形势及来自竞争对手的威胁，然后分析这些因素是否出现并寻求规避的方法。

SWOT 分析法将企业需要分析的内容划分为 S、W、O、T 4 个部分。将这 4 个部分两两组合，也可以为企业提供相应的战略。

1．SO战略

表明企业所处的外部环境机会多、威胁少，同时企业在市场中也具有较强的竞争优势，此时企业应该采取积极主动的网络营销策略。例如，集中资金与人员重点拓展某项业务或扩大产品线，加大对网络营销策划的投入与开展等。

2．WO战略

表明企业所处的外部环境中的机会多于威胁，但企业在市场中不具备竞争优势，此时企业应该采取相对保守的网络营销策略。例如，与其他企业合作进行营销推广，以规避自身弱点，将劣势转化为优势。

3．ST战略

表明企业所处的外部环境较恶劣，但企业在市场竞争中处于优势地位，此时企业应该采取分散战略。例如，通过多元化经营战略分散风险，或与其他企业合作，以增强抗风险的能力。

4．WT战略

表明企业所处的外部环境和内部环境都较为恶劣，此时企业应该着重克服内部劣势。

以零食品牌百草味为例进行 SWOT 分析，具体如表 2-2 所示。

表 2-2　百草味的 SWOT 分析

			内部环境	
			优势（S）	劣势（W）
			通过前期发展，累积了较好的品牌口碑，形象较好，有大量忠实消费者；产品线丰富，且上新快；渠道终端网络完善，线上线下都有销售渠道；与粉丝较多的达人或艺人合作，具有有利的营销攻势；包装精美	品牌形象单一，缺乏多元化的展示和互动；部分产品与当前健康饮食观念冲突；经常利用大促营销，低价竞争容易导致亏本
外部环境	机会（O）	健康零食市场呈增长趋势；“网络＋实体”双管齐下的方法依旧适用；年轻消费群体对零食的品牌、服务、文化越来越看重；社交媒体、直播等营销渠道蓬勃发展	SO	WO
			深化品牌定位，加大健康零食的研发力度；采用多渠道的网络营销推广；积极拓展全球市场，在全球市场开展营销工作	结合多元化营销策略，如跨界合作、文化营销等，强化品牌形象；利用新兴技术，如大数据分析开展精准营销，降低低价促销的频率；加强研发创新，推出更多健康食品
	威胁（T）	竞争对手多、竞争压力大；消费者对零食的口味和需求在不断变化；容易被模仿，失去产品独特性；政府对食品行业的监管政策可能发生变化	ST	WT
			把控产品质量，与竞争对手形成差异化；持续关注消费者口味和需求的变化，及时调整产品策略和营销策略；强化法律意识，开展正规、合法的网络营销工作	加大品牌营销力度，提升品牌知名度和美誉度；在控制成本的同时，注重提高产品质量和服务水平；寻求合作伙伴开展联合营销

专家指导

在分析网络营销环境时，可以借助一些数据分析工具或AI工具，如百度指数、5118、文心一言等。这些工具可以为营销人员提供数据支持和智能分析辅助，帮助营销人员更准确地把握市场动态、竞争对手情况和消费者需求等。

任务二　网络消费者分析

与传统市场相比，网络市场中的消费者在购物过程中占据着更主动的地位，拥有更多的权利。因此，企业必须分析网络消费者的网络消费特点和规律，充分了解影响网络消费者购物行为的因素，只有这样才能做到有的放矢，制订有针对性和精准度高的营销策略。

一、网络消费者消费心理分析

消费心理是消费者在某种原因的驱使下产生消费行为的一系列心理活动。不同年龄、性别、经济状况、生活环境的消费者通常会产生不同的消费需求，一个消费者也可能同时存在多种消费需求。企业可以通过分析消费者的消费心理，更加准确地定位消费者的购买行为，从而制订更加符合消费者需求的营销策略。

（一）好奇心理

好奇心是普遍的社会心理，主要表现为一种想要了解、探索、尝试的心理状态。这种心理源于人类天生的好奇心和求知欲，它驱使着消费者不断追求新鲜、有趣、有挑战性的体验。好奇心旺盛的消费者一般有强烈的求知欲，比较喜欢追求有新奇感的事物，因而通常希望企业能够提供更多新颖、独特和创新的产品或服务信息。

（二）实惠心理

拥有实惠心理的消费者通常追求物美价廉、物有所值，他们大多希望能以较低的价格获得较高质量的产品或服务。针对消费者的实惠心理，企业在开展网络营销时应该注重产品的功能和实用性，通过不断提高产品的性价比或开展适当的优惠活动来吸引消费者。

（三）从众心理

从众心理指消费者在进行消费决策时，由于受到周围人群或多数人的影响，因此倾向于模仿或跟随他们的行为或选择的心理现象。这种心理表现为消费者在购买产品或服务时，会参考其他人的意见或行为，以获得一种心理上的安全感或认同感。针对消费者的从众心理，企业在开展网络营销时可以通过展示销量和评价、营造热门氛围等方式来提高营销效果和转化率。

（四）习惯心理

很多消费者在购物的过程中都会养成一定的习惯，例如倾向于购买某种品牌的产品、只购买价格不超过某个范围的产品等。这一类型的消费者一般会在自己心中制订一个“心理预期”，当产品的实际价格超过预期或功能不能满足时，他们就会另谋其他产品。

（五）崇名心理

崇名心理指倾向于购买大品牌产品的心理。这种心理表现为消费者在购买产品时更关注品牌的知名度和声誉，而非仅仅关注产品本身的功能或价格。针对消费者的崇名心理，企业在开展网络营销时可通过强调品牌的知名度和声誉、展示品牌的高端形象、提供品质保证和售后服务，以及打造独特的品牌形象等方式，来体现品牌影响力、品牌态度或产品品质，以彰显产品实力。

（六）求异心理

求异心理指消费者追求与众不同、标新立异的心理现象，其心理主要为“我要的和别人不一样”。拥有这类心理的消费者喜欢独特、新颖的产品或服务，不喜欢与大众趋同，愿意尝试新的、不同寻常的消费体验。在针对有这类心理的消费者开展网络营销时，企业需要创新营销策略和方式，为消费者提供个性化的产品或服务。

（七）方便和享受心理

网络消费是一种非常方便的消费形式，不仅可以帮助消费者节约很多时间和劳动成本，还能带给消费者购物乐趣。针对有方便和享受心理的消费者，企业可以从消费者的角度出发，设计更简洁的购物流程、更丰富的购物类型，投其所好地吸引消费者。

二、网络消费者购买行为分析

网络消费者购买行为分析指对消费者在网络平台上进行购物时的行为进行深入研究和分析的过程，是了解消费者偏好和需求的重要工作。企业可以采用 5W2H 分析法来分析网络消费者购买行为。5W2H 分析法也被称为七何分析法，具体内容如图 2-3 所示。

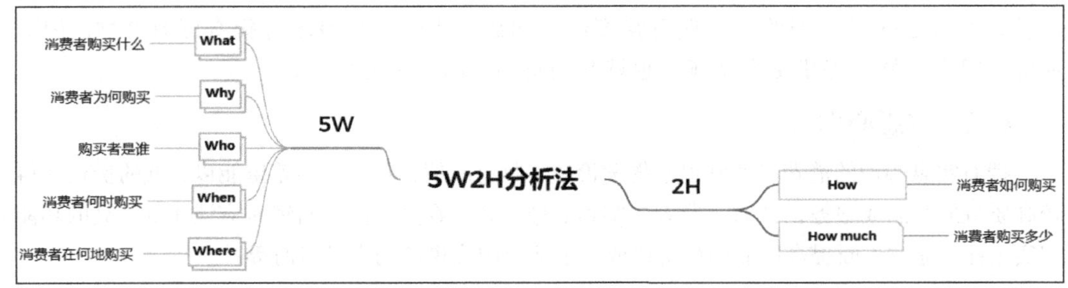

图 2-3　5W2H 分析法示意图

（一）What

通过分析消费者购买什么产品、为什么需要这种产品而不是其他产品，企业可以了解不同品牌的销售情况和消费者的购买偏好，以提供适销对路（指产品特性能够满足大部分目标消费者的物质与精神需求）的产品。

（二）Why

在购买产品时，不同消费者会有不同的购买动机（指消费者为满足一定的需求而产生的购买欲望）。企业在了解消费者的购买动机后，可以分析消费者产生动机的原因，以便为自身的营销决策提供依据。

（三）Who

企业应分析产品的购买者是谁及其特征是什么，包括购买者的年龄、性别、职业、收入水平和兴趣爱好等。同时，购买者可能是产品的使用者，也可能不是。因此，企业需要弄清楚消费者的购买行为：购买的产品供谁使用，谁是购买的决策者、执行者和影响者。

（四）When

企业应分析消费者购买的时间、季节、周期等，以便预测并把握销售的高峰期和低谷期，选择不同的促销策略等。例如，分析各类电商购物节、自然季节和传统节假日对市场购买的影响程度等。

（五）Where

企业应分析消费者选择的购买渠道或平台。消费者购买产品的地点往往会受消费人群及产品性质等因素的影响。例如，粮食、蔬菜、调味品等日常生活用品会被频繁购买，而为了节省时间，消费者可能会到住所附近的商店购买。分析消费者对不同产品的购买地点的要求及其选择不同地点的原因，有利于企业寻找适销渠道，并针对不同渠道制订不同的推广策略。

（六）How

企业应分析消费者的购买过程、支付方式、物流偏好等。不同消费者会对不同产品选择不同的购买方式，如很多 20 ～ 30 岁的年轻消费者喜欢在电商平台购买潮流服饰。通过分析消费者对购买方式的不同要求，企业可以有针对性地为其提供不同的产品和服务。

（七）How much

企业应分析消费者的购买数量、购买频次、预算等。企业可以根据消费者的购买数量、购买频次和预算，制订个性化的促销策略和定价策略。例如，对于购买频次高的消费者，企业可以为其提供更优惠的价格或积分奖励。

三、网络消费者购买决策过程分析

消费者的购买决策过程即消费者购买行为形成和实现的过程，从产生购买需求到形成购买意向，再到形成购物行为，这期间消费者主要会经历诱发需求、收集信息、比较选择、购买、评价 5 个阶段。针对该过程，企业可以采用 AISAS 模型来分析网络消费者的购买决策过程。AISAS 模型即 Attention（注意）、Interest（兴趣）、Search（搜索）、Action（行动）、Share（分享）。该模型能反映网络营销时代消费者的购买决策过程，特别是消费者的主动性和互动性，非常符合消费者在购买决策过程中的实际行为特点。图 2-4 所示为利用 AISAS 模型分析网络消费者购买决策过程的示意图。

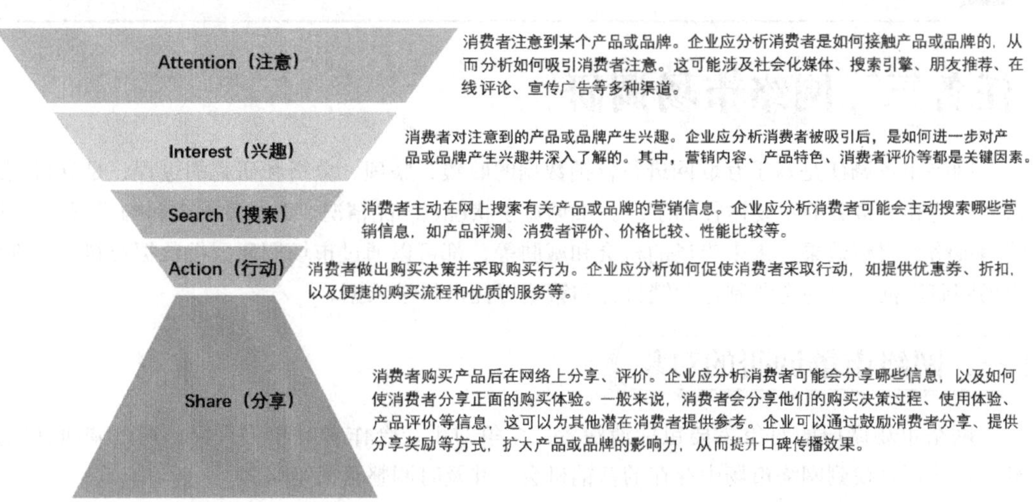

图 2-4 利用 AISAS 模型分析网络消费者购买决策过程的示意图

在数字化时代，无论是分析消费者的消费心理，还是分析消费者的购买行为和购买决策过程，都已不再单纯依赖直觉或经验，而是建立在海量的数据基础之上。这些数据来自消费者在网络上的浏览记录、搜索历史、购买记录、社交媒体互动等多个维度，它们共同构成了消费者行为的全景图。企业可以先利用市场调研、社会化媒体平台后台、市场研究报告等收集消费者数据，再利用前面介绍的分析方法详细地对消费者进行分析。

另外，在大数据技术和 AI 技术的加持下，企业能够以前所未有的精准度和效率来挖掘和分析海量数据。例如，AI 能够自动识别消费趋势、预测市场变化，甚至通过情感分析理解消费者潜藏的情绪与偏好；大数据技术则能够使企业处理和分析跨平台、跨渠道的海量数据，发现消费者行为模式中的细微差异与共性，从而绘制更加细腻、多维的消费者画像。图 2-5 所示为火山引擎推出的数据产品的设计模式，该产品覆盖数据生产与消费全链路场景的绝大多数环节，能够帮助企业更好地从数据中获取消费者增长的动力。

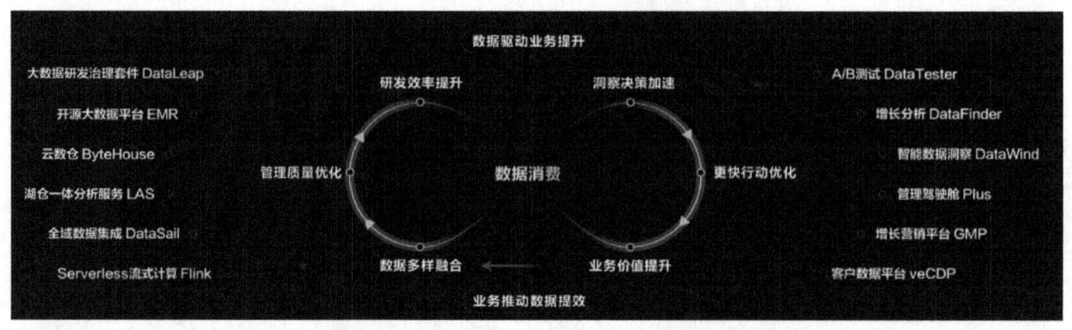

图 2-5 火山引擎推出的数据产品的设计模式

AI技术和大数据技术等给人们的生活带来了极大的便利，同时也造成了数据隐私泄露和数据安全等问题。企业开展网络营销，应当遵循数据收集合法、合规的原则，这不仅是企业应当履行的社会责任，也是对消费者基本权益的尊重和保护。

任务三 网络市场调研

网络市场调研是基于互联网进行营销数据的收集、整理、分析和研究的过程，是分析网络营销环境和消费者的重要途径和手段。市场竞争状况、产品情况、消费者需求和购买行为变化、营销策略的实施效果、未来市场的机会和威胁等，都可以通过市场调研取得数据资料。详细的市场调研数据可以为企业制订营销目标和策略等提供科学依据。

一、网络市场调研的对象

网络市场调研的对象主要包括消费者、竞争对手、合作者等相关人群。通过调研这些人群，企业可以找到网络市场中存在的营销机会，并及时调整营销策略。

（一）消费者

不同的网络市场拥有不同的消费人群，不同的消费人群会体现不同的特征和差异性。企业在开展市场调研时，不仅要研究消费者在网络环境中的购物习惯、搜索习惯、消费偏好和决策过程，还要了解消费者对产品的需求、期望和满意度，收集和分析消费者对企业产品的评价和反馈，以便企业针对消费者的需求进行产品改进或市场定位，以及识别问题和明确改进方向。

（二）竞争对手

网络营销环境下的竞争对手不仅包括现有竞争关系的企业，还包括其他潜在竞争对手、产品替代者等。企业不仅要分析竞争对手在网络市场中的定位、市场份额、产品特点、营销策略等，以了解行业的竞争格局，还要研究竞争对手的营销手段、价格策略、促销活动等，关注竞争对手的创新动向、技术发展和市场策略变化，以便制订更为有效的竞争策略，预测行业的未来发展趋势。

（三）合作者

合作者涉及企业的供应商、分销商、代理商、合作伙伴等。企业不仅要了解潜在合作伙伴的合作意愿、合作需求和期望，以便寻找合适的合作伙伴，还要评估潜在合作伙伴的技术能力、市场资源、渠道优势等，探讨与合作伙伴之间的合作模式、利益分配机制、风险承担方式等，以确保合作能够为企业带来实际利益，从而达成互利共赢的合作关系。

二、网络市场调研的方法

网络市场调研的方法主要有两种，分别是网络市场直接调研和网络市场间接调研。

（一）网络市场直接调研

在互联网上收集一手资料（即原始资料）的过程即网络市场直接调研。当二手资料（即经二次加工整理的资料）不足以解决调研问题时，企业即可决定实施直接调研。根据调研思路的不同，网络市场直接调研的方法可细分为网上观察法、网上实验法、网络小组讨论法和网络问卷调查法。

1. 网上观察法

网上观察法是观察调查法在互联网上的应用，主要是利用网络技术或相关软件记录网络消费者的活动。如今，大多数网站、电商平台、手机 App 等的后台都有记录和统计消费者网络行为的功能，企业可以实时了解网络消费者所浏览的网页、点击的广告、进入的链接、停留的时间、关注的产品、付费的金额等信息。例如，图 2-6 所示为某平台后台记录的相关数据。

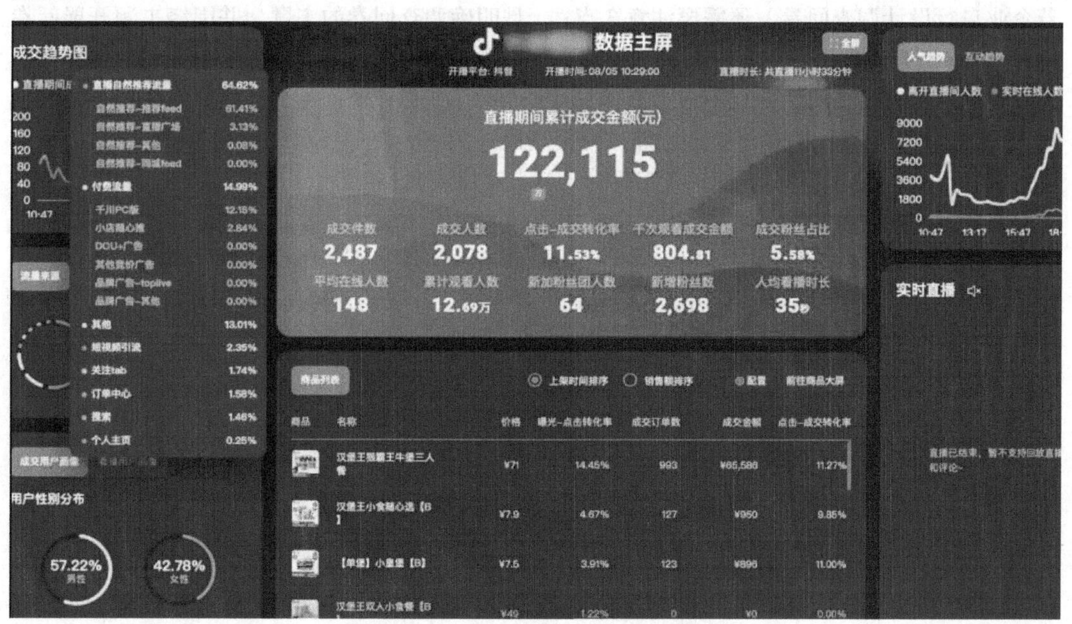

图 2-6 某平台后台记录的相关数据

2. 网上实验法

网上实验法是实验调查法在互联网上的应用，常用于对网络广告的调研。例如，在网络上应用不同版本的网页设计、营销文案或营销策略，以对比调研各个网页设计、营销文案或营销策略的效果。

3．网络小组讨论法

网络小组讨论法是焦点小组访谈法在互联网上的应用，主要是利用网络通信工具开展网络会议进行市场调研，主持人在相应的讨论组中发布调查项目，请调查对象参与讨论，发布各自的观点和意见。网络小组讨论法成本低、效率高、不受时间和空间的限制，可以将分散在不同地域的调查对象通过网络会议组织起来，但对网络速度和技术要求高。在讨论过程中，语音和视频画面应清晰，同时避免因网络故障、设备故障等导致会议卡顿甚至中断，以至会议访谈效果不佳的情况。

4．网络问卷调查法

网络问卷调查法是被普遍应用的一种调研方法，主要是企业将想获取的信息设计为调查问卷并发布在网上，然后请调研对象填写网络调查问卷，从而获取调研资料。要想开展网络问卷调查，网络调查问卷的设计很重要。网络调查问卷主要由标题、问卷说明、问卷主体 3 个部分组成。

（1）标题。标题用于概括说明调查主题，以便调研对象了解主题，如“中国互联网发展状况及趋势调查”“×× 平台购物体验满意度调查”等。

（2）问卷说明。问卷说明一般用于说明调查的目的、意义及调查结果的用途。有些问卷还有问候语、填表须知、交表时间和地点、调查组织单位介绍及其他注意事项。

（3）问卷主体。问卷主体包括问题和选项，是问卷的核心部分，用于收集所需信息，以实现调研目标。

图 2-7 所示为某培训机构发布的网络调查问卷（部分）。一般来说，企业既可以委托专业公司进行问卷调查，也可以自行利用问卷星、问卷网、攒粒等问卷调查平台来设计并发布问卷。若企业自行设计调查问卷，还需要注意 3 点：一是明确调查问卷的主题，并围绕主题开展问卷内容设计；二是设计问卷内容时要遵循结构合理、逻辑清晰、通俗易懂的基本原则，要保证所设计的问题是有必要的，并且不应带有偏见或误导性；三是控制问卷的长度，一般要求问卷填写人的回答时间不超过 20 分钟。另外，为提高设计效率，企业还可以利用 AIGC 工具，将问卷的设计目的、主题等发送给 AIGC 工具，让其自动生成调查问卷。

图 2-7　某培训机构发布的网络调查问卷（部分）

专家指导

为提高调查问卷的反馈率，保证网络问卷调查的客观性和可靠性，提高网络问卷调查质量，除了增加问卷的趣味性（如灵活应用文字、图片、按钮、音乐、视频和链接等多种元素），还可以设置一定的奖励，以提高调研对象参与网络问卷调查的积极性。

（二）网络市场间接调研

网络市场间接调研指利用互联网收集与企业营销相关的二手资料信息。通常，间接调研是网络市场调研的首选方法，能提供直接调研无法或难以取得的各方面的宏观资料，便于企业进一步开展和组织直接调研。网络市场间接调研的方法主要有 3 种。

1. 利用搜索引擎

在搜索引擎输入所需资料的关键词检索互联网信息，可以筛选与关键词相关的信息。

2. 查询相关报告

很多行业研究机构、数据机构、政府机构和专业数据提供商都会提供一些市场调研报告，这些报告通常会基于大量的数据分析和实证研究，全面梳理和评估行业的现状、竞争格局、技术发展等，可以帮助企业了解行业的整体走向和潜在机遇。例如，艾瑞咨询、艾媒咨询、易观分析等机构就可以提供专业的数据报告，企业在开展市场调研时可以进入其官网查询。图 2-8 所示为艾瑞咨询提供的研究报告，单击报告的标题链接，可以在打开的页面中在线浏览和下载报告。其中，有的报告资料可以免费浏览和下载，有的报告资料则需要付费浏览和下载。

图 2-8 艾瑞咨询提供的研究报告

3. 利用大数据平台

大数据技术和云计算的发展使消费者每天的网络活动都能生成有效数据。例如，百度指数、微信指数、蝉妈妈、阿里指数等大数据平台，均能够快速收集和抓取消费者的社会属性、生活习惯和消费行为，如年龄、性别、品牌和产品偏好及购买水平等信息。大数据平台并不都是免费的，有的大数据平台需要付费才能获取数据资料。

三、网络市场调研的步骤

由于调研的目的、范围、内容和要求不同，不同的网络市场调研方法的程序也有所不同。但一般来说，网络市场调研都可以围绕以下5个步骤实施，以推动调研工作的顺利开展，确保调研质量达到预期。

（一）明确调研的问题与目标

明确调研的问题与目标是整个网络市场调研工作的起点和前提，即调研什么、为什么调研。调研问题与目标的明确性将直接影响后续调研步骤的设计和实施。一般来说，企业首先需要深入了解开展市场调研的背景，如因为新产品开发、市场扩张计划、营销策略调整或应对竞争压力等。之后，企业要明确调研的具体目的是什么，如了解目标市场的规模、识别消费者需求、评估品牌知名度、分析竞争对手策略、监测市场趋势等。然后，企业可以将宽泛的调研目的转化为具体可研究的问题，如下为调研问题展示。

- 谁最有可能使用你的产品或服务？
- 谁最有可能购买你提供的产品或服务？
- 在同类型的行业中，谁已经开展了网络营销，他们具体在做什么？
- 竞争对手对你的目标消费者的影响如何？你的目标消费者对竞争对手的印象如何？
- 企业的日常运营可能要受哪些法律、法规的约束？如何依法营销？

最后，企业需要设定调研目标，目标应尽可能具体、可量化，如确定至少5项影响消费者购买决策的关键因素。

（二）制订调研计划

调研计划是对调研本身的具体设计，网络市场调研计划主要包括确定资料来源、调研方法、抽样方案和联系方式等。

1．资料来源

市场调研的资料来源既可能是一手资料，也可能是二手资料。一手资料是企业通过现场实地调研，直接向有关调研对象收集的资料；二手资料则是经过他人收集、记录和整理所积累的各种数据资料。只要保证资料来源的准确性与真实性，不管是一手资料还是二手资料，都可以采用。

2．调研方法

网络市场调研的方法有很多，前文已经详细介绍过。而具体采用哪一种调研方法，需要企业根据实际情况选择。

3．抽样方案

抽样方案包括抽样方法、抽样数量和样本判断准则等。其中，随机抽样（从研究的总体中，每个单位都有一个已知的、非零的概率被选中作为样本）、分层抽样（在总体中先根据某些特征，如年龄、性别、地区等，将总体划分为不同的层，然后从每一层中按比例或非比例抽取样本）等都是常见的抽样方法；抽样数量可以根据预期的误差范围、置信水平（对样本统计量估计总体参数的信心程度）等来确定；样本判断准则指确定哪些单位符合纳入样本的标准，常见的有代表性（样本是否能够代表总体特征）、有效性（样本是否能够有效反映总体特征）等。

4．联系方式

网络市场调研的常用联系方式包括电子邮件、社交媒体、在线论坛、即时通信工具（如微信、QQ）等。

（三）收集信息

互联网没有时间和空间限制，企业可以在全国甚至全球范围内收集信息。网络市场调研信息的收集与其选择的调研方法有关，企业既可以采用单一调研方法，也可以综合采用多种调研方法，通过多种渠道收集相关信息。具体在收集时，企业需要遵守相关法律法规和道德规范，并确保收集的数据准确、可靠、安全。

（四）整理和分析信息

完成信息的收集后，企业需要先整理收集的数据，这个过程通常包括清洗、分类、筛选数据等，以剔除无效或不适用的信息，从而确保数据的准确性和可靠性。分析信息则需要借助一些数据分析技术（如交叉列表分析技术、概括技术），以及数据分析方法（如综合指标分析、动态分析），或者使用 Excel、SPSS、SAS 等分析软件。

（五）撰写调研报告

网络市场调研的最后一个步骤是撰写调研报告。这就需要把营销情况与营销策略结合起来，以标准的调研报告的书写格式写出调研报告。虽然网络市场调研的范围、要求和主题不同，调研的内容也有所不同，但标准调研报告大多包括标题、引言、目录、正文、结论、启示及建议和附录等。其中，正文的内容就是对本次调研的主要说明，包括调研目的、调研方法和调查数据统计分析等。图 2-9 所示为调研报告部分示例。

图 2-9　调研报告部分示例

专家指导

市场调研报告并不都包括标题、引言、目录、正文、结论、启示及建议和附录等，部分简单的报告可能仅有标题、引言、正文和结论。另外，调研报告的呈现形式并没有统一的规定，可以用 Word、PDF、PPT 等进行呈现。

课堂实训

实训一　设计智能门锁市场调研问卷

为更好地了解消费者对智能门锁的需求和偏好，好智慧家希望能开展一次网络问卷市场调研。在了解好智慧家的需求后，赵磊让李巧利用问卷星为好智慧家设计一份有关智能门锁的调查问卷。

1．实训要求

（1）利用问卷星的AI创作功能设计调查问卷。

（2）完善AI生成的调查问卷。

2．实训步骤

（1）进入问卷星官网，注册并登录账号后进入管理后台。

（2）在管理后台页面中单击左上角的“创建问卷”按钮，如图2-10所示。

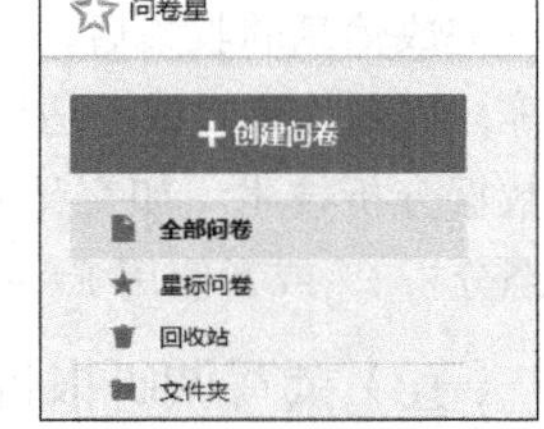

图2-10　单击“创建问卷”按钮

（3）进入“创建调查”页面，单击“创建调查”栏下方的“AI创建问卷”超链接，如图2-11所示。

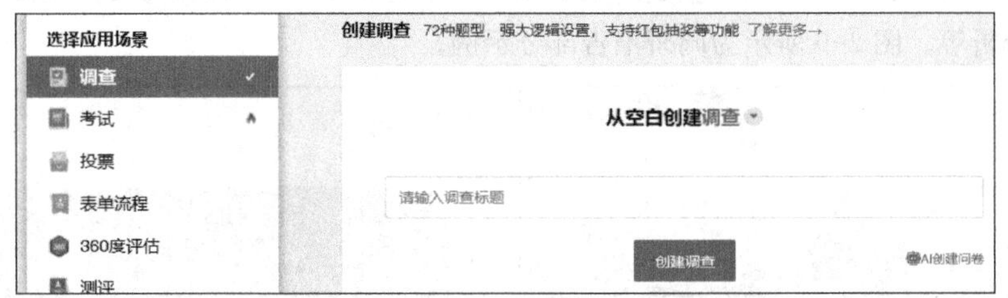

图2-11　单击“AI创建问卷”超链接

（4）打开“AI创作”对话框，在相应的文本框中输入相应内容。在“调研主题”文本框中输入“好智慧家有关智能门锁使用情况的调查问卷”，在“题目数量”文本框中输入“18”，在“调研目的”文本框中输入“了解消费者的基本情况、智能门锁的使用需求和使用习惯，以及智能门锁的购买意愿和决策因素”，然后单击“开始创作”按钮，如图2-12所示。

图2-12　“AI创作”对话框

（5）补充问卷说明。随后，问卷星将自动生成问卷内容，在主题下方补充问卷说明。在问卷说明中，可以先对消费者表示欢迎和感谢，然后简要说明此次调研的目的和重要性，如“尊敬的消费者，您好！感谢您在百忙之中参与本次市场调研。多年来，好智慧家一直致力于为消费者提供高品质、智能化的家居产品和服务，为更好地了解您对智能门锁产品的看法，我们特别设计了这份问卷，希望能够得到您宝贵的意见和建议”，如图 2-13 所示。

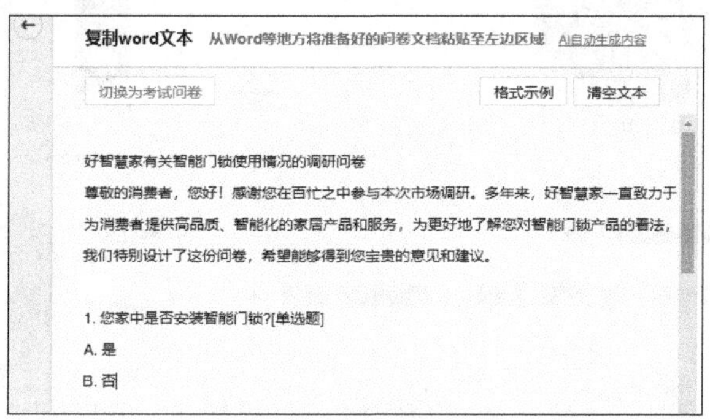

图 2-13 补充问卷说明

（6）修改并完善调查问卷。根据对调研目的修改和优化自动生成问卷内容，如增加有关消费者基本情况的相关问题、修改智能门锁使用习惯的相关问题和问题选项等。修改并确认无误后，单击右下角的“完成”按钮生成问卷，部分示例效果如图 2-14 所示（配套资源：\ 效果文件 \ 项目二 \ 调查问卷 .jpg）。

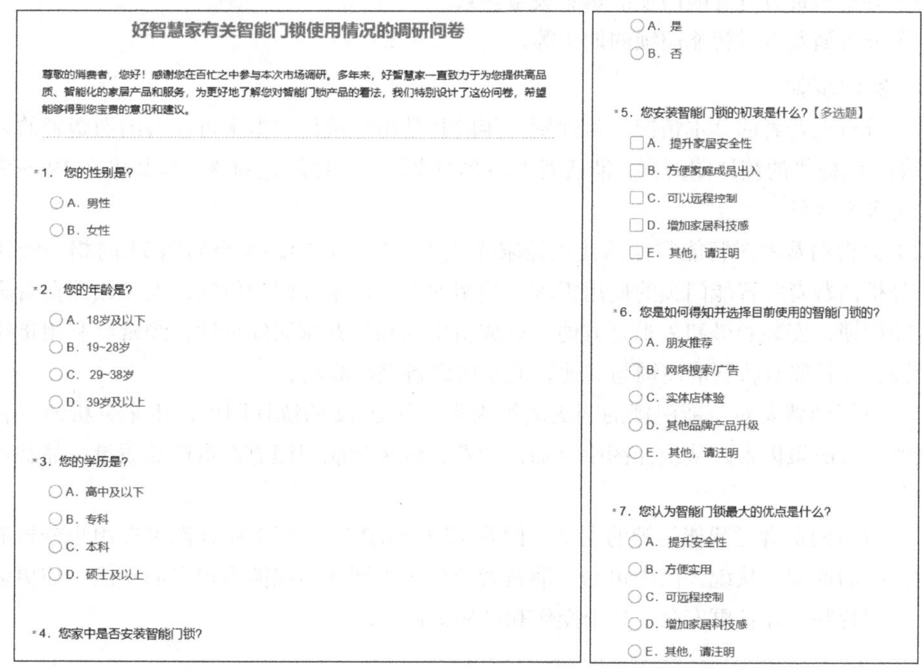

图 2-14 调研问卷部分示例效果

实训二 分析市场调研数据

好智慧家在各大网络营销平台中邀请消费者填写了问卷，经回收后获得 200 份有效问卷。图 2-15 所示为部分调研数据的统计图（配套资源：\ 素材文件 \ 项目二 \ 调研数据 .docx）。当前，李巧需要分析这些统计图，并分析出消费者对智能门锁的需求和偏好等。

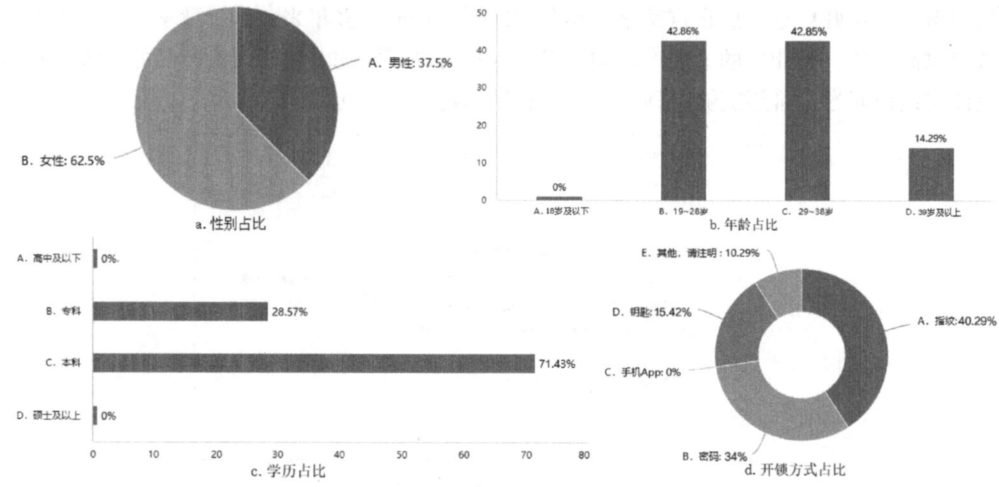

图 2-15　部分调研数据的统计图

1. 实训要求

（1）分析消费者的基本情况。

（2）分析消费者对智能门锁的使用需求和使用习惯。

（3）分析消费者对智能门锁的购买决策因素。

（4）分析消费者对智能门锁的期望等。

2. 实训步骤

（1）分析消费者的基本情况。从性别、年龄和学历等统计数据中可以得出消费者的大致情况。例如，就提供的统计图而言，消费者大多数为女性，占比超过 60%，年龄多在 19 ～ 38 岁，并且学历多为本科。

（2）分析消费者对智能门锁的使用需求和使用习惯。从问题 4 至问题 11 的相关统计图可以用来分析消费者对智能门锁的使用需求和使用习惯。从统计图中可知，大多数消费者家中安装有智能门锁，安装的最初需求是方便家庭成员出入和提升家居安全性，经常会利用指纹和密码来开锁，并且愿意将智能门锁与其他智能家居设备进行联动。

（3）分析消费者对智能门锁的购买决策因素。问题 12 的统计图可以用来分析消费者对智能门锁的购买决策因素。从统计图中可知，消费者购买智能门锁更看重产品质量、品牌信誉和售后服务。

（4）分析消费者对智能门锁的期望。问题 17 和问题 18 的相关统计图可以用来分析消费者对智能门锁的期望。从统计图中可知，消费者希望未来智能门锁能有很多的功能，如更多识别方式、全屋智联，并且更安全、易于操作和价格更低等。

实训三　写作智能门锁市场调研报告

好智慧家的智能门锁市场调研项目进入收官阶段，最后还需要撰写市场调研报告并将其提交给好智慧家。现在，李巧需要根据市场规模、竞争格局、问卷分析结果等资料完成对“智能门锁市场调研报告”初稿的撰写。

1. 实训要求

（1）市场调研报告需包含标题、引言、正文和结论。

（2）市场调研报告以 Word 的形式呈现，需要保证观点清晰、图文并茂。

2．实训步骤

（1）写作市场调研报告的标题。通常情况下，市场调研的主题就是市场调研报告的标题，如“好智慧家有关智能门锁的市场调研报告”。

（2）写作市场调研报告的引言。引言又称前言或导言，在市场调研报告中，引言主要用于说明研究背景、研究领域目前的发展状况、研究的问题（即市场调研的主要内容，包括调查的目的、对象、内容和方法等）、研究的意义（即为什么开展此项调查活动）。概括而言，引言一般用于介绍调查背景与研究意义，回答“研究了什么与怎么研究的”，其目的是让观看者迅速了解市场调查报告的大致内容。图 2-16 所示为引言的效果示例。

在科技日新月异的今天，智能家居产品已成为现代家庭生活的重要组成部分，为人们的日常生活带来极大的便利。作为智能家居生态系统中的关键一环，智能门锁以其便捷性、安全性和智能性，逐渐成为消费者关注的焦点。当前，智能门锁市场正处于快速发展阶段，消费者对产品安全性、便捷性和智能化程度的要求不断提高。因此，深入了解智能门锁市场的现状和发展趋势，准确把握消费者的需求和偏好，对于好智慧家具有重要意义。

本次市场调研旨在全面分析智能门锁市场的现状、竞争格局、消费者需求及市场趋势，为好智慧家智能门锁产品的开发、定位和推广提供有力的数据支持和决策依据。调研内容将涵盖智能门锁的市场规模、市场份额、产品特点、价格策略、消费者画像、购买决策过程等方面。通过问卷调查、数据分析等多种方法，确保调研结果的全面性和准确性。本次调研的意义在于，通过深入研究智能门锁市场，好智慧家将能够更加精准地把握市场需求，制定出更加符合消费者期望的产品策略和市场策略。同时，本次调研结果也将为行业内的其他企业提供有价值的参考，推动整个智能门锁市场的健康发展。我们相信，通过本次市场调研，好智慧家将能够成功推出一款具有竞争力的智能门锁产品，为消费者带来更加便捷、安全的智能家居体验。

图 2-16　引言的效果示例

（3）写作市场调研报告的正文。正文是市场调查报告的主体和核心部分，主要用于描述市场调研与分析的成果。例如，就智能门锁市场调研报告而言，正文的内容主要包括市场规模、竞争格局、用户分析、发展趋势等。图 2-17 所示为正文部分效果示例。

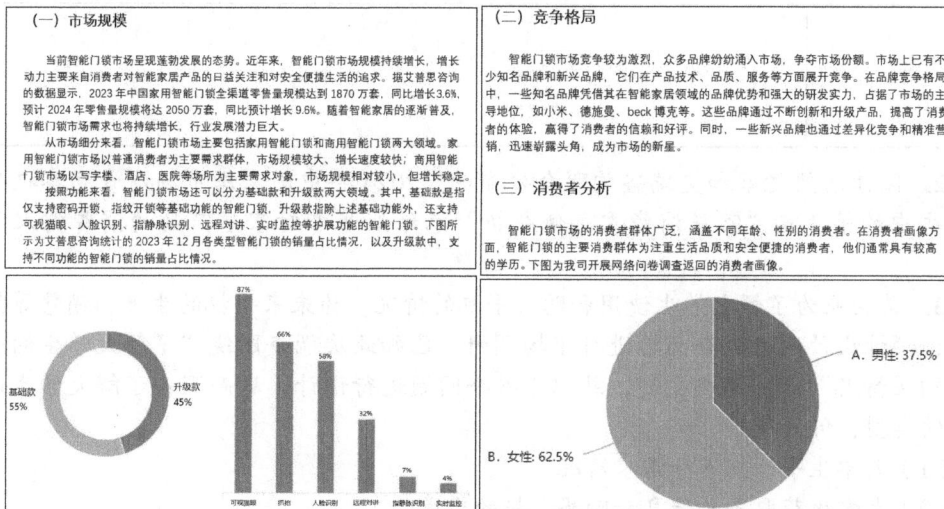

（一）市场规模

当前智能门锁市场呈现蓬勃发展的态势。近年来，智能门锁市场规模持续增长，增长动力主要来自消费者对智能家居产品的日益关注和对安全便捷生活的追求。据艾普思咨询的数据显示，2023 年中国家用智能门锁全渠道零售量规模达到 1870 万套，同比增长3.6%，预计 2024 年零售量规模将达 2050 万套，同比预计增长 9.6%。随着智能家居的逐渐普及，智能门锁市场需求也将持续增长，行业发展潜力巨大。

从市场细分来看，智能门锁市场主要包括家用智能门锁和商用智能门锁两大领域。家用智能门锁市场以普通消费者为主要需求群体，市场规模较大、增长速度较快；商用智能门锁市场以写字楼、酒店、医院等场所为主要需求对象，市场规模相对较小，但增长稳定。

按照功能来看，智能门锁市场还可以分为基础款和升级款两大领域。其中，基础款是指仅支持密码开锁、指纹开锁等基础功能的智能门锁，升级款指除上述基础功能外，还支持可视猫眼、人脸识别、指静脉识别、远程对讲、实时监控等护展功能的智能门锁。下图所示为艾普思咨询统计的 2023 年 12 月各类型智能门锁的销量占比情况，以及升级款中，支持不同功能的智能门锁的销量占比情况。

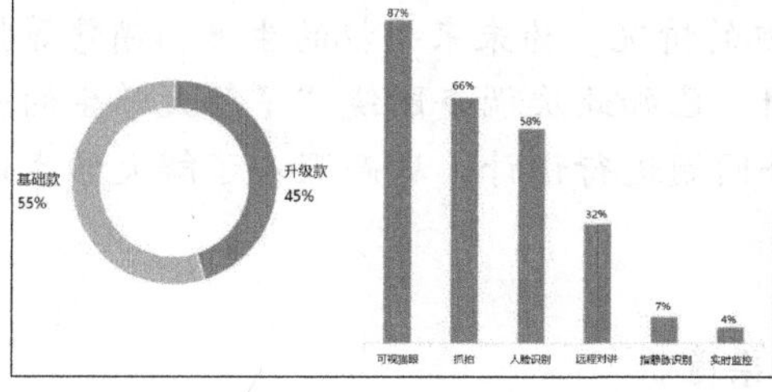

（二）竞争格局

智能门锁市场竞争较为激烈，众多品牌纷纷涌入市场，争夺市场份额。市场上已有不少知名品牌和新兴品牌，它们在产品技术、品质、服务等方面展开竞争。在品牌竞争格局中，一些知名品牌凭借其在智能家居领域的品牌优势和强大的研发实力，占据了市场的主导地位，如小米、德施曼、beck 博克等。这些品牌通过不断创新和升级产品，提高了消费者的体验，赢得了消费者的信赖和好评。同时，一些新兴品牌也通过差异化竞争和精准营销，迅速崭露头角，成为市场的新星。

（三）消费者分析

智能门锁市场的消费者群体广泛，涵盖不同年龄、性别的消费者。在消费者画像方面，智能门锁的主要消费群体为注重生活品质和安全便捷的消费者，他们通常具有较高的学历。下图为我司开展网络问卷调查返回的消费者画像。

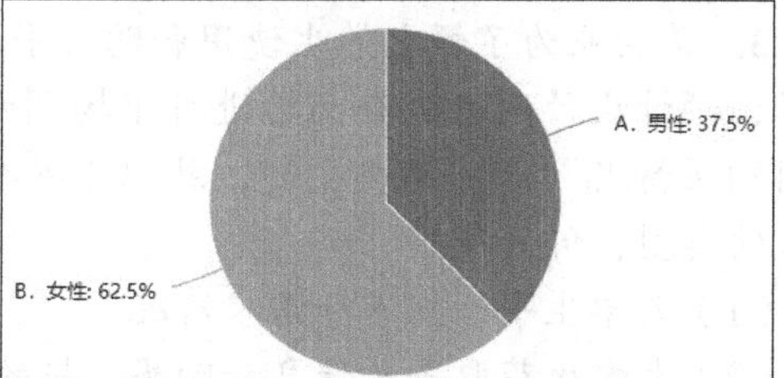

图 2-17　正文部分效果示例

（4）写作市场调研报告的结论。结论是撰写市场调研报告的最终目的，是非常重要的部分，能够为领导层提供决策信息。结论即调查与分析的结果，是对正文主要内容的总结，是对所提出的问题所做出的明确答复。图 2-18 所示为结论部分效果示例。

市场调研报告

三、结论

通过本次对智能门锁市场的全面调研与分析，我们得出以下结论，为好智慧家智能门锁产品的开发、定位和推广提供重要的决策依据。

（1）家用智能门锁市场作为主要的增长动力，其市场规模和增长速度均表现强劲的势头。因此，好智慧家应当抓住这一市场机遇，加快智能门锁产品的研发与推广。

（2）好智慧家需要明确自身的市场定位，通过技术创新、品质提升和服务优化，打造具有竞争力的智能门锁产品，并在市场中树立良好的品牌形象。

（3）好智慧家在营销智能门锁产品时，应重点关注安全性、便捷性和智能化程度等方面。同时，针对消费者在安装、服务等方面的关注点，好智慧家应加强售后服务体系建设，以提高消费者满意度。

（4）未来，智能门锁市场将继续保持快速增长的态势，并呈现技术创新、定制化服务、跨界合作和绿色环保等发展趋势。好智慧家应紧跟市场趋势，加大研发投入，不断创新产品技术和功能，提升产品竞争力。同时，积极寻求跨界合作机会，拓展市场份额。在绿色环保方面，好智慧家应注重产品的环保性能设计，降低能耗和污染排放，以满足消费者的环保需求。

图 2-18　结论部分效果示例

课后习题

1. 在网络中搜索顾家家居有关信息，然后采用PEST法分析其网络宏观环境，并完成对表2-3的填写。

表2-3 顾家家居PEST法分析

宏观环境分析	具体内容
P	
E	
S	
T	

2. 阅读居然之家和艾瑞咨询联合发布的《2024年中国家居市场消费洞察报告》，从报告中的第3点“家居消费需求侧分析”总结消费者对家居产品的消费需求和偏好等。

3. 某企业为了解大学生使用和购买手机的情况，为未来手机的生产、销售等提供参考，预计设计网络调查问卷进行市场调研。已知此次调查围绕“了解大学生的手机使用购买情况”这一调查主题，就以下6个问题进行设计，从而深入了解大学生使用手机的类型、偏好等。

（1）大学生手机拥有和需求情况。

（2）大学生获取手机信息和购买手机的渠道。

（3）大学生的手机品牌选择及对各手机品牌的评价。

（4）大学生购买手机的价格选择。

（5）大学生对促销方式的选择。

（6）大学生对手机质量、性能、款式和售后服务的要求。

请你先使用问卷星为该企业设计网络调查问卷，然后在社会化媒体平台中开展大范围的网络问卷调查，最后利用问卷星的统计和分析功能分析此次调查的结果。

PART 03

项目三 网络营销策划

学习目标

- 掌握网络营销策划的具体流程。
- 掌握产品营销策划和品牌营销策划的方法。
- 掌握网络营销策划书的结构和写作步骤。

能力目标

- 能够独立地完成网络营销策划工作。
- 能够为产品或品牌制订策划方案。
- 能够写作观点清晰、图文并茂的网络营销策划书。

素养目标

- 不断学习和拓展知识面，提升个人文学素养。
- 增强统筹策划能力，规范网络营销行为。

情境导读

经过学习，李巧已完全掌握了开展网络营销市场分析与调研的方法，但是她对如何开展网络营销依然一头雾水。赵磊告诉她，开展网络营销需要依靠策划来搭建框架。李巧不仅需要熟悉网络营销策划的流程，还要掌握具体的产品营销策划和品牌营销策划技巧。另外，李巧还要学会将营销创意和策略等凝聚成书面形式——网络营销策划书。为了让李巧形成系统性的网络营销策划思路，赵磊决定让李巧参与食品品牌富朵的网络营销策划工作。

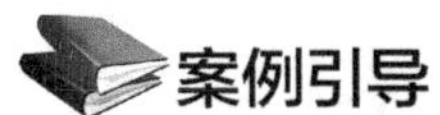

案例引导

百岁山品牌营销策划的成功之匙

2023年5月，世界羽毛球混合团体锦标赛开赛之际，饮用水品牌百岁山宣布成为世界羽毛球联合会（以下简称“世界羽联”）的官方合作伙伴。世界羽联是国际羽毛球运动的最高组织机构，其举办的赛事多为大型国际赛事，如世界羽毛球混合团体锦标赛等。百岁山能够成为世界羽联的官方合作伙伴，说明其品牌认知度和价值已得到世界羽联的充分肯定。除了国际羽毛球赛事，百岁山还多次亮相其他重大体育赛事，如女篮世界杯、女排世锦赛等。百岁山与这些赛事达成战略合作，成为赛事指定饮用水（见图3-1），在网络上引起了广泛讨论。借助这些大型赛事的影响力，百岁山成功走出国门，提升了其知名度和影响力。

百岁山的成功，离不开其差异化的细分市场和精准的品牌定位。在国内饮用水市场上，除了百岁山，比较知名的品牌还有农夫山泉、怡宝等。虽然都是饮用水，但农夫山泉的水取自四川省峨眉山、陕西省太白山等多个优质水源地，是天然的弱碱性水，怡宝则是纯净水。为与其他品牌形成差异，百岁山在矿泉水领域细分市场——饮用天然矿泉水市场发力。在品牌定位方面，百岁山将自己定位为“水中贵族”，并围绕这一定位开展网络营销。在百岁山的网络营销中，其利用城堡、欧式风格的服装和道具等元素，结合简单、明了的广告词“水中贵族百岁山”（见图3-2）来强调其品牌定位。与此同时，百岁山还在微博、抖音、微信等多个媒体平台建立账号，多渠道触达目标用户，并通过微博图文、抖音短视频、微信公众号推文等多种形式传递品牌信息，从而扩大品牌影响力。目前，百岁山已成为我国知名饮用水品牌。

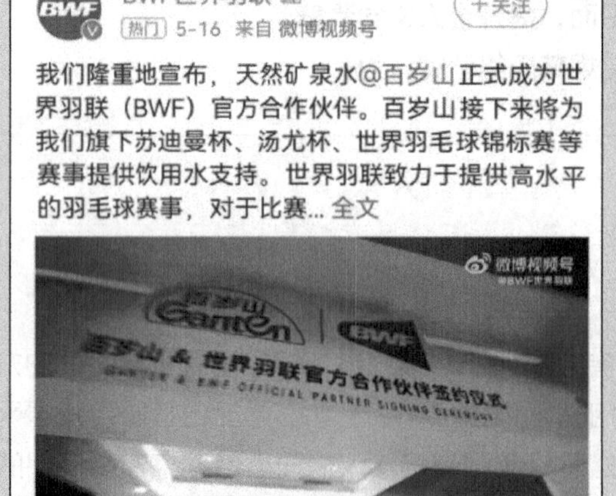

图3-1 百岁山成为世界羽联指定饮用水

图3-2 宣传内容

思考

（1）百岁山是如何进行品牌定位的？

（2）百岁山是如何宣传品牌的？

任务一 网络营销策划流程

网络营销策划指企业在特定的网络营销环境和条件下，为达到设定的营销目标而进行的策略思考和方案规划的过程，其目的是制订有效且符合企业实际情况的网络营销方案。网络营销策划将直接用于指导企业的网络营销实践。

一、明确营销目标

明确营销目标是网络营销策划的重要起点，可以帮助企业确定营销方向。营销目标可以是增加品牌知名度、提高网站流量、增加销售额、扩大市场份额、提升用户满意度等。一旦目标被明确，所有的策划工作都将围绕营销目标展开。

营销目标是开展网络营销策划的期望和方向，企业在确定营销目标时，可以运用 SMART 原则。SMART 原则即 Specific（具体的）、Measurable（可测量的）、Attainable（可达成的）、Relevant（相关的）和 Time-bound（有时限的），具体如图 3-3 所示。SMART 原则是一种应用于目标设定的准则，可以帮助企业制订明确、可行和可衡量的营销目标。

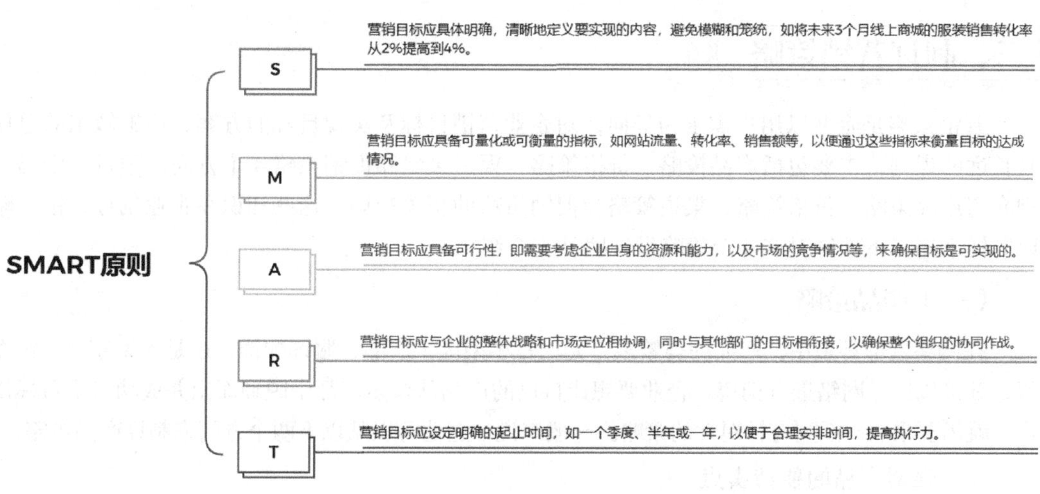

SMART原则
S
营销目标应具体明确，清晰地定义要实现的内容，避免模糊和笼统，如将未来3个月线上商城的服装销售转化率从2%提高到4%。
M
营销目标应具备可量化或可衡量的指标，如网站流量、转化率、销售额等，以便通过这些指标来衡量目标的达成情况。
A
营销目标应具备可行性，即需要考虑企业自身的资源和能力，以及市场的竞争情况等，来确保目标是可实现的。
R
营销目标应与企业的整体战略和市场定位相协调，同时与其他部门的目标相衔接，以确保整个组织的协同作战。
T
营销目标应设定明确的起止时间，如一个季度、半年或一年，以便于合理安排时间，提高执行力。

图 3-3 SMART 原则示意图

二、开展市场调研与分析

市场调研与分析是网络营销策划的关键环节。通过市场调研与分析，企业能深入了解市场环境和趋势，确定产品是否能够被市场接受，了解目标用户和竞争对手的情况，从而制订更加精准和有效的营销策略。具体来说，企业因开展网络营销策划而涉及的市场调研与分析主要可以分为 4 个方面，即市场环境、营销产品、目标用户和竞争对手。

（一）市场环境

市场是买卖双方进行产品交换的场所。开展对市场环境的调研与分析，需要了解企业所在行业的发展现状、网络营销的发展趋势、目标用户对网络营销的态度，以及其他与目标用户相关的社会、文化和技术变化等，通过全面了解目标市场的现状，可以预测未来的市场需求。

（二）营销产品

调研与分析营销产品就是调查和分析营销产品的不同方面，以确定该产品能否被市场接受。营销产品的调研和分析一般会从产品定位、产品材质、产品工艺、产品质量、产品外形、产品性能、产品生命周期、产品服务、产品价格等方面入手。一般来说，营销产品的调研和分析应该尽量详细，尽可能多方面地对产品进行综合分析。同时需要注意的是，不同产品的产品分析的侧重点也应不一样，有的应注重产品功能，有的应注重产品使用体验，有的应注重产品外观。

（三）目标用户

调研与分析目标用户，有助于深入了解目标用户的需求，并确定该如何有效地与他们进行沟通和互动。除了可以了解目标用户的年龄、性别、地理位置、职业等，还可以通过目标用户的社交动态、过往消费记录、关注列表、消费频率、购物渠道偏好、购买决策过程等信息，分析目标用户的行为偏好和需求，以便制订更合适的营销策略。

（四）竞争对手

调研与分析竞争对手即了解所在行业的竞争情况，了解竞争对手的营销策略、产品特点、市场占有率等信息，以便找到自身的优势和不足，提高企业自身的市场竞争力。

三、制订营销策略

营销策略是企业以用户需求为导向，对企业营销目标及实现目标的方案、措施做出的总体且长远的谋划，主要包括产品策略、价格策略、渠道策略和促销策略 4 个方面。项目一中已详细介绍产品策略、价格策略、渠道策略和促销策略的相关知识，这些知识在企业制订营销策略时同样适用，下面针对这 4 个策略做一些补充介绍。

（一）产品策略

在网络营销环境中，产品种类繁多，无论是小型电子产品、服饰配饰，还是大型家电、汽车等，都可以通过网络进行销售。企业要想让自己的产品从众多产品中脱颖而出并成功吸引目标用户，就需要采取一系列有针对性的策略。一般来说，企业可以从以下两个方面来制订产品策略。

1．强调产品的独特卖点

产品的独特卖点是产品区别于市场上其他同类产品的关键特征，它应该是具体、可感知的，并且能够为用户带来直接的利益。例如，图 3-4 所示为 vivo X100 系列手机产品的宣传图，其以蔡司认证的镜头模组作为独特卖点，吸引追求极致拍照体验的用户。

图 3-4　强调产品的独特卖点

2．强调产品的差异化优势

此处的差异化优势主要指针对竞争产品来创造差异化。企业需要深入分析竞争对手的产品特点、市场定位和用户反馈，识别市场缺口或未被充分满足的需求，从而确定本产品所要采用的差异化策略，包括技术创新、品质提升、服务优化等方面。例如，图 3-5 所示为某品牌洗地机的宣传图，其就选择了针对高温透洗这一特点开展差异化营销。

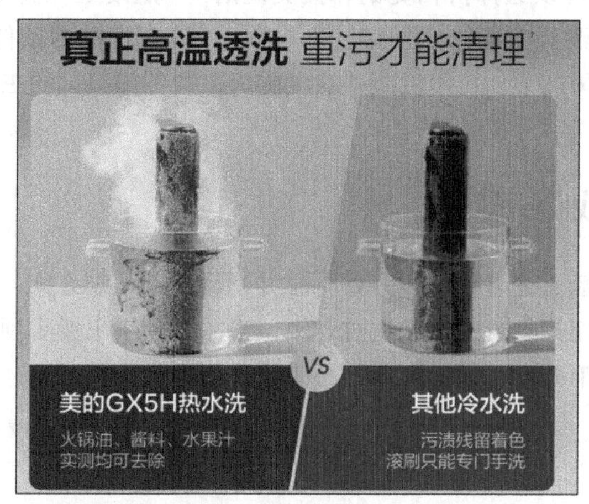

图 3-5 强调产品的差异化优势

（二）价格策略

价格是影响用户做出购买决策的重要因素。企业在开展网络营销策划时，需要综合考虑市场需求、成本、竞争状况等多个方面，制订合适的价格策略。制订后，还可以进行定价测试，以评估用户对价格的接受程度，然后根据测试结果调整价格策略，以确保价格策略的合理性和有效性。

（三）渠道策略

不同的渠道会影响营销和转化效果，选择合适的营销渠道不仅能提高营销活动的针对性和有效性，还能帮助企业更好地开展网络营销，从而促进业务增长和品牌发展。在制订渠道策略时，企业不要依赖单一渠道，而是应当根据产品特性和目标市场的特点，采取多元化的渠道组合策略。具体选择时，需要考虑渠道的覆盖范围、目标用户匹配度、成本效益比、控制程度、合作难度及潜力等因素。另外，当前许多社会化媒体平台提供与用户来源渠道相关的分析功能，如图 3-6 所示，企业在选择时可以参考分析结果。

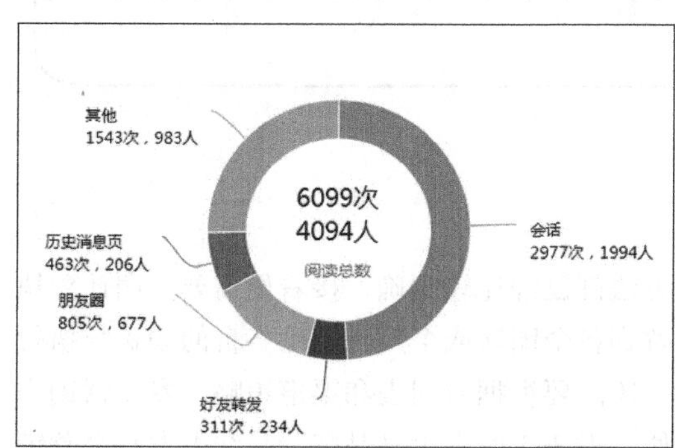

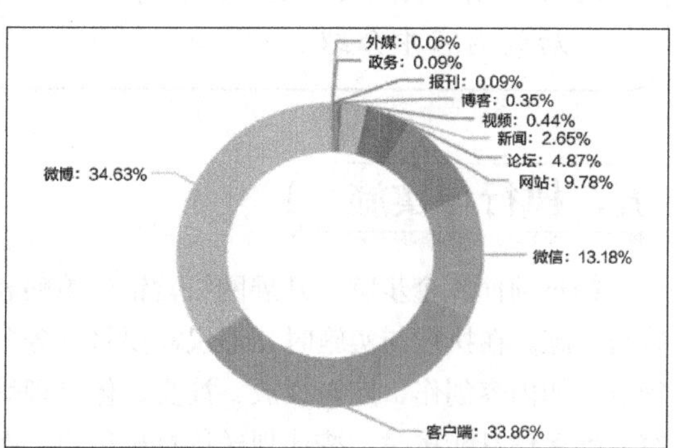

图 3-6 与用户来源渠道相关的分析功能

（四）促销策略

促销策略是推动产品销售、增加品牌曝光度和提升用户忠诚度的重要手段。企业在制订促销策略时，同样需要综合考虑营销目标、市场环境、目标用户、产品特性及预算等因素。企业可以结合具体营销目标、促销时间与周期等来制订促销策略。例如，开展网络营销的主要目标是提升产品销量，那么可以选择折扣促销和抽奖促销：一是设定“满 100 元减 20 元”的消费门槛，以激励用户增加购买金额；二是指定用户在完成购买产品的条件后可参与抽奖。又如，开展网络营销的节点在国庆节，可以围绕“欢度国庆，共贺佳节”的主题来制订在国庆节期间的促销策略。

四、制订营销策划方案

完成上述 3 个流程后，企业就可以开始构思并制订营销策划方案，以形成初步的方案雏形了。一般来说，这个前期策划方案不必太过详细，只需要列出主要事项即可，如营销目标、营销对象、营销策略、营销时间、成本预算等，如图 3-7 所示。

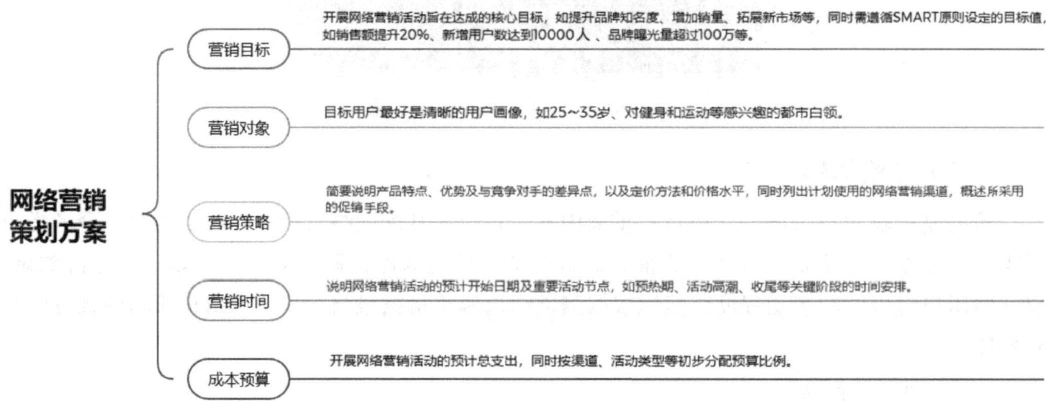

网络营销策划方案
营销目标
开展网络营销活动旨在达成的核心目标，如提升品牌知名度、增加销量、拓展新市场等，同时需遵循SMART原则设定的目标值，如销售额提升20%、新增用户数达到10000人、品牌曝光量超过100万等。
营销对象
目标用户最好是清晰的用户画像，如25~35岁、对健身和运动等感兴趣的都市白领。
营销策略
简要说明产品特点、优势及与竞争对手的差异点，以及定价方法和价格水平，同时列出计划使用的网络营销渠道，概述所采用的促销手段。
营销时间
说明网络营销活动的预计开始日期及重要活动节点，如预热期、活动高潮、收尾等关键阶段的时间安排。
成本预算
开展网络营销活动的预计总支出，同时按渠道、活动类型等初步分配预算比例。

图 3-7　网络营销策划方案所包含的内容

专家指导

这个初期的策划方案构思只是作为整个营销策划过程中的辅助工具来帮助营销人员正常策划并开展营销活动。具体网络营销策划工作的指导为网络营销策划书，该策划书有一定的格式和写作要求，详细的写作方法将在后续内容中介绍。

五、执行与实施

经过前面 4 个步骤，开展网络营销的策略和方法都已经比较明确，接着便需要按照计划执行与实施。在执行与实施时，不仅需要将任务分解到各个团队或个人，明确各自的职责与执行细节，如内容创作、广告投放、社交媒体管理等，还需要根据时间表和渠道策略，发布营销内容，确保信息能按时、按计划送达目标用户。例如，表 3-1 所示为某品牌新品线上发布会营销活动的工作安排表，表 3-2 所示为该线上发布会的具体流程，各人员在执行与实施时可以参考这些表格来完成相关工作。

表 3-1 某品牌新品线上发布会营销活动的工作安排表

活动主题	×× 品牌新品线上发布会		
活动目标	介绍产品功能，向外推广产品		
活动时间	2024 年 10 月 31 日 15:00—20:00		
时间安排	部门分配	时间	日期
场地确定	人事部门	2 天	2024 年 10 月 10 日—2024 年 10 月 11 日
物料采购	采购部门	3 天	2024 年 10 月 12 日—2024 年 10 月 14 日
发送邀请函	人事部门	3 天	2024 年 10 月 15 日—2024 年 10 月 17 日
发布会场景布置	行政部门	4 天	2024 年 10 月 19 日—2024 年 10 月 22 日
活动场地检查	审检部门	1 天	2024 年 10 月 23 日
宣传广告设计	宣传部门	7 天	2024 年 10 月 24 日—2024 年 10 月 30 日

表 3-2 品牌新品线上发布会的具体流程

主题	×× 品牌新品线上发布会	
目标	介绍产品功能，向外推广产品	
时间	2024 年 10 月 31 日 15:00—20:00	
具体时间安排	时间	说明
现场来宾签到	2024 年 10 月 31 日 15:00—2024 年 10 月 31 日 15:30	记录参与人员
主持人开场	2024 年 10 月 31 日 15:31—2024 年 10 月 31 日 15:45	主持人介绍本次发布会主题
领导致辞	2024 年 10 月 31 日 15:46—2024 年 10 月 31 日 16:30	两位领导上台致辞
新品发布启动仪式	2024 年 10 月 31 日 16:31—2024 年 10 月 31 日 17:00	邀请嘉宾参与发布仪式
产品展示	2024 年 10 月 31 日 17:01—2024 年 10 月 31 日 17:30	展示产品设计理念、外观和性能
合影留念	2024 年 10 月 31 日 17:31—2024 年 10 月 31 日 17:45	嘉宾、领导与产品合影
答谢酒会	2024 年 10 月 31 日 17:46—2024 年 10 月 31 日 19:00	晚餐和答谢仪式
节目表演	2024 年 10 月 31 日 19:01—2024 年 10 月 31 日 19:30	歌舞表演
谢幕并结束	2024 年 10 月 31 日 19:31—2024 年 10 月 31 日 20:00	发布会结束

在执行与实施的同时，企业还要密切关注各阶段的执行效果，以免在执行中因受某些不可控因素的干扰而出现偏差。一旦出现偏差，就需要快速做出反应，并进行相应调整。

专家指导

在执行与实施网络营销活动时，还应当保持内部沟通顺畅，定期向团队汇报营销活动的进展和调整方向，以确保团队成员信息同步、协同工作。另外，企业还应当建立应急预案，从而有效地应对执行与实施过程中可能出现的风险和问题。

六、评估与优化

网络营销策划工作的执行与实施环节结束后，企业还要对此次工作进行评估。评估的依据来源于执行中及执行结束后的数据，最后需要根据评估结果，对之前确定的营销策略、营销方法及技巧等进行优化调整，从而形成一个良性的营销循环。

（一）评估

具体在评估时，企业需要全面评估网络营销活动的效果。相关的评估指标通常包括但不限于网站流量指标、用户行为指标、社会化媒体指标、搜索引擎排名指标、广告投放效果指标、用户满意度指标等。

1．网站流量指标

网站流量指标有访问量、独立访客数、跳出率、页面停留时间等。其中，访问量指用户访问网站的页面数量；独立访客数指访问网站的不同用户数；跳出率指用户只浏览一个页面就离开网站的比率；页面停留时间指用户在页面上停留的平均时间。

2．用户行为指标

用户行为指标有转化率、互动率等，前者是用户完成特定目标（如购买、注册、下载等）的比率，可以反映营销活动的实际效果；后者是用户在网站上的互动行为（如评论、分享、点赞等）的比率，可以反映用户对内容的参与度和兴趣。

3．社会化媒体指标

社会化媒体指标指微信、微博、抖音、小红书、知乎、今日头条等社会化媒体平台上的相关指标。例如，社会化媒体平台上企业账号的新增粉丝数量，相关作品的点赞数、评论数和分享数等。

4．搜索引擎排名指标

搜索引擎排名指标主要有关键词排名、网站质量得分等，前者指网站在搜索引擎中针对特定关键词的排名位置；后者是搜索引擎对网站整体质量的评估，会影响网站在搜索结果中的排名。

5．广告投放效果指标

广告投放效果指标有广告点击率、成本效益比等，前者指广告被点击的次数与广告展示次数的比率；后者指广告投放的投资回报率，可以反映广告投入与产出的比率。

6．用户满意度指标

用户满意度指标有用户评分、用户反馈、重购率等。用户评分指用户对产品或服务的评价打分；用户反馈是用户对产品、服务和购物体验的具体意见和建议；重构率为用户再次购买的比率，可以反映用户对产品和服务的满意度和忠诚度。

（二）优化

得出评估结果后，企业就可以据此提出优化方案，包括营销策略优化、用户体验优化等。前者可能包括洞察目标用户、优化营销渠道、改进内容策略等，后者可能涉及页面布局、内容设计等方面。

任务二 产品营销策划

产品营销策划指企业为营销推广产品，经过系统分析和规划后，制订的一系列策略和行动计划。产品营销策划旨在通过有效定位产品，以及制订恰当的产品价格、推广和销售策略，来提升产品的市场接受度和销量。

一、产品定位

产品定位是产品营销策划的重要组成部分，涉及如何在目标用户的心智中为产品寻找并占据一个独特、有利的位置，从而使其区别于竞争对手。

（一）产品定位的重点

产品定位的目的在于确保产品能够满足特定用户群体的需求，同时在众多同类产品中脱颖而出，建立竞争优势，促进产品销售并提升其影响力。基于此，产品定位需要重点解决以下4个方面的问题。

1．什么行业、什么类型的产品

这是产品定位的首要问题，需要明确产品所属的行业和类型。行业决定产品的市场环境和竞争态势，类型则决定产品的基本功能和特点。

2．面向哪类目标用户群体

产品定位需要明确产品的目标用户群体，包括年龄、性别、地域、职业、收入、兴趣等特征，这有助于企业更精准地识别不同的用户群体和市场需求。例如，如果目标用户是年轻人，那么产品定位可以强调个性表达、新颖性和社交共享性等。

3．给用户带来了什么价值

产品定位需要深入了解目标用户的需求和痛点，明确产品能够解决用户的哪些问题，以及使用产品后能获得的好处和价值等。这既是产品存在的基础，也是产品能否在市场上立足的关键。

4．跟竞争对手的差异在哪儿

要对产品进行定位，需要深入分析竞争对手的产品特点、优势、劣势及市场策略，从而找到企业自身与竞争对手的差异。这些差异包括产品的功能、设计、品质、价格、服务等方面。

（二）产品定位的策略

采用合适的产品定位策略不仅可以明确产品在市场中的位置，还可以塑造其在目标用户心目中的独特形象和价值感知。

1．属性定位

强调产品某一项或多项具体属性，如性能、品质、设计等。例如，沃尔沃汽车在其商业广告中经常强调其安全性能，通过展示碰撞试验的结果和引用汽车平均寿命的统计数据，其成功地将自己定位为“很安全的汽车”。

2．使用场合定位

根据产品适用的特定场景或情境来定位，如节日礼品、户外运动装备等。例如，探路者、牧高笛等户外品牌就是将产品与特定的使用情境或场合关联起来，以突出产品在该场景下的价值和适用性，从而在用户心中建立清晰的使用联想。

3．使用者定位

将产品与特定的用户群体联系起来，如年轻职场人士、学生群体等。例如，海尔旗下的卡萨帝品牌定位高端家电市场，专注于为追求高品质生活、注重设计美学与技术创新的用户提供家电产品及服务。

4．竞争对手定位

直接针对市场上现有的竞争对手的产品进行比较分析，明确自身产品的优势，以此突出自身产品的差异性和独特卖点。例如，戴森吸尘器常常强调其强大的吸力和创新技术，从而与市场上其他吸尘器形成对比。

5．情感定位

通过激发和连接用户的情感需求，来建立产品与用户之间的情感纽带。例如，某家居品牌在营销产品时强调“为大众创造更美好的日常生活”，通过温馨的家庭场景展示来激发人们对家的归属感和对美好生活的向往。

二、产品定价

产品的定价不仅会直接影响产品的竞争力和企业利润，还会深刻地反映产品定位和品牌价值等。合理的定价策略能够吸引目标用户、优化市场份额，还能确保企业获得预期的利润回报。项目一中已经详细介绍了产品的价格策略，此处补充一些产品定价的技巧。

1．尾数定价

尾数定价指保留价格尾数，采用零头标价，将价格定位在整数水平以下，从而给用户实惠感的一种定价技巧。尾数定价常以“8”“9”等数字作为尾数，如图 3-8 所示。

2．整数定价

与尾数定价相反，整数定价是将产品的价格定为整数，而非带有尾数的小数。其适用于价格较高的一些产品，如珠宝、艺术品等，如图 3-9 所示。整数定价可从侧面体现产品的质量，提升产品形象。

图 3-8　尾数定价

图 3-9　整数定价

3．分拆定价

将产品的主要费用和附加服务、配件等分开定价，使基础价格看起来更低，如图 3-10 所示。这种定价技巧会让初次购买的用户更容易接受，也为用户后续购买附加服务或升级服务奠定了基础。

图 3-10 分拆定价

4. 招徕定价

招徕定价又叫特价定价，指故意调低部分产品的价格，以吸引用户购买。这种定价技巧针对的是有实惠心理的用户，能够促使他们产生购买行为。

三、产品推广策划

产品推广策划是将产品成功推向市场，从而提高产品知名度、吸引用户购买产品的重要依据，其重点在于产品卖点的提炼和推广渠道、推广策略的选择。

（一）产品卖点的提炼

产品卖点是产品所具有的“人无我有，人有我优，人优我特”的特点、特色。提炼产品卖点可以找到产品的竞争优势，从而制订更为有效的推广策略。FAB 法则是常用来提炼产品卖点的一种方法，具体内容如表 3-3 所示。

表 3-3 FAB 法则

组成	说明	示例（某智能洗地机）
属性（Feature）	代表产品的特征、特点，是产品基本的功能，主要从产品的材质、制作技术、功能等角度提炼，如体积小等	搭载干湿马达
作用（Advantage）	代表产品特点所体现的优点及作用，可从用户的角度来考虑，如从产品特色和用户关心的问题展开说明	吸力强劲
益处（Benefit）	代表产品的优点和特性带给用户的好处、益处，通过强调用户能够得到的利益来激发用户的购买欲望，如价格便宜等	干净不留渍

（二）推广渠道、推广策略的选择

企业选择的产品推广渠道和推广策略会直接影响产品的营销效果，因此在选择时应当基于目标市场分析结果、目标用户习惯、产品特性及预算等因素综合考虑。

1. 推广渠道

网络推广渠道较多，社会化媒体平台、搜索引擎、电子邮件、户外媒体、电商平台等都可以用来开展产品推广。在具体选择时，企业应先明确目标用户聚集的平台，如年轻人多活跃在抖音、微博、小红书等平台，然后结合产品特性和推广预算等选择符合自身产品和市场定位的推广渠道。

2．推广策略

企业在选定推广渠道后，就可以制订网络推广策略了。常见的网络推广策略包括但不限于网络广告（如朋友圈广告、开屏广告、弹窗广告等）、营销活动（如免费试用活动、老带新活动、抽奖活动等）、直播带货、联合营销（如与其他品牌或产品合作）等。例如，图 3-11 所示为某品牌为推广新品耳机而发布的网络广告。

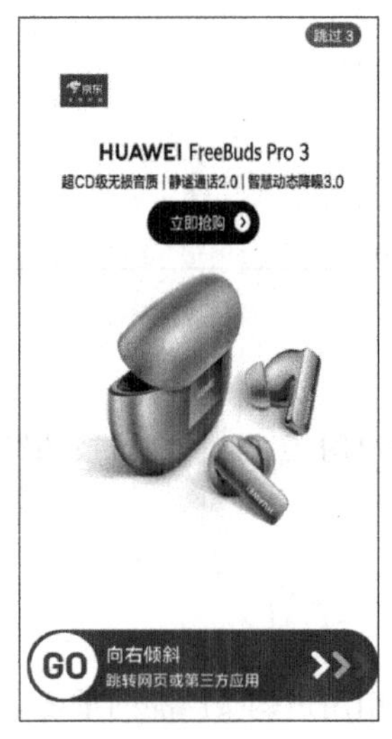

图 3-11　某品牌为推广新品耳机而发布的网络广告

> **专家指导**
>
> 企业进行产品推广策划的最终目的是促进用户购买产品，为用户提供无忧的售后服务、开展有吸引力的促销活动等都是有效的营销方式。

任务三　品牌营销策划

品牌营销策划指通过科学的策划，为企业的品牌营销活动提供科学的指导方案，从而提高品牌营销活动的执行效果，塑造良好的品牌形象。

一、品牌认知

品牌是企业的无形资产，指一系列与企业紧密相关的识别标志、设计、符号、包装、口号、名称，以及它们的组合的总称，用以识别和区分其产品或服务，并与竞争对手的产品或服务相区别。而品牌认知指用户对品牌内涵和价值的认识和理解。一般来说，品牌认知的建立会经历 3 个不同的层次，分别是品类认知、品牌偏好度认知和品牌忠诚度。

1．品类认知

品类认知指用户对品牌所在行业的认知，即看到品牌就能知道品牌属于哪个行业。

2．品牌偏好度认知

市场中有很多相似的企业与产品，如果企业不具备垄断性优势，那么用户就会从众多相似的竞争者中进行消费选择。此时，品牌偏好度就是决定用户更愿意选择哪一个品牌的关键因素。品牌偏好度一般由产品的价值、便利性、价格、功能等决定，当用户认可品牌某一方面的能力时，就会形成品牌偏好度，因而更愿意在同类产品中选择该品牌的产品。

3．品牌忠诚度

随着时间推移与品牌口碑的累积，用户会对品牌越来越钟爱，并对品牌产生一定的信任，甚至是情感依赖。此时，用户对品牌的忠诚度较高，会长期反复地购买该品牌的产品，且对产品价格的敏感度较低，愿意为高质量付出高价格，能够认识到品牌的价值并将其视为朋友与伙伴，甚至愿意为品牌作出贡献。

从品牌营销的角度来看，品牌认知是用户行为的起点，是通过意识影响用户行为的过程，其关键是找准用户与品牌之间的连接点，将品牌的形象植入用户心中，并久而久之形成口碑，从而获得更多的忠实用户。

二、品牌定位

品牌定位是企业在市场定位和产品定位的基础上建立的与目标市场相关的品牌形象。品牌定位能够使企业与用户建立长期稳定的关系，为企业产品或服务的开发和营销活动的开展指引方向。品牌定位的方法主要有以下 9 种。

1．用户群体定位

用户群体定位指以企业产品或服务的目标用户群体为诉求对象，通过突出服务的针对性来获得用户的认同。这种定位方法将用户与品牌直接联系起来，因而更容易让用户产生品牌归属感，如“小儿葵花牌”的葵花药业和“男人的衣柜”的海澜之家等品牌采用的就是这种方法。

2．企业理念定位

企业理念定位指使用企业具有鲜明特点的经营理念和企业精神作为品牌定位的诉求点，以体现企业的优良品质，从而建立企业的品牌形象，提升品牌价值。例如，农夫山泉的品牌理念“我们不生产水，我们只是大自然的搬运工”强调其水源地的优质和环保理念，这一理念定位很好地将其品牌与自然、健康的生活方式联系了起来。

3．品质定位

品质定位指以产品优良或独特的品质作为诉求点，向注重产品品质的用户推广品牌。这种定位方法的实质是将品牌与产品品质或特征关联起来，再结合用户的品质认知进行品牌定位。例如，空调产品的“变频”功能在用户的认知中就是一种优良品质，海信作为业内率先推出变频空调的企业，将其品牌定位为“变频专家”很容易获得用户的好感。

4．功能定位

功能定位指通过强调产品能满足用户的某种诉求及产品的某种重要功效来进行品牌定位。在以这种方法进行定位时，要注意最好只选择一个最能够突出品牌个性的功能点或诉求点，从而避免因信息过多而对用户记忆造成干扰。例如，同样是洗发水品牌，飘柔的品牌定位是“柔顺”，海飞丝的品牌定位是“去屑”，潘婷的品牌定位则是“健康、亮泽”。

5．情感定位

情感定位指通过情感的抒发与表达来唤起用户心理与精神上的共鸣，提高他们对产品或品牌的认同感、依赖感和归属感。情感的种类有很多，亲情、爱情、友情、关怀、牵挂、思念、温暖、怀旧等都可融入品牌定位。例如，999感冒灵颗粒从关怀的角度定位品牌，通过“暖暖的，很贴心”带给用户强烈的情感共鸣，使其品牌价值得到有效体现。

6．档次定位

档次指事物好坏的等级、层次。档次定位指根据这种等级、层次来体现品牌带给用户不同的心理感受和体验。一般来说，档次定位主要是对高档次产品进行定位，以传达企业产品、品牌的高品质，这通常也意味着产品的高价位和高价值。

7．文化定位

文化定位指将文化内涵融入品牌，从而形成企业品牌文化，提升品牌的形象。在进行文化定位时，可以汲取我国历史长河中正面的故事、精神元素、文化内涵等，并将其融入品牌，如将茶叶品牌与茶文化进行融合。

8．对比定位

对比定位指通过与事物的客观比较来进行品牌定位。这种定位方法要求企业通过对比分析找出对比事物的缺点或弱点，并改变自身在用户心中的现有形象，进而确立自己的品牌形象。对比的对象既可以是企业的竞争对手，也可以是自然现象、事物认知或自我。

9．概念定位

概念定位指对某个现象、说法给出新定义，以形成一个新概念，打破用户的思维定式，使用户产生认同感。例如，喜茶通过“新式茶饮”的概念，将传统的茶文化与现代生活方式结合起来，推出各种创新口味的茶饮，如芝士奶盖茶等，改变了人们对奶茶的传统认知。基于此，喜茶不仅仅是一个奶茶品牌，更是一个时尚生活方式的代表，因此吸引了大量个性化、追求潮流的年轻用户。

中华传统文化博大精深，蕴含着丰富的哲学思想、道德观念、价值观念等。企业在开展品牌定位时有效结合中华优秀传统文化，不仅可以增强品牌的文化底蕴，还能加深与用户的情感联结，提升品牌可识别度。无论是企业还是营销人员，都应当承担起传承、弘扬中华优秀传统文化的责任，这不仅是对我国文化根源的尊重和守护，也是提升品牌文化软实力、增强自身竞争力的有效途径。

三、品牌形象策划

品牌形象策划是塑造和传播品牌独特身份和价值的过程，通过进行有效的品牌形象策划，企业可以让用户建立对品牌的认知、情感联系和忠诚度。

（一）品牌形象系统

品牌形象是开展品牌营销的前提，一个良好的品牌形象可以为企业的品牌营销活动提供良好的用户基础。而品牌形象其实是一个内涵较广泛的概念，它是一个形象系统，包含视觉识别系统（Visual Identity System，VIS）、行为识别系统（Behavior Identity System，BIS）、理念识别系统（Mind Identity System，MIS）3个组成部分。

1．视觉识别系统

视觉识别系统指运用完整、系统的视觉传达体系，将品牌理念、文化特质、服务内容、企业规范等抽象语义转换为具体符号的概念，塑造出独特的品牌形象。视觉识别系统主要包括品牌名称、品牌标志、标准字、标准色、象征图案、宣传口号等要素，通过对这些要素的系统设计，可以完整地展示品牌的经营理念和精神文化，形成独特的品牌形象。视觉识别系统通过视觉元素传达企业形象，使公众能够快速识别并记住品牌。例如，金龙鱼是一个食用油品牌，其视觉识别系统非常显著，品牌标志中金色的龙鱼、金色和红色的包装色彩搭配等可以很好地让用户快速识别品牌，如图 3-12 所示。

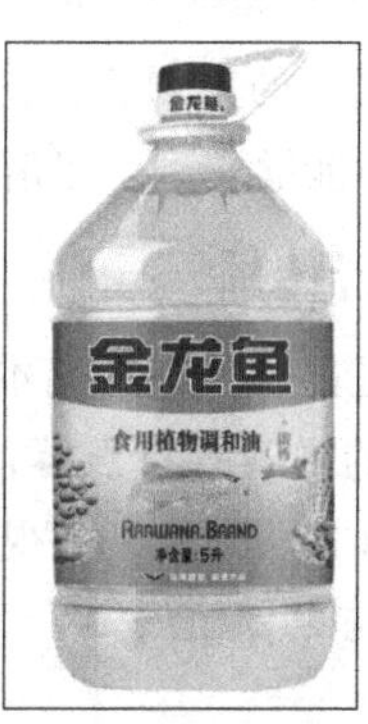

图 3-12 金龙鱼的品牌标志和包装色彩搭配

2．行为识别系统

行为识别系统涉及企业内外部的一切行为规范和活动，包括员工行为准则、服务标准、社会责任行为、公共关系活动等。行为识别系统以品牌精神和经营理念为内蕴动力，通过各种行为或活动来达到塑造良好品牌形象的目的，是品牌经营理念识别的动态外化和表现。行为识别系统确保品牌行为与品牌价值观一致，通过实际行动展现品牌承诺，影响用户对品牌的感知和评价。

3．理念识别系统

理念识别系统是品牌为增强竞争力，体现品牌自身个性特征，提升品牌形象而构建的，反映品牌经营观念的价值观体系。理念识别系统是品牌形象的核心和灵魂，涉及品牌的使命、愿景、价值观、经营理念等内在理念。理念识别系统为品牌提供战略方向和文化基础，是视觉识别系统和行为识别系统的基础和指导原则，以确保品牌内外在表现与品牌精神相协调。

视觉识别系统是体现品牌经营理念与精神文化的外在视觉形象设计，是品牌形象直观的表现部分。行为识别系统是品牌内外部各项运行活动的行为方式，是一种动态的识别形式，用于规范各类行为和活动。理念识别系统是企业深层次的思想系统和战略系统。这三者相辅相成，有机结合在一起，形成完整的品牌形象系统。

（二）品牌形象的策划方法

品牌形象策划是对品牌形象系统的设计策划，是通过对企业身份的定位和一定的传播渠道将品牌形象传达给用户，能更好地树立品牌形象，使品牌与竞争对手区别开来，从而提高品牌的知名度和美誉度。一个理想的品牌形象可以赋予品牌强大的生命力，因此对品牌形象进行科学、系统的设计与策划是非常有必要的。

通过对品牌形象相关理论的系统学习可以知道，用户最先感受到的品牌形象是视觉识别系统，即品牌的外观形象，如品牌名称、商标等，然后才是行为识别系统、理念识别系统等功能形象、文化形象。而在策划品牌形象时，要采用反向策划法，即先确定品牌深层次的核心形象（即理念识别系统）。在品牌定位的基础上，确定品牌使命、愿景、价值观、经营理念和文化精神等；然后由深及浅，依次设计与策划品牌其他形象，如创造一个独特、易记且与品牌定位相符的标志，创作一句简短、有力且易于记忆的品牌口号，撰写涉及品牌起源、发展历程和愿景的品牌故事，设计增强品牌的情感联系和用户认同感的品牌宣传活动等。

四、品牌传播策划

完成品牌形象的策划后，还需要选择品牌形象的具体的传播方式，这样才能将品牌形象推向市场，让用户能够看到、了解、接受并认可品牌。

（一）广告传播

广告传播是品牌传播的基本方式之一，常见的网络广告有搜索引擎广告（广告主根据自己的产品或服务的内容、特点等，确定相关的关键词，撰写广告内容并自主定价投放的广告）、移动 App 广告（见图 3-13）、视频广告（见图 3-14）、门户网站广告、音频广告等。

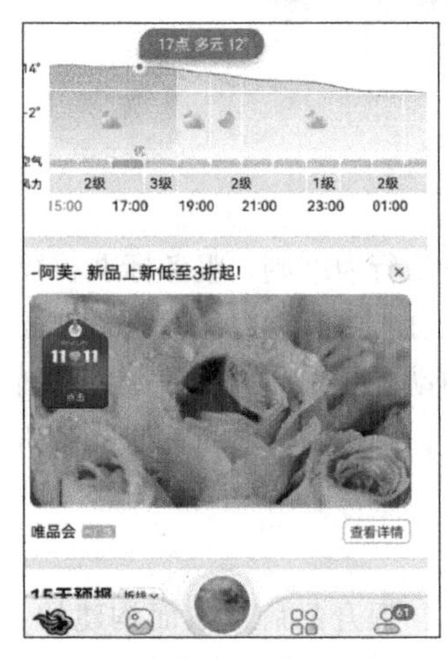

图 3-13　移动 App 广告

图 3-14　视频广告

（二）公关传播

公关传播旨在通过策划和组织各种公共关系活动，以塑造和传播品牌的良好形象，提升品牌的知名度和美誉度。一方面，品牌可以通过组织各种公关活动，如新闻发布会、媒体采访、公益活动、赞助活动等，向公众展示品牌的价值观、品牌文化和社会责任，从而塑造积极、正面的品牌形象；另一方面，品牌可以创作并发布能体现品牌理念、文化精神和责任感的内容，并与用户建立良好的互动，从而拉近品牌与用户的距离，帮助品牌维护良好的声誉。例如，中国银联是中国银行卡联合组织，从 2019 年开始，中国银联每年都会举办银联诗歌 POS 机公益行动，希望以诗歌为桥梁，帮助更多的山区儿童接受更好的艺术素质教育，助力乡村文化振兴和儿童的健康成长。2023 年 12 月，银联诗歌 POS 机公益行动进入第 5 年，为了让更多用户参与公益行动，中国银联还在各大网络营销平台发布相关的短视频和宣传海报（见图 3-15）。这些举动不仅可以扩散公益活动的影响力，还能很好地传递品牌的温暖与人文关怀，加深用户对品牌的好感和忠诚度。

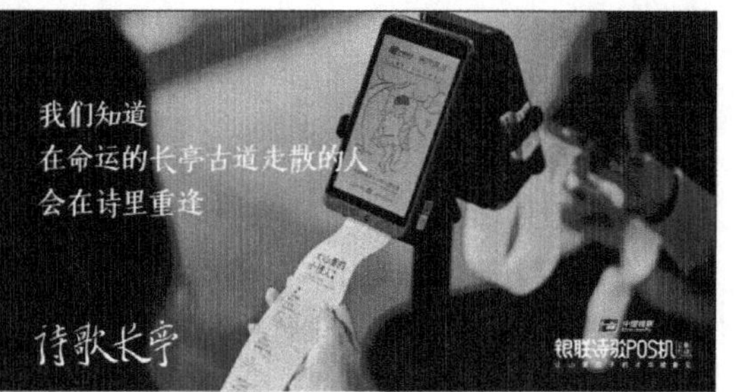

图 3-15 公益活动相关的宣传海报

专家指导

危机公关（在面临突发的，可能对其声誉、运营或财务状况造成重大负面影响的事件时，旨在控制局势、减轻损害等的过程）在公关传播中同样也非常重要。品牌在面临负面舆论或危机时，一定要迅速响应，并通过有效的沟通策略来减轻负面影响，以保护和恢复品牌形象。

（三）促销传播

促销传播主要是通过有偿销售产品或服务进行品牌传播的一种方式。常用的促销传播方式有买赠、抽奖、发放优惠券等。通过这种方式，品牌可以快速吸引用户，取得较好的销售反应，并吸收一定的品牌支持者。但这种方式不能长期使用，否则容易产生淡化品牌、降低品牌忠诚度的负面影响。

在进行品牌传播策划时，企业要在综合考虑市场情况、自身实力的基础上，合理、科学地选择并综合运用多种方式来对品牌进行全面、准确、直观的宣传。

任务四　写作网络营销策划书

网络营销策划形成具体的策划方案后，通常要将策划方案以书面形式进行呈现，这就需要撰写网络营销策划书，以呈报给领导层或决策者查看。

一、网络营销策划书的结构

不同的营销目标有不同的要求，因此策划书的内容和格式也会存在差异。但总的来说，策划书的结构有一定的规范，主要包括封面、前言、目录、摘要、正文、结束语和附录 7 个部分。

（一）封面

封面决定阅读者对策划书的第一印象，良好的封面视觉效果呈现可以给阅读者留下深刻的印象，确立策划书的整体形象。封面的内容主要包括策划书的名称、被策划的客户、策划者、策划日期、参与单位等，如图 3-16 所示。如果是内部使用的策划书，可能还包括保密级别及编号。

1．策划书的名称

名称是对策划书主题的简要说明，应该遵循简洁、准确的原则，让人一目了然，能够快速获取信息。此外，为了更好地突出策划的主题或目的，还可以添加副标题或小标题。

2．被策划的客户

若将策划书委托给第三方机构制作，则应该在封面上写明委托策划方。

3．策划者

在封面上要明确写出策划者，其位置一般位于封面的底部。策划者有多个时，应并列写出多个策划者；若为公司，应直接写明公司全称。

4．策划日期

网络营销策划由于时间段的不同，可能导致市场情况、营销执行效果等的不同，因此策划书上要写明日期，一般以正式提交日期为准。

5．参与单位

参与单位主要包括主办单位和承办单位。主办单位（可省略）指项目或事件的发起单位；承办单位指项目、事件的具体实施单位。

专家指导

封面的格式并没有固定的要求，可以在保证提供以上信息的基础上做出适当调整，如有的会添加相关Logo。当然，营销人员也可以自行设计封面，使其更加美观。

（二）前言

前言是对策划书内容的高度概括与总结，可以起到吸引阅读者阅读兴趣的作用，其内容不宜过多，一般控制在一页以内，字数建议不超过1000字。

（三）目录

目录用于展示策划书的结构，主要由策划书内容的各级标题和对应页码构成（见图3-17），可以使阅读者快速了解整个策划书的内容，并能快速查找对应信息。

2024 ××中秋促销活动

策划书

策划者：×××

策划时间：×年×月×日

承办单位：×××

图3-16　封面

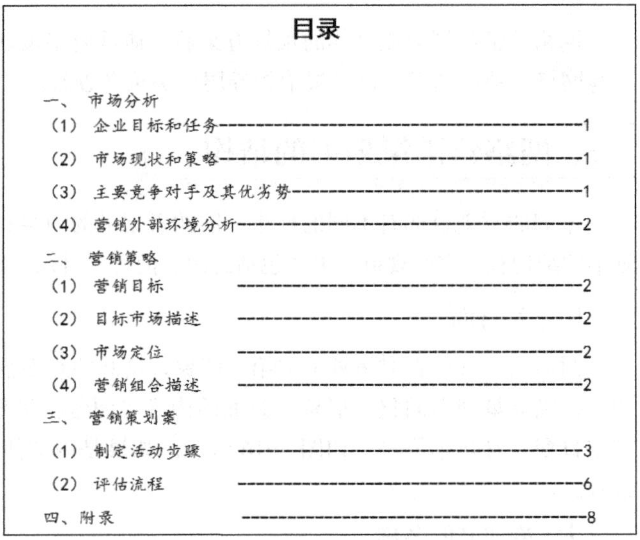

目录

图3-17　目录

（四）摘要

摘要是策划书的内容提要，是对整个策划书的概括性介绍。尽管一篇摘要非常简短，但其蕴含的信息较多。摘要的内容主要包括策划背景和目的、营销方法和策略、营销结果等。通常，各项内容只需一到两句话即可，可起到“推销”策划书的作用。

专家指导

如果策划书的内容较少，可以将目录和前言放置在同一页。一般来说，前言、目录和摘要可以在所有内容编写完毕后，再根据具体内容进行总结或提取。

（五）正文

正文是对策划书的具体描述，也是整个策划书的主体部分。一般来说，策划书的正文包括营销策划目标、市场环境分析、营销策略、具体行动方案、费用预算和实施方案控制等。其中，前3项的内容已经详细介绍过，此处不再重复。具体行动方案指针对营销策划的各个时间段推出具体的行动方案，需要落实到时间、任务、负责人员等各个方面；费用预算是为费用支出成本而做的成本预算，主要包括营销过程的总费用、阶段费用、项目费用等的预算；实施方案控制主要用于管理在营销过程中可能出现的问题并提出解决措施，内容主要包括人员配备、设施添置、资金调度、实施时机、任务分配、责任明确、操作要求、实施进度等。图3-18所示为某品牌网络营销策划书的部分正文内容。

二、内容提要

晨光无针订书机是上海晨光文具股份有限公司专门为广大消费者生产的一款更加便利的订书机。上海晨光文具股份有限公司（以下简称晨光文具）是一家整合创意价值与服务优势，专注于文具事业的综合文具公司。晨光文具致力于提供舒适、有趣、环保、高性价比的文具用品，让消费者享受文具使用过程并激发消费者的创意。晨光文具不是一个传统的制造企业，而属于“创意型企业”，其品牌口号为“自由我创意”。作为企业的核心竞争力，该口号已融入了晨光文具的各个领域，包括产品研发、营销创新、品牌推广、管理运营、制造技术……晨光文具凭此建立了行业竞争优势，成为我国文具行业的知名品牌。

三、市场分析

（一）营销环境分析

随着经济的发展、市场经济的活跃、市场体系的不断健全和人民生活水平的不断提高，人们对产品的要求也越来越高、越来越具体，总体呈现一种希望产品物美价廉、方便使用的趋势。要想在产品市场占得更大的比例，企业就必须充分为消费者考虑。而作为办公用品的订书机，就更要考虑到消费者的需求。

消费者使用订书机时主要用于装订纸张、书籍。传统的订书机通过人手按压订书机端盖产生的压力使订书钉穿透纸张，达到装订的目的。在实际的使用过程中，可能出现在需要装订纸张时，发现没有订书钉的情况，这时如果使用的是无针订书机，就完全不用担心这个问题。

四、产品分析

（一）产品特征分析

1．产品性能：装订纸张。

2．产品质量：产品质量能够得到保证。

3．产品价格：目前晨光无针订书机的市场价大约为30元，价格与质量比较吻合，性价比较高，基本做到质优价优。

4．与同类产品比较：与得力、齐心等产品比较，晨光无针订书机质量性能不相上下，同时具有自己的独特之处。

五、消费者分析

（一）消费者的总体消费趋势

目前消费者主要选择的订书机品牌有得力、齐心、晨光等，消费品牌比较不集中。现在的消费者有比较强的品牌观念，这就引起了品牌间的竞争。因此，要想占有更多的市场份额，就首先要提高品牌知名度，始终保持积极向上的品牌或企业形象。

（二）现有消费者分析

目前，订书机的主要消费者为办公者，主要用于纸质资料的装装订。此外，打印店往往会提供装订服务，也是订书机的市场。

图3-18 正文（部分）

（六）结束语

结束语用于归纳总结整个策划书，以突出策划要点并与前文相呼应。在写作结束语时，应考虑整个策划书内容的可行性，以及解决营销策划过程中出现的各种问题的能力，并以此判断整体的策划逻辑是否可行。

（七）附录

附录也叫附件，是对策划书内容的补充说明，以便阅读者了解策划书中有关内容的来龙去脉。附录主要有两个作用：一是补充说明策划书中的调查与分析技术；二是为策划书中的必要内容提供客观性的证明。技术性内容、分析模型、分析过程、图片资料、图表数据等都可作为附录呈现。但为便于查看，应为附录标注顺序。

专家指导

策划书可以通过Word、WPS、PDF、PPT等进行呈现，呈现形式则并没有统一的规定。另外，由于营销目标的不同，策划书的内容在结构组成上也可以有详略取舍。

二、网络营销策划书的写作步骤和要领

网络营销策划书的性质决定其应当具有严谨的逻辑、鲜明的表述和具体性的说明。为提高策划书的科学性与准确性，营销人员在写作前还需要掌握其写作步骤和要领。

（一）网络营销策划书的写作步骤

撰写网络营销策划书一般包括确定主题、拟定提纲、撰写成文和修改定稿4个步骤。

1．确定主题

通常，网络营销策划的主题就是策划书的主题。例如，节日活动策划中，针对中秋节策划微信营销活动，策划书的主题可以定为《中秋节微信营销策划》；开展品牌营销策划，策划书的主题可以定为《××品牌营销策划》。

2．拟定提纲

拟定提纲是在信息收集整理的基础上，将策划书的主要内容以大纲的形式写出来。提纲是策划书的框架，应条理清晰、层次分明，可先列出章节，再列出各章节的主要内容。

3．撰写成文

根据已经确定的策划书主题和写作提纲，开始撰写策划书。

4．修改定稿

修改和审定撰写好的策划书初稿，以确保策划书观点明确、言之有理、表达准确及逻辑合理。确定无误后，就可以将策划书提交给领导层或决策者了。

（二）网络营销策划书的写作要领

在写作网络营销策划书时，营销人员应明确以下4项写作要领。

1．思路清晰，结构合理

策划书是一份书面文档，涵盖形势分析、策略、创意等诸多内容，因此一定要保证这些内

容结构合理、逻辑清晰，确保策划内容的可行性。

2. 中心明确，重点突出

先明确该策划书的中心（即策划目的），围绕中心进行分析，统领全文结构。例如，某企业要开拓新品市场，策划书可以以提升产品知名度为中心，结合多种营销手段达到该目的，如投放广告、开展促销活动、加大推广力度等。

3. 论据充分，令人信服

由于策划书应当保证可行性和可靠性，因此策划书要提供能够证明观点的具体数据或理论依据，或列举相关的成功案例对其加以证明，或以反面案例反向证明等。这些证明内容不仅可以使策划书的内容更加丰富，还能增强策划书的说服力。

4. 应用图表，深入分析

图表与文字相比更加直观、精练，能够给人留下更加深刻的印象。图表在策划书中主要起辅助说明的作用，常以比较分析、概况归纳、辅助说明等形式出现，以帮助阅读者理解策划书的内容。同时，策划者还要注意对图表进行必要的分析说明，以增加内容的可信度。

课堂实训

实训一　为富朵写作品牌营销策划方案

富朵是一个新兴的食品品牌，主营大米、面粉、面条、杂粮、食用油等产品。该品牌主要面向注重健康饮食、追求生活品质的中高端用户，其经营理念为“健康为本，品质至上，绿色生活”。现在，李巧需要为其设计一个品牌营销策划方案。

1. 实训要求

（1）掌握品牌定位的方法。

（2）熟悉品牌形象与传播的策划。

2. 实训步骤

（1）确定品牌定位。该品牌主要面向注重健康饮食、追求生活品质的中高端用户，因此可以采用用户群体定位这一方法确定品牌定位。在设计品牌营销策划方案时，可以从品牌定位延伸至其核心价值主张，如从原材料的种植地、原材料的高标准把控等方面入手，强调产品符合现代用户对健康饮食的追求。

（2）品牌形象策划。在进行品牌形象策划时，可以融合该品牌的经营理念设计品牌 Logo、产品包装等，如融合自然元素（如麦穗、稻谷）与现代简洁线条设计品牌 Logo，以绿色为主色设计产品包装，传递自然、健康的品牌基调。另外，还可以通过品牌故事来塑造品牌在用户心中的形象，如围绕“从田间到餐桌”构建品牌故事，讲述每一粒米、每一颗麦的生长故事，或强调品牌对食品安全、质量控制的严格标准等。图 3-19 所示为品牌 Logo 和产品包装示例。

（3）品牌传播策划。要将品牌形象传达给用户，需要采取一定的传播方式。例如，采用促销传播这一方式，通过免费试吃、抽奖赠送、新品发布等活动传播品牌，并在微博、微信、社群等发布活动信息扩大传播效果。

（4）写作品牌策划方案。将品牌定位、品牌形象策划和品牌传播策划 3 个方面的内容整理成书面的营销策划方案，图 3-20 所示为示例效果。

图 3-19　品牌 Logo 和产品包装示例

富朵品牌营销策划方案

一、品牌定位

1. 目标市场定位

面向注重健康饮食、追求生活品质的用户。这部分用户关心食品的质量、安全，以及营养价值，同时愿意为高品质的产品支付更高的价格。

2. 产品定位

以提供高品质、无添加的食品为核心定位。所有产品均来源于优质原产地，严格遵循生产标准和流程，以确保食品的安全、营养和口感。

二、品牌形象策划

1. Logo 设计

融合稻穗和麦田等图形，象征自然与田野，绿色为主色调，传递生机与高质感。在所有宣传物料印上品牌 Logo，以提升品牌识别度。

2. 产品包装设计

采用环保再生纸，简约风格配以手绘农产品图案，每款产品包装上印着产品故事二维码，扫描即可了解该批次农产品的生长历程。

3. 品牌故事与文化

构建"从田间到餐桌"品牌故事，通过视频、图文等形式讲述品牌创始人对自然的敬畏之心，以及品牌在可持续农业实践中的贡献。

三、品牌传播策划

1. 广告传播

制作一则能引发用户情感共鸣的宣传短片，内容主要是通过真实的用户故事展现富朵的产品如何改善家庭成员的饮食健康状况，强调"为爱选择，为健康投资"。然后利用大数据分析，选择符合目标用户的网络浏览习惯和偏好的社交媒体平台，进行个性化推送。

2. 促销传播

开展主题为"云享健康，富朵品鉴"的线上免费试吃招募活动。活动报名时间在宣传短片发布后的一周，通过官方网站、微信公众号、微博、小红书、抖音等发布活动信息，开放报名入口。报名结束后的一周内，符合报名条件的寄送试吃包，用户需要在收到产品后的一周内提交试吃反馈。活动重点包括以下方面。

- 线上报名与筛选：在官网及社交媒体平台发布活动公告，设置报名链接，收集参与者基本信息及邮寄地址，要求参与者简单说明对健康饮食的看法或期望。通过随机抽选与内容筛选结合的方式，选出一定数量的参与者，需确保覆盖不同年龄段、职业背景。
- 定制试吃礼包：根据活动规模，准备包含富朵主打产品的试吃礼包，如精选大米、面条、特色杂粮组合等，每份试吃包附带品牌故事册及产品介绍。包装设计环保且有辨识度，鼓励用户在社交媒体上分享开箱体验。
- 社交媒体互动：鼓励收到试吃包的用户在社交媒体上使用统一话题标签（如#富朵云品鉴#）分享试吃体验、创意食谱、健康饮食心得等，增加内容的可见度和互动性。设置互动挑战赛，如"富朵创意料理大赛"，邀请用户上传使用富朵产品制作的创意食品视频，评选优秀作品给予奖励。

图 3-20　品牌营销策划方案示例效果

实训二　利用通义千问为富朵写作网络营销策划书

富朵的主推产品为一款 5L 装的玉米油，其详细信息为：严选我国东北、内蒙古等玉米产业基地，精选优质新鲜胚芽原料进行适温压榨；采用物理压榨工艺，不添加抗氧化剂；油色透亮、带有自然清香；高温烹饪少油烟，吃起来不油腻。在了解完产品信息后，李巧需要为该玉米油写作网络营销策划书的初稿。为提高工作效率，赵磊建议她利用通义千问辅助写作。

1. 实训要求

（1）利用通义千问辅助写作。

（2）使用 Word 文档写作网络营销策划书。

2. 实训步骤

（1）做好写作准备。阅读富朵的品牌概况和产品信息等，明确富朵的品牌定位、目标用户、营销目的等。

（2）向通义千问发出写作指令。进入通义千问官网，在进入对话界面后，在对话框中输入富朵的相关信息及产品的详细信息，然后让通义千问根据当前的玉米油市场写作网络营销策划书中"市场分析"部分的内容，如图 3-21 所示。

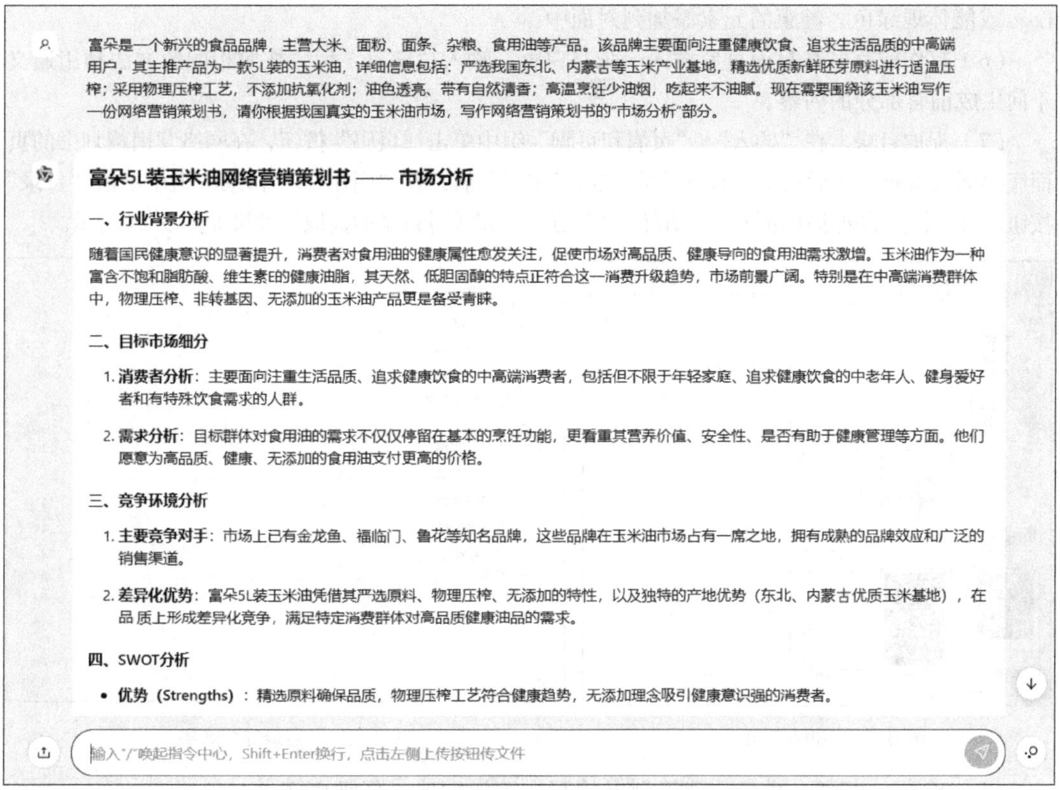

富朵是一个新兴的食品品牌，主营大米、面粉、面条、杂粮、食用油等产品。该品牌主要面向注重健康饮食、追求生活品质的中高端用户。其主推产品为一款5L装的玉米油，详细信息包括：严选我国东北、内蒙古等玉米产业基地，精选优质新鲜胚芽原料进行适温压榨；采用物理压榨工艺，不添加抗氧化剂；油色透亮、带有自然清香；高温烹饪少油烟，吃起来不油腻。现在需要围绕该玉米油写作一份网络营销策划书，请你根据我国真实的玉米油市场，写作网络营销策划书的"市场分析"部分。

富朵5L装玉米油网络营销策划书 —— 市场分析

一、行业背景分析

随着国民健康意识的显著提升，消费者对食用油的健康属性愈发关注，促使市场对高品质、健康导向的食用油需求激增。玉米油作为一种富含不饱和脂肪酸、维生素E的健康油脂，其天然、低胆固醇的特点正符合这一消费升级趋势，市场前景广阔。特别是在中高端消费群体中，物理压榨、非转基因、无添加的玉米油产品更是备受青睐。

二、目标市场细分

1. **消费者分析**：主要面向注重生活品质、追求健康饮食的中高端消费者，包括但不限于年轻家庭、追求健康饮食的中老年人、健身爱好者和有特殊饮食需求的人群。
2. **需求分析**：目标群体对食用油的需求不仅仅停留在基本的烹饪功能，更看重其营养价值、安全性、是否有助于健康管理等方面。他们愿意为高品质、健康、无添加的食用油支付更高的价格。

三、竞争环境分析

1. **主要竞争对手**：市场上已有金龙鱼、福临门、鲁花等知名品牌，这些品牌在玉米油市场占有一席之地，拥有成熟的品牌效应和广泛的销售渠道。
2. **差异化优势**：富朵5L装玉米油凭借其严选原料、物理压榨、无添加的特性，以及独特的产地优势（东北、内蒙古优质玉米基地），在品质上形成差异化竞争，满足特定消费群体对高品质健康油品的需求。

四、SWOT分析

- **优势（Strengths）**：精选原料确保品质，物理压榨工艺符合健康趋势，无添加理念吸引健康意识强的消费者。

输入"/"唤起指令中心，Shift+Enter换行，点击左侧上传按钮传文件

图 3-21 通义千问生成的"市场分析"内容（部分）

（3）优化通义千问所写作的内容。仔细阅读通义千问生成的内容并将其复制到 Word 文档中，然后在网络中搜索玉米油市场的相关调研报告，再结合富朵提供的相关信息，优化通义千问所生成的内容。图 3-22 所示为优化后的"市场分析"部分内容示例。

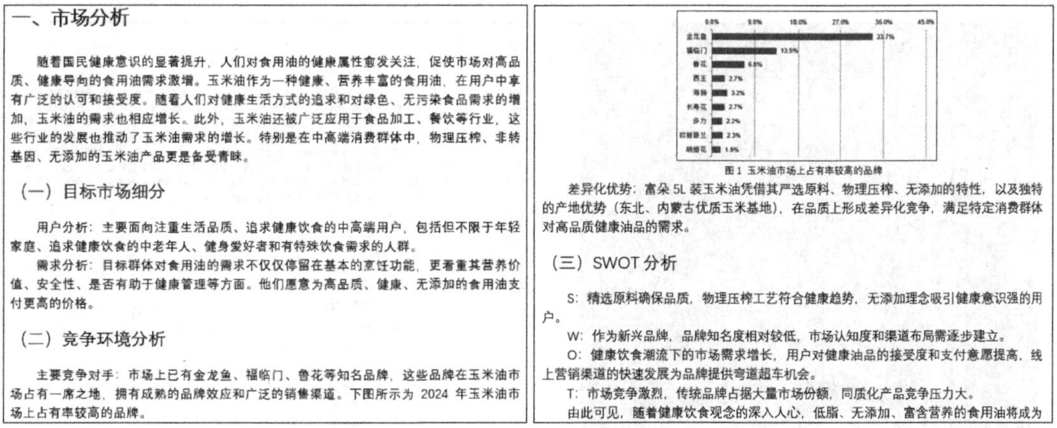

一、市场分析

随着国民健康意识的显著提升，人们对食用油的健康属性愈发关注，促使市场对高品质、健康导向的食用油需求激增。玉米油作为一种健康、营养丰富的食用油，在用户中享有广泛的认可和接受度。随着人们对健康生活方式的追求和对绿色、无污染食品需求的增加，玉米油的需求也相应增长。此外，玉米油还被广泛应用于食品加工、餐饮等行业，这些行业的发展也推动了玉米油需求的增长。特别是在中高端消费群体中，物理压榨、非转基因、无添加的玉米油产品更是备受青睐。

（一）目标市场细分

用户分析：主要面向注重生活品质、追求健康饮食的中高端用户，包括但不限于年轻家庭、追求健康饮食的中老年人、健身爱好者和有特殊饮食需求的人群。

需求分析：目标群体对食用油的需求不仅仅停留在基本的烹饪功能，更看重其营养价值、安全性、是否有助于健康管理等方面。他们愿意为高品质、健康、无添加的食用油支付更高的价格。

（二）竞争环境分析

主要竞争对手：市场上已有金龙鱼、福临门、鲁花等知名品牌，这些品牌在玉米油市场占有一席之地，拥有成熟的品牌效应和广泛的销售渠道。下图所示为 2024 年玉米油市场上占有率较高的品牌。

图 1 玉米油市场上占有率较高的品牌

差异化优势：富朵 5L 装玉米油凭借其严选原料、物理压榨、无添加的特性，以及独特的产地优势（东北、内蒙古优质玉米基地），在品质上形成差异化竞争，满足特定消费群体对高品质健康油品的需求。

（三）SWOT 分析

S：精选原料确保品质，物理压榨工艺符合健康趋势，无添加理念吸引健康意识强的用户。

W：作为新兴品牌，品牌知名度相对较低，市场认知度和渠道布局需逐步建立。

O：健康饮食潮流下的市场需求增长，用户对健康油品的接受度和支付意愿提高，线上营销渠道的快速发展为品牌提供弯道超车机会。

T：市场竞争激烈，传统品牌占据大量市场份额，同质化产品竞争压力大。

由此可见，随着健康饮食观念的深入人心，低脂、无添加、富含营养的食用油将成为

图 3-22 "市场分析"部分内容示例

（4）继续利用通义千问写作其他内容。按照步骤（2）和步骤（3）的方法，继续利用通义千问生成网络营销策划书的其他内容，包括营销策划、成本预算、结束语等部分。

（5）插入封面。正文部分写作完成后，在"插入"/"页面"组中单击"封面"按钮，在打开的列表中选择"离子（深色）"选项（见图 3-23），然后在插入的封面中输入策划书的名称、被策划的客户、策划者、策划时间等。为提高策划书的美观度和辨识度，还可以将品牌

Logo 或能体现绿色、健康的元素添加到封面中。

（6）写作前言。在封面页后插入一张空白页，输入“前言”后，按照相同的方法利用通义千问生成前言部分的内容。

（7）提取目录。在“插入”/“页眉和页脚”组中单击“页码”按钮，在网络营销策划书的页面底部插入页码，然后将文本插入点定位到“前言”后，在“引用”/“目录”组中单击“目录”按钮，再在打开的列表中选择“自动目录 1”选项，完成对目录的提取。效果如图 3-24 所示。

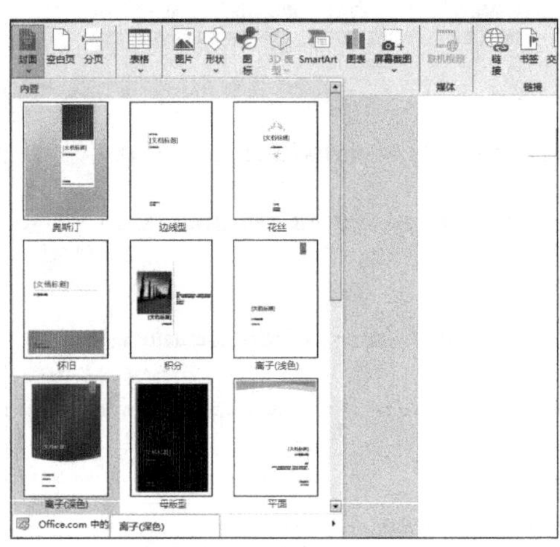

图 3-23　插入封面

目录

前言……1
一、市场分析……2
（一）目标市场细分……2
（二）竞争环境分析……2
（三）SWOT 分析……2
二、营销策略……3
（一）产品策略……3
（二）价格策略……3
（三）渠道策略……4
（四）促销策略……4
三、成本预算……4
四、结束语……5
附录……5

图 3-24　目录提取效果

（8）检查、审稿。网络营销策划书的写作工作完成，仔细阅读并审核，以确保策划书的专业性、准确性和逻辑连贯性。检查时，要核实所有数据是否准确无误，评估所提出的营销策略是否切实可行等。检查无误后，将其保存并打印出来。图 3-25 所示为完整网络营销策划书的部分效果展示。

富朵网络营销策划书

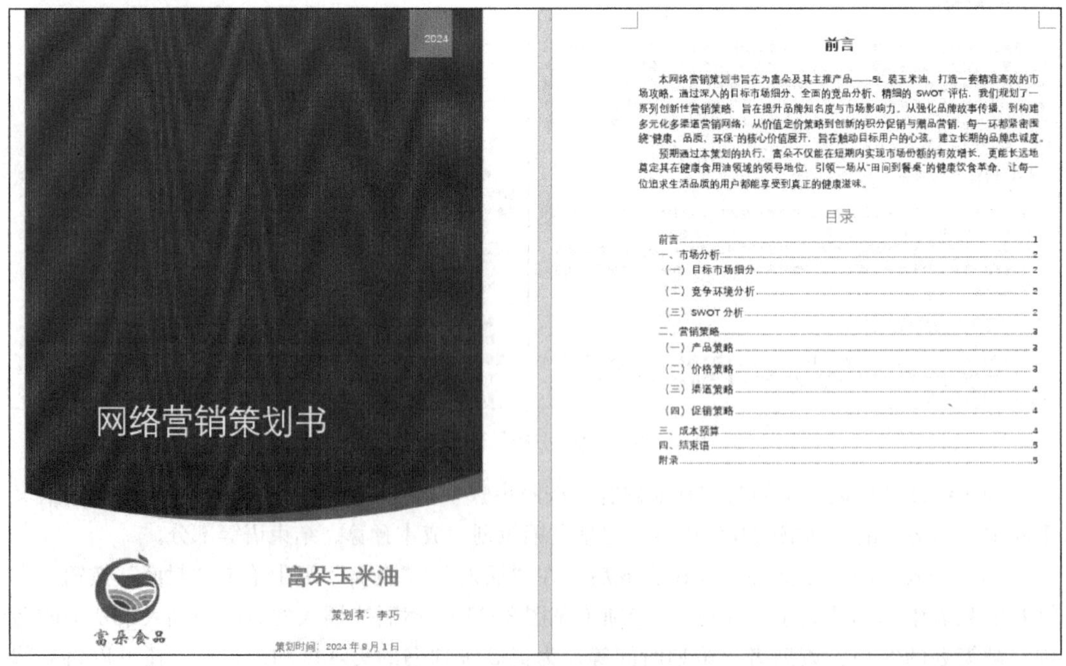

图 3-25　完整网络营销策划书的部分效果展示

一、市场分析

随着国民健康意识的显著提升，人们对食用油的健康属性愈发关注，促使市场对高品质、健康导向的食用油需求激增。玉米油作为一种健康、营养丰富的食用油，在用户中享有广泛的认可和接受度。随着人们对健康生活方式的追求和对绿色、无污染食品需求的增加，玉米油的需求也相应增长。此外，玉米油还被广泛应用于食品加工、餐饮等行业，这些行业的发展也推动了玉米油需求的增长。特别是在中高端消费群体中，物理压榨、非转基因、无添加的玉米油产品更是备受青睐。

（一）目标市场细分

用户分析：主要面向注重生活品质、追求健康饮食的中高端用户，包括但不限于年轻家庭、追求健康饮食的中老年人、健身爱好者和有特殊饮食需求的人群。

需求分析：目标群体对食用油的需求不仅仅停留在基本的烹饪功能，更看重其营养价值、安全性、是否有助于健康管理等方面。他们愿意为高品质、健康、无添加的食用油支付更高的价格。

（二）竞争环境分析

主要竞争对手：市场上已有金龙鱼、福临门、鲁花等知名品牌，这些品牌在玉米油市场占有一席之地，拥有成熟的品牌效应和广泛的销售渠道。下图所示为 2024 年玉米油市场上占有率较高的品牌。

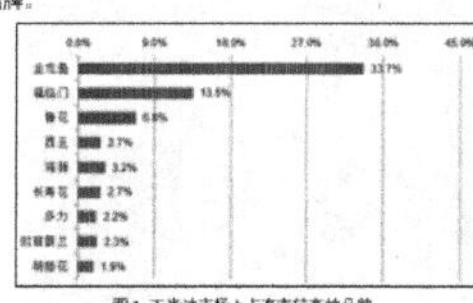

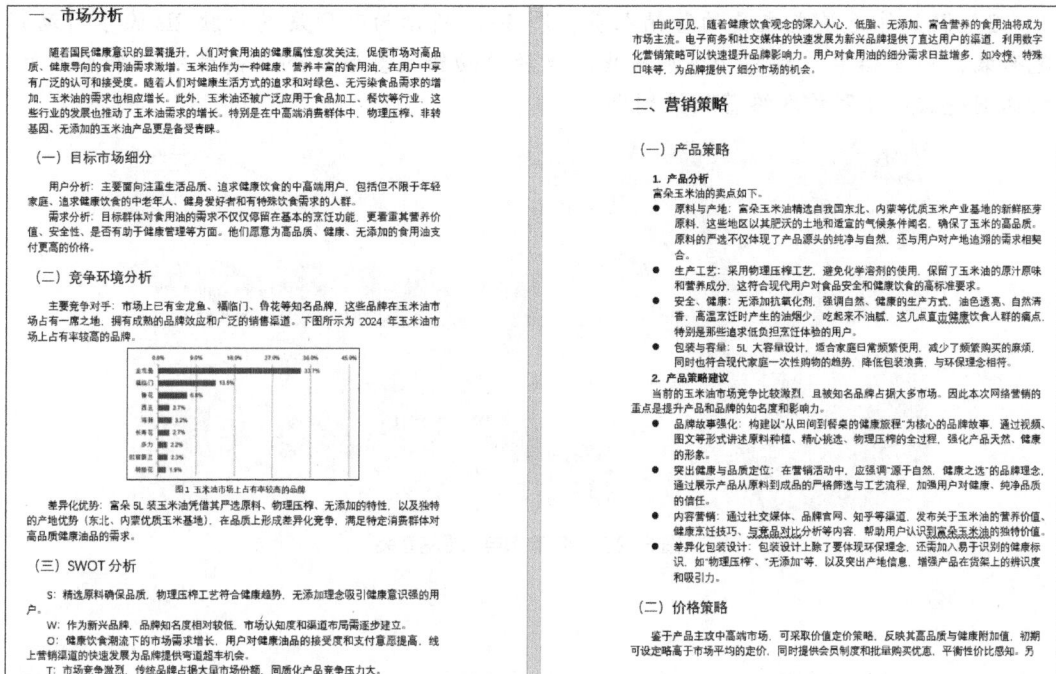

图 1 玉米油市场上占有率较高的品牌

差异化优势：富朵 5L 装玉米油凭借其严选原料、物理压榨、无添加的特性，以及独特的产地优势（东北、内蒙优质玉米基地），在品质上形成差异化竞争，满足特定消费群体对高品质健康油品的需求。

（三）SWOT 分析

S：精选原料确保品质，物理压榨工艺符合健康趋势，无添加理念吸引健康意识强的用户。

W：作为新兴品牌，品牌知名度相对较低，市场认知度和渠道布局需逐步建立。

O：健康饮食潮流下的市场需求增长，用户对健康油品的接受度和支付意愿提高，线上营销渠道的快速发展为品牌提供弯道超车机会。

T：市场竞争激烈，传统品牌占据大量市场份额，同质化产品竞争压力大。

由此可见，随着健康饮食观念的深入人心，低脂、无添加、富含营养的食用油将成为市场主流。电子商务和社交媒体的快速发展为新兴品牌提供了直达用户的渠道，利用数字化营销策略可以快速提升品牌影响力。用户对食用油的细分需求日益增多，如冷榨、特殊口味等，为品牌提供了细分市场的机会。

二、营销策略

（一）产品策略

1. 产品分析

富朵玉米油的卖点如下。

- 原料与产地：富朵玉米油精选自我国东北、内蒙等优质玉米产业基地的新鲜胚芽原料，这些地区以其肥沃的土地和适宜的气候条件闻名，确保了玉米的高品质。原料的严选不仅体现了产品源头的纯净与自然，还与用户对产地追溯的需求相契合。
- 生产工艺：采用物理压榨工艺，避免化学溶剂的使用，保留了玉米油的原汁原味和营养成分，这符合现代用户对食品安全和健康饮食的高标准要求。
- 安全、健康：无添加抗氧化剂，强调自然、健康的生产方式，油色透亮、自然清香，高温烹饪时产生的油烟少，吃起来不油腻，这几点直击健康饮食人群的痛点，特别是那些追求低负担烹饪体验的用户。
- 包装与容量：5L 大容量设计，适合家庭日常频繁使用，减少了频繁购买的麻烦，同时也符合现代家庭一次性购物的趋势，降低包装浪费，与环保理念相符。

2. 产品策略建议

当前的玉米油市场竞争比较激烈，且被知名品牌占据大多市场。因此本次网络营销的重点是提升产品和品牌的知名度和影响力。

- 品牌故事强化：构建以"从田间到餐桌的健康旅程"为核心的品牌故事，通过视频、图文等形式讲述原料种植、精心挑选、物理压榨的全过程，强化产品天然、健康的形象。
- 突出健康与品质定位：在营销活动中，应强调"源于自然，健康之选"的品牌理念，通过展示产品从原料到成品的严格筛选与工艺流程，加强用户对健康、纯净品质的信任。
- 内容营销：通过社交媒体、品牌官网、知乎等渠道，发布关于玉米油的营养价值、健康烹饪技巧、与竞品对比分析等内容，帮助用户认识到富朵玉米油的独特价值。
- 差异化包装设计：包装设计上除了要体现环保理念，还需加入易于识别的健康标识，如"物理压榨"、"无添加"等，以及突出产地信息，增强产品在货架上的辨识度和吸引力。

（二）价格策略

鉴于产品主攻中高端市场，可采取价值定价策略，反映其高品质与健康附加值，初期可设定略高于市场平均的定价，同时提供会员制度和批量购买优惠，平衡性价比感知。另

图 3-25 完整网络营销策划书的部分效果展示（续）

课后习题

1. 如下为某茶叶产品的详细信息，请根据这些信息，并利用 FAB 法则提炼产品的 3 个卖点，然后完成表 3-4。

- 种植于恩施西南部，种植地气候温和，土壤中富含硒元素，被我国农业农村部和湖北省政府确定为优势茶叶区域。
- 茶叶紧实、微卷，条索细润，颜色碧绿。
- 泡出来的茶非常香，味道非常醇和、有回甜，茶汤的颜色呈绿色且透亮。
- 采摘时间在清明节前，保质期540天，须密封、避光保存。
- 冲泡方法非常简单，用85～90℃的水冲泡3～5分钟即可。
- 采用密封袋包装，包装大气、美观，一袋100克。

表 3-4 利用 FAB 法则提炼的茶叶产品卖点

F	A	B

2. 结合京东、淘宝上的富硒茶，为前述茶叶产品的定价、推广进行营销策划，并给出具体策划方案。

3. 假如你是晨光文具的营销人员，图 3-26 所示为新研发的一款 2B 涂卡自动铅笔套装，内含铅笔、笔芯和少屑橡皮。这款自动铅笔套装计划在高考前一个月上市，请你围绕该产品写作网络营销策划书。

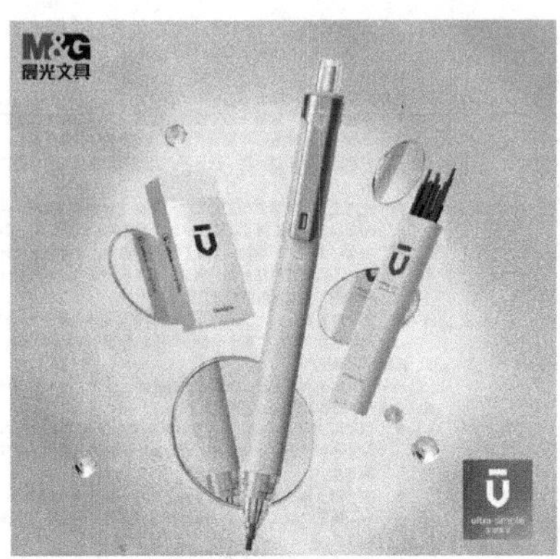

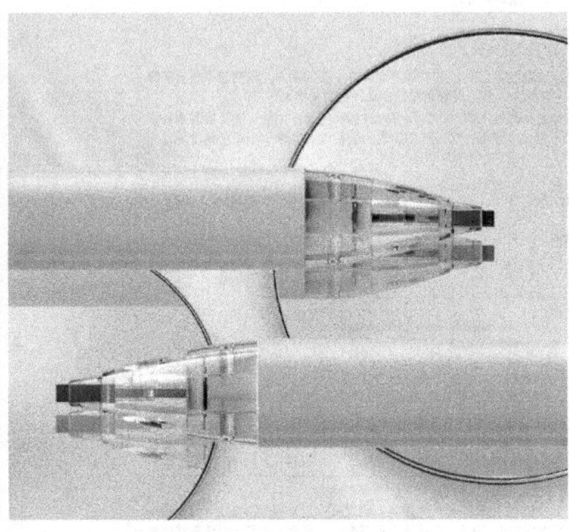

图 3-26　2B 涂卡自动铅笔套装

PART 04

项目四
网络营销的常用方法

学习目标

- 掌握事件营销、内容营销、软文营销、口碑营销的方法。
- 掌握病毒营销、网络广告营销和场景化营销的方法。
- 掌握 LBS 营销和大数据营销的方法。

能力目标

- 能够熟练应用常见的网络营销方法开展营销工作。
- 能够利用 AIGC 工具快速生成文案、图片和视频等。

素养目标

- 增强法律意识，合法合规收集用户信息。
- 提升网络营销文案的写作能力，树立以诚待人、不卑不亢的态度。

情境导读

优士惠是一个日用品品牌，其凭借一款外观可爱且容量大的大肚杯走进了公众视野，后来又陆续推出挂脖风扇、带灯化妆镜、卡通气囊梳等多款热门产品。然而，随着市场上同类产品的迅速涌入，以及模仿优士惠设计风格的竞争者的出现，优士惠面临着前所未有的市场冲击。在此背景下，优士惠意识到，单纯依靠过去的产品设计和品牌影响力已不足以维持品牌的市场地位，它需要借助网络营销的力量，重新激活品牌活力，提升品牌知名度,并有效促进产品销售。赵磊在接到优士惠的网络营销委托后，便让李巧为其制订了一套全面且针对性强的网络营销方法。

案例引导

润百颜，给热爱一支小红花

中国移动信息技术中心与中国移动研究院联合发布的《“她”经济研究报告》显示，在线上消费方面，女性群体的平均消费金额高于男性，女性正逐渐成为我国消费市场的主力军。随着“她”经济影响力的增强，不少品牌开始采用贴近女性价值主张的方式开展网络营销，以引起女性用户的情感共鸣、传递品牌理念。

例如，护肤品牌润百颜围绕“因爱专注”的品牌理念，以“给热爱一支小红花”为主题展开网络营销。在营销中，润百颜深入挖掘女性用户坚守“自我热爱”的生活方式，并将此与润百颜的品牌理念相结合，以品牌故事为载体，赞美和致敬坚持热爱生活的女性用户，引发了许多女性用户的共鸣。同时，润百颜还联合九号、川娃子、周大福等品牌，在微博发布宣传海报（见图4-1），并发起“给热爱一支小红花”话题讨论活动，在传递品牌价值主张的同时，彰显品牌作为民族品牌的社会责任感和担当。

图4-1 宣传海报

另外，润百颜还联合《中国妇女报》《嘉人》等制作“因爱专注”短视频，讲述非物质文化遗产“花儿”传承人、短道速滑奥运冠军、注册心理督导师等坚持自己所热爱的事业的故事，进一步诠释品牌“因爱专注”的价值主张。经过这一系列的营销动作，润百颜成功地塑造了一个有温度的品牌形象，增强了用户对品牌的认同感和满意度。

思考

（1）润百颜是如何引起用户情感共鸣的？

（2）润百颜发布的宣传海报有什么亮点？

任务一　事件营销

事件营销指利用新闻的规律，将营销活动制造成具有新闻价值或营销价值的事件，从而引起社会公众的关注，并得到广泛传播，进而促成产品或服务销售的一种营销方法。好的事件营销既可以为产品上新、品牌展示创造机会，也可以快速提高品牌知名度与美誉度。

一、事件的类型

事件营销是一种常用的网络营销方法，合理选择并策划事件进行营销，可以帮助企业更加顺利地开展营销工作。对企业来说，可供选择策划的事件类型有很多。其中，节日节气、热门事件、公益活动、危机公关等都是较为典型的事件类型。

（一）节日节气

节日节气是事件营销的常用素材，如元旦、春节、端午节、七夕节、中秋节、国庆节、劳动节及二十四节气等。例如，安慕希曾在中秋节和国庆节双节之际发起主题为“心意无距离一起安慕希”的营销活动，结合自然天文现象中的8种月相定制“月圆福卡”，让用户以书写贺卡的形式传递祝福，很好地拉近了品牌与用户的距离。

（二）热门事件

在事件营销中，热门事件一直是重要的借力对象。热门事件通常具有用户面广、突发性强、传播速度快等特点，合理利用热门事件可以为企业节约大量宣传成本，同时带来爆炸性的营销效果。例如，2023年，第19届亚运会在杭州举办，这一赛事迅速成为热门事件。于是，汽车品牌极氪便借助该热门事件展开了一系列营销行动：亚运会火种采集仪式前夜，利用千架无人机在杭州奥体中心附近上空表演灯光秀（见图4-2）；在亚运会火种采集仪式上担当火种车完成“亚运首秀”；在火炬传递中担任火炬传递指挥车，护航2000余名火炬手；在比赛期间开展“致敬中国冠军”礼遇活动，向我国健儿赠送汽车（见图4-3）等。借助亚运会，极氪不仅展示了其在科技、品质、性能等方面的实力，还成功提升了品牌的知名度和影响力。

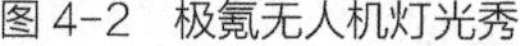
图4-2　极氪无人机灯光秀

图4-3　“致敬中国冠军”礼遇活动

专家指导

在借热门事件营销时，尽量不要选择政治事件或争议性很大的热门事件，这些事件虽然热度很高，但有一定的风险，且容易造成负面影响。

（三）公益活动

公益活动是对打造口碑非常有利的一种事件类型。企业通过参与公益活动，不仅能够引起用户关注、提高品牌认知度和美誉度，还能树立良好的品牌形象。例如，妮维雅曾携手“绿色江河”公益组织共同开展“以极地力量 还冰川冷净”可持续发展公益活动。在活动中，其不仅捐赠了公益善款以促进青藏高原生态环境的改善，还亲身实践环保举措，集结品牌工作人员及媒体好友与志愿者一起实地走访驿站，调查垃圾污染状况，捡拾高原垃圾，深入了解青藏高原雪域冰川环境的保护，并呼吁社会公众一起行动。此举不仅带动了社会公众关注青藏高原的生态环境问题，还彰显了品牌的社会责任感和公益精神。

（四）危机公关

一般来说，企业危机公关主要包括两个方面：一方面是危害社会或人类安全的重大事件，如自然灾害、疾病等；另一方面是企业自身因管理不善、同行竞争或外界特殊事件而引发的负面影响。出现需要危机公关的事件时，合理的公关手段不仅可以提高企业形象，增强用户对企业的信任，还可能改变用户的观念，从而打开市场。例如，网友在网上披露海底捞某分店后厨卫生状况不佳的信息后，海底捞立刻发表声明，详查和整改旗下所有分店，并对出问题的分店做出了处理，既接受了用户的批评，又表明了改正错误的态度，因而赢得了大量用户的好感。

专家指导

名人效应在事件营销中的应用也非常广泛，如通过名人代言来刺激消费、通过名人出席慈善活动来引导用户关怀某些特殊社会人群等。

二、事件营销的步骤

成功的事件营销需要经过精密策划，而不能盲目进行。事件营销应该结合自身条件制订具体计划。一般来说，事件营销可按照以下5个步骤实施。

（一）选择平台

选择传播平台是事件营销的第一步。事件营销以互联网为传播载体，微博、微信等都可以成为事件营销的平台。想要提高营销活动的影响力和覆盖范围，营销人员可以在多个平台发布营销信息。

（二）策划事件

事件的策划是事件营销的核心工作。事件营销可借助新奇、独特、有趣的热点事件传播，但是切入事件的角度要与企业的产品或服务相关。同时，营销文案不能生搬硬套，要在搭载事件的基础上，与企业的品牌价值、品牌理念或核心竞争力相关联。

（三）预热

事件营销想要获得更多的关注，可提前预热。营销人员可与企业核心粉丝分享、沟通，通过他们的自主传播来增加营销热度；或与其他知名用户合作，通过付费推广的方式让其协同进行营销预热。

（四）传播

企业可以吸引名人、主流媒体或平台的关注，让信息在更大范围内进行传播，从而进一步扩大影响力，以触达更多的用户。

（五）效果评估

事件营销效果的评估主要分为两个阶段，第一阶段是根据用户对事件的熟知度、认知渠道和对具体内容的评价等指标进行评估；第二阶段是评估事件营销之后用户对品牌的认知、情感等的变化。

三、事件营销的要点

事件营销集新闻效应、广告效应、公共关系、形象传播、用户关系于一体，既可以为产品上新、品牌展示创造机会，也可以快速提升品牌知名度与美誉度。但事件能否被广泛传播取决于其价值的大小。成功的事件营销至少要包含重要性、相关性、显著性和趣味性这 4 个要素之一，并且包含的要素越多，其价值越大，事件营销成功的概率也会越大。

（一）重要性

事件营销所依托的事件必须具有一定的社会、文化或行业重要性。这种重要性能够引起目标用户的广泛关注和共鸣，从而增加事件营销的影响力。

（二）相关性

事件营销所依托的事件必须与品牌、产品或目标用户具有高度相关性。这种相关性能够使用户更容易接受和理解营销信息，从而增强营销效果。例如，针对年轻用户群体，可以选择与时尚、潮流或文化热点相关的事件进行营销，从而更好地吸引他们的注意并引发共鸣。

（三）显著性

事件营销必须具有足够的显著性，以便在众多的信息中脱颖而出，引起目标用户的注意。一方面，事件营销中涉及的人物、地点和事件的知名度越高，事件营销的价值就越大；另一方面，可以通过创新的营销方式、独特的活动形式或引人注目的视觉设计来实现营销目标。

（四）趣味性

趣味性是吸引目标用户参与和互动的关键因素。通过添加有趣味性的元素和环节，可以激发用户的参与热情，提高营销活动的互动性和传播性。例如，在营销活动中设置有趣的互动游戏、提供有趣的奖品或举办具有娱乐性的创意活动等。

任务二　内容营销

在网络媒体时代，内容为王。这是很多企业愿意投入大量时间和资源，通过内容营销产品或品牌的原因。内容营销要求企业通过创造有价值的内容，吸引用户的关注。内容营销的重点是内容是否有吸引力，是否能够吸引用户，是否能影响用户的搜索与购买行为。

一、内容营销的定义

内容营销是以高质量的内容吸引用户来提高转化率的一种营销方法，以文字、图片、音频、视频等为介质向用户传达企业产品和品牌的有关信息，从而实现营销目的。内容营销的表现形式非常多样，包括软文、新闻稿、图片、幻灯片、音频、动画、视频或电视广播、游戏等。内容营销作为一种营销方法并没有固定的形式，企业可以选择合适的形式在营销平台上开展内容营销。图 4-4 所示为不同营销平台上的内容营销页面。

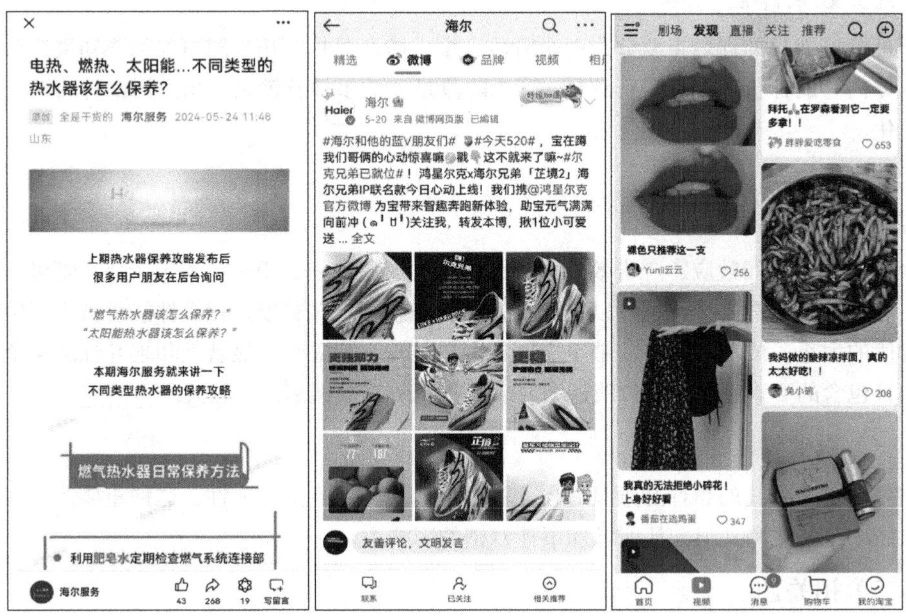

图 4-4　不同营销平台上的内容营销页面

二、内容定位

精准的内容定位能确保所创作的内容与企业和用户需求高度关联，有助于提升内容的相关性和吸引力，提升内容营销的效果。在具体开展内容定位时，可以从以下方面入手。

（一）符合企业或品牌定位

内容定位需要根据企业或品牌的定位决定，确保内容风格、内容表现形式等符合企业或品牌调性，能够体现企业或品牌的特点，辅助建立有辨识度的形象。例如，故宫文化官方旗舰店微信公众号的内容风格极具古典气息，符合其品牌定位。

（二）满足用户需求

内容定位需要从用户的需求（如精神需求、物质需求）出发，挖掘用户的痛点，并将其转化为文字、图片、视频等不同形式的内容，引起用户的共鸣。例如，某美食博主通过短视频分享美食制作方法，以满足用户的学习需求，因此受到众多用户的喜爱。

（三）符合营销目的

内容写作的方向应随营销目的的改变而改变。例如，如果以广告分成为目的，那么内容就要注重阅读量，可结合热点、娱乐、八卦等信息来确定内容写作方向；如果以个人品牌建设为目的，那么就要注重内容的质量与专业性，以累积品牌口碑；如果以销售产品为目的，那么就要注重引流和转化，要在内容中提供有价值的信息、展示产品的优势和特点等，并提供购买渠道和链接等，从而提高内容转化率。

专家指导

内容定位还需要考虑内容的表现形式（如文字、图片、音频、视频等）和发布渠道，企业可以根据用户的喜好和习惯选择适合的内容表现形式，并根据用户的活跃度和偏好选择合适的发布渠道。

三、打造内容营销的亮点

用户每天都会接收大量的信息，面对大量的信息，用户会有选择性地筛选自己喜欢、感兴趣的内容。这会导致企业获取流量变得更加困难，因此打造内容营销的亮点就显得越来越重要。有亮点的内容营销才更容易吸引用户。

（一）提供价值

价值包含很多方面，如推送内容的价值、产品的价值等。推送内容的价值即内容本身有实用价值，包括但不限于能帮助用户学习新知识、解决用户的实际问题、为用户带来轻松愉快的体验等。一般来说，这类内容有行业知识、技能教程、生活百科等。产品的价值即内容中产品的价值所在，既可以直观、生动地展示产品特点、使用效果，帮助用户理解产品可以如何解决他们的问题，也可以通过用户评价、案例研究、试用报告等形式，展现产品是如何改善用户的生活或提高其工作效率的。

（二）故事化

人类天生热爱故事，因为故事能够触动情感、激发共鸣，比起直接的产品宣传或信息灌输，故事化的内容更能深入人心，更能给用户留下持久的印象。因此，在打造内容时，可以通过故事讲述的手法来包装内容。故事可以是与产品、品牌直接相关的真实故事，也可以是与产品、品牌间接相关的、具有启发性和共鸣性的虚构故事。例如，2023 年冬季，美的针对旗下的“无冷感”燃气热水器发布了一则名为《稳稳守护》的短视频。短视频由 3 个小故事穿插构成，第 1 个故事讲述的是一位妈妈繁忙的日常生活，如给孩子们做早餐、为上学要迟到的孩子找手套、照顾还不会吃饭的孩子等，第 2 个故事讲述的是一对工作忙碌的情侣拍婚纱照的事件，第 3 个故事讲述的是女孩去公司面试并急匆匆送别朋友的事件。通过短视频的形式，美的将其产品特性与日常生活相结合，既有强烈的视觉冲击力，又有较强的感染力，易于传播，且较易引发用户的分享和讨论，从而提高产品和品牌的曝光度。

（三）提升互动性

有互动性的营销内容可以有效激发用户的主动性和传播欲望，让用户更愿意分享和传播内容。一方面，可以在内容中设计投票、小游戏、竞赛等互动环节；另一方面，可以结合时事热点或流行话题，在内容中设计有趣或引人关注的话题，并鼓励用户发表自己的观点和看法。例如，图 4-5 所示为美的发布的营销内容，其中就设计有猜谜小游戏，可以很好地提升内容的趣味性和互动性。

专家指导

高质量的视觉元素（图片、视频、图表、动画等）能显著提升内容的吸引力和分享率，因此营销人员可以在打造内容时添加有视觉吸引力的元素。另外，在内容中添加网络流行语或"梗"（笑点或伏笔）也可以增强内容的吸引力和传播性。

图 4-5 美的发布的营销内容

四、内容营销的情感共鸣

情感是一种充满感染力的要素，是用户的精神所需，很容易触动用户的内心。情感不仅是指亲情、友情、爱情，还包括喜怒哀乐、爱恨悲愁等。将情感运用到内容营销中，主要是通过内容建立品牌与用户之间的情感联系，触发用户的内在感受，从而加深他们对内容的印象并使他们主动分享内容。例如，2024 年，小米邀请《宇宙探索编辑部》编剧用独特的笔触与表达，制作《把这一年展开说说》短视频，并衷心邀请用户把 2023 年值得铭记的时刻展开说说。短视频采用富有节奏感和诗意的语言，使用一系列的排比句，生动地描绘了主角在一年中的各种经历和感受，如被月亮亲吻、周游世界等。同时，内容的结构十分紧凑，层层递进，引导着用户跟随内容的节奏展开思考，引起了用户的情感共鸣，促使用户产生了积极向上的情感和动力。图 4-6 所示为《把这一年展开说说》短视频片段截图。

图 4-6 《把这一年展开说说》短视频片段截图

要想通过内容激发用户的情感共鸣，首先需要识别用户在哪些情境下更容易产生共鸣，如家庭、社交、个人成长、工作等主题都是常见的情感触发点；然后结合环境烘托、情景描述，以及能引发情感反应的文字等给用户创造沉浸式体验；最后可以融入具有思考性、启发性的元素，引导用户进行深层次的思考，从而深化情感共鸣。

五、AIGC 在内容营销中的应用

AIGC 的出现让内容营销变得更加简单，企业可以借助 AI 的力量高效生产营销内容，包括文案、图片、音频、视频等。当然，当前的 AIGC 发展并不完善，如创作的内容缺乏内涵、差异性小等。但随着技术的不断成熟及其与现实的接轨，或许未来，AIGC 在内容营销中的应用将更加常见。

（一）文案生成

当前，很多人工智能企业都推出了文案写作类 AIGC 工具并不断优化，如 DeepSeek、文心一言、通义千问等。这些工具不仅能够与人对话互动、回答问题，还能够协助文学创作、文案创作等，并能够根据给出的写作要求生成指定内容。图 4-7 所示为通义千问可以生成的创意文案类型（部分）。

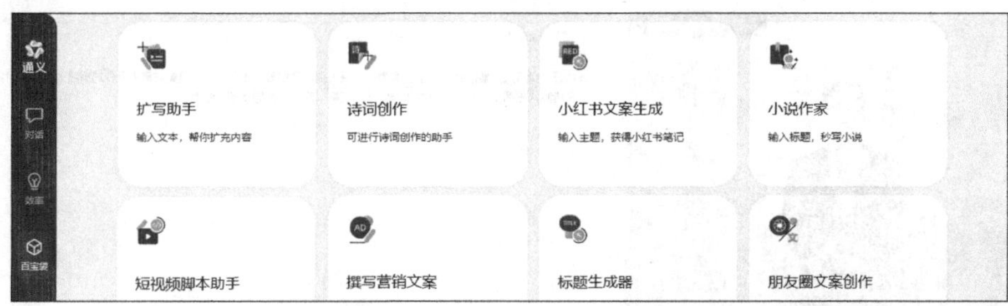

图 4-7　通义千问可以生成的创意文案类型（部分）

（二）图片生成

除了文字方面的应用，AIGC 在图片生成方面也得到了较广的应用，相关工具有文心一格、美图设计室、意画 AI 等，如果有参考图，这些 AIGC 工具甚至能够根据参考图生成相似风格的图片，实现图生图。另外，一些设计工具或网站也集成了 AIGC 的图片生成技术，如稿定设计、创客贴等，用户只需输入相应的主题，就能快速生成各类图片或素材，如小红书封面图、公众号首图、竖版视频封面等。图 4-8 所示为稿定设计的稿定 AI 板块。

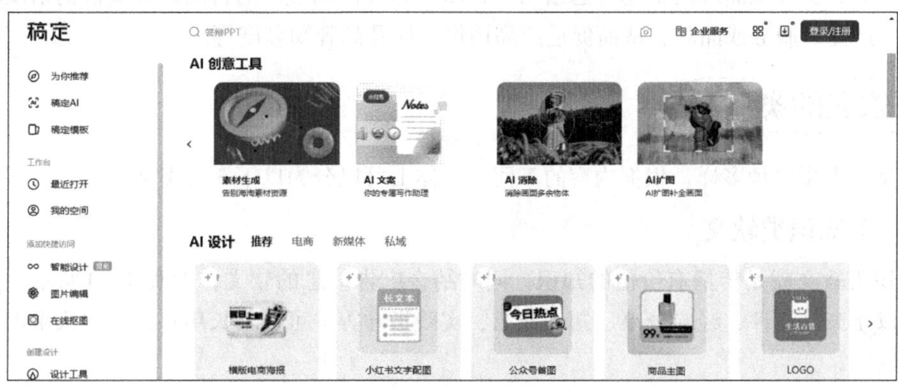

图 4-8　稿定设计的稿定 AI 板块

（三）音频生成

当前，AIGC 还会通过深度学习和自然语言处理技术模拟人的声音，将文字转化为生动、逼真的语音，为影视剧、动画配音，也为音频产品打造等提供诸多便利。讯飞智作、魔音工坊都是可以将文字转化成语音的在线智能配音工具。

（四）视频生成

AIGC 目前在视频生成方面的应用也非常广泛，如智能视频剪辑与合成、特效添加与视频处理、语音合成与字幕生成、定制化视频内容生成等。这不仅可以极大地简化创作流程，也可以为视频创作提供新的灵感来源。腾讯智影、剪映等都是常用的视频生成工具。腾讯智影支持文字转视频、文字配音、生成虚拟数字人播报短视频（见图 4-9）、自动字幕识别等。剪映主要是智能文案和智能包装等方面的应用。其中，智能文案可根据输入的文案要求自动生成讲解文案、营销文案，甚至根据视频素材自动生成配文；智能包装可以智能分析视频素材，自动添加字幕、效果等，一键完成对短视频的美化。

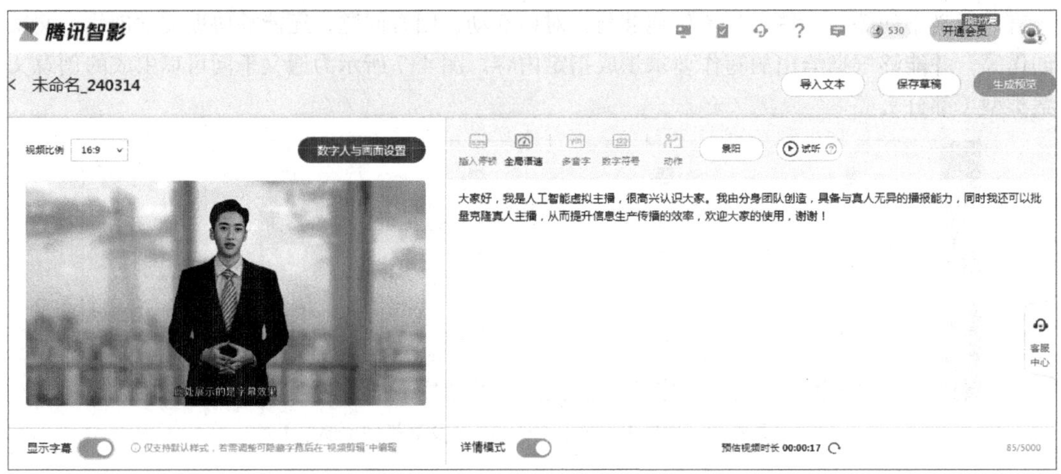

图 4-9　腾讯智影的虚拟数字人播报短视频制作界面

任务三　软文营销

软文是一种特殊的广告形式，主要通过文学性的写作手法和故事叙述，以非直接、隐蔽的方式将产品、服务或品牌的信息传递给用户，以达到宣传和推广的目的。软文营销指以软文的形式推广产品、服务或品牌，从而促进产品销售、提升品牌知名度等。

一、软文的类型

软文的类型多种多样，根据内容的不同，大体上可以分为以下 5 种类型。

（一）知识类软文

知识类软文就是传播有价值的知识，同时结合广告信息的软文，如图 4-10 所示。其表现形式可以是产品测评、经验分享、知识介绍、实践指导等，可以增长用户的见识或帮助用户解决实际问题。

（二）新闻类软文

新闻类软文通常会报道企业或品牌的新闻事件。新闻类软文具有很好的宣传推广作用，企业或品牌可以通过发布与自身相关的新鲜事向用户介绍本品牌最新技术、产品等，其形式包括新闻报道、媒体访谈、新闻通稿等。

（三）娱乐类软文

娱乐类软文是一种以提供娱乐为主要目的的软文，其内容通常涉及影视、音乐、名人逸事等，能够以轻松、有趣的方式引起用户的阅读兴趣。

（四）情感类软文

情感类软文是以情感为主题，同时结合广告信息的文章，包括但不限于爱情、亲情、友情等主题。这类软文通常通过生动的故事情节、感人的描写和情感化的语言讲述情感故事，引导用户进一步了解和探索情感，并引发用户的共鸣。例如，图 4-11 所示为某品牌与某微信公众号合作发布的情感类软文，软文通过讲述女生之间的友情来激发用户的情感共鸣，然后引出该品牌的腕表。

图 4-10 知识类软文

图 4-11 情感类软文

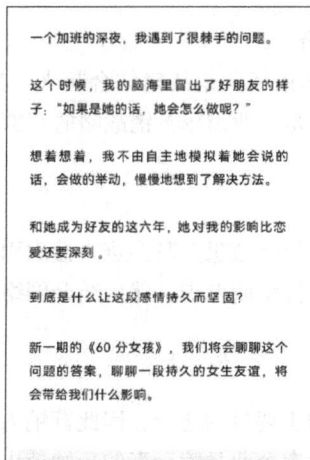

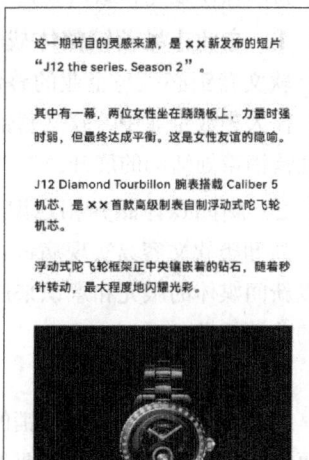

（五）故事类软文

故事类软文是一种把推广信息融入故事中的软文，其通过跌宕起伏的故事情节抓住用户的注意力，让用户在不知不觉中被故事的思路所引导，进而看完全篇文案，甚至促使用户对推广产品产生兴趣，促成用户的购买行为。

二、软文营销策划

软文营销策划指企业的营销人员或第三方网络策划（公关）企业根据产品、品牌或服务的特征，结合经营管理过程中的具体情况，以及当前和未来一段时间的市场需求变化趋势制订软文营销计划的过程。

（一）软文营销策划的准备

开展软文营销策划时需要做好以下 3 个方面的准备。

1．明确行动目标

行动目标是指软文营销要达到的目的。软文营销的常见行动目标包括树立品牌形象、带动产品的销售、对竞争对手采取的策略做出回应、配合企业的重大战略部署等。在策划时，营销人员一定要明确目标；如果有多个目标，可以为其排出优先顺序，先后执行。

2．明确实施策略

明确行动目标后就需要明确软文营销的实施策略，包括实施时间、软文数量、投放渠道等。

3．确定软文撰写角度

最后还要明确软文的撰写角度。只要前期调研充分，有了明确的行动目标和策略，就可以围绕行动目标，建立清晰的写作框架，将写作分解成不同的面和角度。通过划分，营销人员就能迅速找出文章撰写的角度。

（二）软文营销策划的注意事项

软文营销策划与其他营销策划一样，需要考虑多方面的问题，包括企业市场营销整体战略、新闻媒体眼光和意识等。

1．企业市场营销整体战略

软文营销必须与企业的整体市场营销战略结合起来，只有这样才能实现战略目标的最大化。在大多数企业中，软文营销是企业市场营销战略的一部分，软文营销策划往往伴随着企业其他营销策划活动的展开。

2．新闻媒体眼光和意识

新闻类软文容易实现病毒式传播效果，且会进入搜索引擎的新闻源系统。所以，营销人员要以新闻媒体的眼光和意识来进行全面考虑，然后结合网络媒体的特点来写作软文，以提升最终的营销效果。

3．品牌意识

树立品牌形象是软文营销的主要目的之一，因此营销人员必须具有品牌意识。在软文营销的每一个步骤，营销人员都要考虑企业品牌元素的巧妙植入，否则将会弱化软文营销本该发挥的作用。

4．网络媒体特征

软文营销基于网络进行，因此在开展软文营销策划时，营销人员还要了解各类网络媒体（包括综合门户网站、地方行业门户网站、个人媒体等）的特点，以制订具有针对性的软文写作形式和发布方案。

三、软文的写作

软文的精髓在于潜移默化地让用户接受营销信息。营销人员需要通过不断练习来提升撰写软文的能力，并掌握撰写软文的技巧，从而提升软文营销的效果。

（一）设计具有吸引力的标题

标题是软文营销的基础，有吸引力的标题能激发用户的阅读欲望。在写作时结合一定的写作技巧可以提升标题的可读性和对用户的吸引力。

- **借“流行”**｜《家人们，谁懂啊！××的抽奖活动也太给力了吧》（××活动软文标题）、《DUANG，房价真的降了》（××地产软文标题）。
- **借“名人”**｜《××同款：气质女人都爱的风衣》（××风衣的软文标题）、《××同款：温暖，你值得拥有》（××羽绒服的软文标题）。
- **借“热点”**｜《元宇宙遥不可及？有人已经在元宇宙跨年了》（××科技网站的软文标题）、《自动驾驶开进“三环”》（××汽车的软文标题）。
- **以“险”吓人**｜《墙漆买不好，满屋子都是甲醛!》（××乳胶漆的软文标题）、《30岁的人60岁的心脏》（××运动手环的软文标题）。
- **以“趣”绕人**｜《“步”同凡响，“震”撼新体验，“静”享每一步！》（××减震运动鞋软文标题）、《不要脸的时代已经过去》（××润肤水软文标题）。
- **以“悬”引人**｜《十年里发生了什么》（××大米的软文标题）、《我是如何从失败中奋起，进而走向成功的?》（××培训的软文标题）。
- **以“事”感人**｜《一个襄樊汉子和他的云帆国际装饰品牌梦想》（××装饰公司软文标题）、《我和采茶美女的邂逅》（××茶叶软文标题）。
- **以“情”动人**｜《19年的等待，一份让她泪流满面的礼物》（××珠宝软文标题）、《爱，需要用心听！》（××耳机软文标题）。
- **以“利”诱人**｜《小站长年收入10万元不是梦——我的奋斗历程》（××网站培训软文标题）、《注册××网站会员，即送100元现金券》（××网上商城软文标题）。

（二）写作自然融入营销信息的正文

正文是软文的核心和灵魂，一般来说，正文通常不会直白地进行宣传推广，而是将营销信息自然地融入其中，以内容的价值性取胜。为写出优质的正文，营销人员在写作时可运用以下写作技巧。

1．科普知识

用户往往会对有实用性的内容感兴趣，通过在正文中科普产品、品牌或服务等相关知识，可以满足他们的好奇心和求知欲，从而增强正文的吸引力。要写出包含科普知识的正文，首先需要确定科普知识的主题，既可以从与产品或服务相关的领域中选择，也可以选择与用户兴趣和需求相关的主题；然后根据选定的主题，编写具有知识性的内容；最后通过引用案例、解答疑问或分享经验等方式将科普知识与软文内容融合。例如，某品牌洗手液的推广软文从杀菌的概念出发宣传产品，为用户科普有“卫消证字”的洗手液才有抑菌效果，有“卫妆证字”的洗手液属于普通洗手液，无抑菌效果，最后传达本品牌的洗手液有“卫消证字”，能有效抑菌，从而达到营销推广的效果。

2．借助热点

热点不仅适用于标题，在正文中也同样适用。例如，在推荐衣服时，从最近的红毯活动、电影节入手，分析名人穿搭，再引入推荐的单品；在推广品牌时，借助节日、新闻热点等撰写宣传软文等。一般来说，从微博热搜获取热点信息是比较快的方法，从今日头条、百度热搜榜、搜狗热搜榜、360 热搜榜、知乎等平台也可以获取热点信息。

部分软文为追求流量和热度，可能会触及某些社会敏感话题，甚至违背社会公序良俗。这样做虽然能提高软文的讨论热度，却不利于对品牌形象的塑造。营销人员应树立法律意识，并遵守职业道德规范，不别出心裁、哗众取宠，应依法进行营销宣传。

3．巧用故事

故事性强的软文更容易引起用户的兴趣。要写作故事性强的正文，首先需要选择一个与产品或服务紧密相关，同时能够引起用户兴趣的故事，然后塑造具有鲜明个性和特点的角色，并构建合理、有戏剧张力的情节，情节中可以包含冲突、转折和悬念等元素，最后在故事的高潮部分（即冲突、转折等部分）自然地引出产品或服务信息。

4．注入情感

注入情感即利用情感元素建立与用户的情感纽带，以加深用户的记忆。在具体写作正文时，可以根据用户的情感需求和偏好，找到能够引发共鸣的普遍话题，如亲情、友情、爱情、成长经历等，然后运用生动、形象的语言对其加以描绘，从而增强正文的情感色彩。

5．利用数据

有数据支撑的软文更能让用户信服。尤其是在表达某种观点或展示产品卖点时，通过引用数据、分析数据或对比数据等方式，可以让软文更有说服力。要在软文中应用数据，首先需要确定正文的哪些内容需要用数据来说明，再收集所需数据，并根据软文结构和用户阅读喜好，选择合适的数据呈现方式，如图表、表格等，最后将收集到的数据自然地融入软文中，使其与内容相互呼应。

任务四　口碑营销

口碑营销是一种口口相传的营销方法，主要是利用用户的分享心理来引发用户的主动传播欲望与积极性。

一、口碑营销的定义和步骤

口碑营销指以口碑传播为核心的营销方法，一般是利用用户对产品或品牌的良好评价，引导用户自主传播口碑，进而影响其他用户对产品或品牌的看法及态度，甚至改变其他用户的购买行为。口碑营销可以帮助企业树立良好的形象，提高产品或品牌的曝光度，增加用户的忠诚度。

口碑营销的策划可划分为3个主要步骤，即树立口碑、传播口碑和维护口碑，这3个步骤相互衔接，共同构成完整的口碑营销循环。

（一）树立口碑

口碑营销需要建立在良好的产品或服务质量的基础上，企业可以通过发掘自身在产品、服务方面的闪光点，有意识地树立口碑。根据口碑的不同，企业可以从3个方面入手树立口碑。

1．树立经验性口碑

利用用户对产品或服务正面的、直接的感受，说服其他用户，打造良好口碑。例如，某电动牙刷品牌招募素人博主，邀请他们使用自家的产品，然后让他们将良好的、真实的使用感受发布到小红书，向其他用户分享自己的使用体验，进而影响用户对品牌的印象。

2．树立继发性口碑

继发性口碑是由营销活动所引发的口碑传播，往往是因为这些活动传递的信息而形成的网络口碑。例如，某品牌在春节期间开展“新年穿红的100个理由”活动，将“红色”与用户熟悉的事物相关联，抵达用户心智，在赋予活动更多人情味的同时，深化用户对品牌的认知。

3．树立有意识口碑

有意识口碑是由企业有意策划的活动而引发的口碑传播，如邀请名人为产品代言或邀请行业专家营造正面氛围等。例如，某矿泉水品牌选择我国知名运动员作为代言人，利用其良好形象影响用户对品牌的看法，进而打造良好的口碑。

（二）传播口碑

在成功树立口碑后，需要积极地传播口碑，进一步扩大口碑的影响力。企业既可以利用多个营销渠道，如微信、微博、抖音、小红书、搜索引擎等，促进口碑的自然扩散；也可以与具有影响力的博主、意见领袖或行业专家建立合作关系，通过他们的背书和推荐，增强口碑的可信度和影响力；还可以邀请用户对其产品或服务进行评价，或通过举办线上或线下的活动等方式吸引用户参与和分享。

（三）维护口碑

在开展口碑营销的过程中，如果操作不当，就会给品牌带来负面影响，因此需要做好口碑维护。维护口碑可以从3个方面出发：一是严把产品质量关，用心做好服务；二是注重用户反馈；三是实时监测口碑营销数据，避免出现负面影响。

二、引发口碑效应的方法

口碑效应是衡量口碑营销的标准之一，指因用户在消费过程中获得满足感、荣誉感而形成的对外逐步递增的口头宣传效应。通过应用一些引发口碑效应的方法，可以帮助企业提升品牌知名度、增强用户忠诚度，并推动销售额的增长。

1．以产品引发口碑效应

产品既是口碑营销的核心，也是引发口碑效应的关键。确保提供的产品能够满足甚至超越用户的需求和期望，那么用户在使用后就会自发地向亲朋好友推荐或在网络上分享。

2．以个性化服务引发口碑效应

个性化、特色鲜明的服务可以潜移默化地影响用户的印象，进而使用户形成自发的口碑传播，最终树立企业的良好形象。例如，海底捞以其极致的个性化服务闻名，如为等待的顾客提供免费的美甲、擦鞋服务，为独自用餐的顾客提供玩偶陪伴，以及细致入微的餐桌服务等，这些做法不仅可以让顾客感受到尊重和关怀，还创造了与众不同的就餐体验。这些超预期的服务细节可以让顾客自主自发地在社交媒体上分享，在无形中为海底捞赢得了大量免费的正面宣传。

3．以公益引发口碑效应

公益行为很容易为企业树立良好的形象，可以在引发用户传播的同时提升其影响力和美誉度。例如，2024 年，天友乳业旗下的高端子品牌百特携手 5A 级环保公益机构巴渝公益，共同举办“走进森邻”公益考察活动，为用户科普环保知识，引导更多用户深入探索自然环保的奥秘，这样不仅可以增强用户的环保意识，还能引发品牌的良好口碑传播。图 4-12 所示为活动相关的口碑传播。

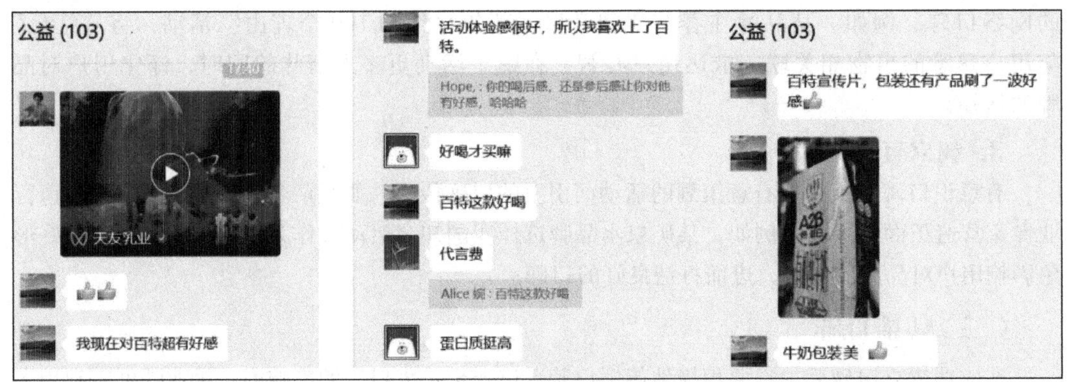

图 4-12 活动相关的口碑传播

4．以情感引发口碑效应

物质上的满足可以赢得用户的信任，情感上的满足同样可以赢得用户的忠诚。很多时候，用户选择产品或服务并不以功能为唯一标准，产品或服务的情感附加价值也是影响用户选择的重要因素，特别是在口碑营销中，情感往往发挥着巨大作用。例如，春节期间，企业借助春节团圆的话题引发用户的共鸣，突出企业温情、温馨的特色，可以扩大企业品牌影响力，从而形成良好的口碑。

5．以互动引发口碑效应

口碑营销的过程离不开用户的参与，保持与用户的互动、调动他们的积极性，也是引发口碑效应的有效方法，如设计简单、趣味、个性化的活动，与用户建立深刻的情感联系等。

6．以用户评价引发口碑效应

企业可以鼓励用户在购买后留下评价，并在官方网站、社交媒体或第三方平台上展示这些评价。真实的用户评价和反馈可以为潜在用户提供有价值的参考，并增加他们对品牌的信任度。

三、负面口碑的应对和防范

负面口碑通常指用户对某品牌、产品或服务提出的负面意见。在互联网时代，负面口碑的传播速度非常快，会严重影响企业的形象，因此企业一定要学会应对和防范负面口碑。

（一）负面口碑的应对

企业产生负面口碑时，需要根据实际情况采取合理有效的危机应对方法，从而实现转危为安的效果。图 4-13 所示为负面口碑的应对方法。

冷静分析，理性应对
在面对负面口碑时，首先要冷静下来，避免情绪化的反应；然后要仔细分析负面口碑的来源、内容和影响范围，了解问题的实质。
及时回应，澄清事实
对于能够直接回应的负面口碑，要及时、准确、客观地回应，澄清事实、消除误解。在回应时，要做到“态度诚恳、承担责任，真诚沟通”，以避免引起更大的争议。
积极改进，提升服务
如果负面口碑是企业自身问题引起的，就要正视问题，积极改进，提升产品和服务质量。另外，今后要通过优质的服务和客户关系管理，修复受损的口碑。
借助公关，减少影响
最后，可以借助媒体、社交平台等渠道，发布正面信息，从而降低负面口碑的影响。另外，最好与外部媒体、新闻单位建立正常的业务合作关系，以争取更多的正面声音。

图 4-13 负面口碑的应对方法

（二）负面口碑的防范

当网络上出现负面口碑时，企业若无法及时有效地处理，以致其愈演愈烈，势必会影响企业的平稳发展。因此，企业需做好对负面口碑的防范工作。

1．增强负面口碑防范意识

企业不能仅在事后被动应对负面口碑，还应该增强企业全体人员对负面口碑的防范意识。尤其是企业管理者，更要具备强烈的负面口碑防范意识，并提前做好负面口碑防范工作，为应对负面口碑做好人员、措施、资金上的准备。

2．加强对负面口碑的监测

面对网上纷繁复杂的信息，依靠人工逐一进行检索是十分困难的。因此，企业应加强对负面口碑的监测，将人工监测与专业舆情监测系统相结合，密切关注网络上所有涉及自身的负面口碑，及时发现危机。重点监控负面口碑的首发渠道和网民活跃程度高、影响较大的网络平台，密切跟踪舆论动态，及时关注相关的进展情况。做好记录、疏导负面口碑等工作，并及时预警，做到早发现、早报告、早处置。

3．建立负面口碑应急管理机制

受互联网特性的影响，相关负面事件具有突发性，因此企业要建立、完善负面口碑应急管理机制，重点是组建专业的公关管理团队，既可以从外部招聘，也可以直接从内部的市场、公关、宣传等部门挑选人手，并做到分工明确（如有的负责监测舆情，有的负责撰写网络评论等），以确保当负面口碑产生时，有人员迅速跟进，从而避免失控，确保公关管理工作的高效、有序开展。

4．与媒体建立合作关系

与外部媒体、新闻单位建立正常的业务合作关系，形成有效协作、沟通、交流机制，加强正面宣传报道等。

专家指导

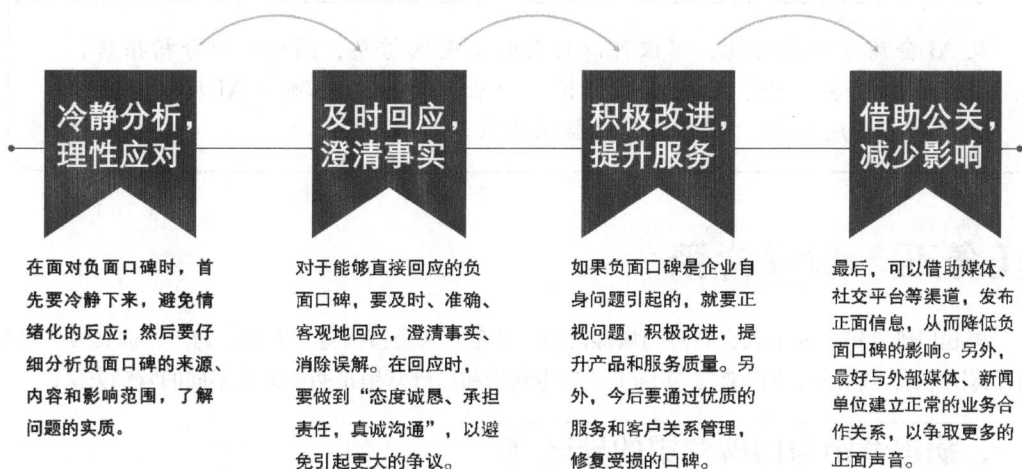

AI 在网络舆情监测方面也有应用，如清博智能舆情系统推出了 AI 分析

及AI会商等产品功能，不仅可以自动收集全网信息，高效产出分析报告，还能识别潜在风险、规避负面舆论。企业可将人工监测与AI舆情监测系统结合，形成全面、有效的舆情监测体系。

任务五　病毒营销

提起口碑营销，许多人会联想到病毒营销，甚至有人会直接将二者合二为一，称其为“口碑病毒营销”或“病毒口碑营销”。实际上，病毒营销和口碑营销是两种截然不同的营销方法。

一、病毒营销与口碑营销的异同

病毒营销并不是指以传播病毒的方式开展营销，而是利用口碑传播的原理，通过网络的快速复制与传递功能使营销信息像病毒一样蔓延和扩散，从而达到对营销信息的高效传播和快速裂变，在短时间内将营销信息传递给更多用户。

病毒营销和口碑营销的表现形式和操作手法很像，两者都是通过为用户提供有价值的产品或服务，并发挥用户的主动性，使营销信息得到高效传播，从而让企业的产品或品牌深入人心，实现品牌与销售的成功。尽管病毒营销和口碑营销很相似，但两者在本质上存在一定差别，其差别具体体现在以下3个方面。

1．从传播方式看

病毒营销是一种利用公众的积极性和人际网络，让营销信息像病毒一样传播和扩散的营销方法。病毒营销主要依托网络，通过高曝光率在用户中达成广泛认知，但可能会出现用户知道品牌，却并不认可品牌的情况。而口碑营销主要依赖用户之间的口口相传，即通过用户的自发性和信任度，将正面的产品体验和信息传递给其他潜在用户。

2．从传播动力和影响力看

病毒营销的传播动力主要来源于营销信息的有趣性、有用性或热门性。当信息具有这些特点时，用户更可能将其分享给其他人；其影响力通常基于信息的传播范围和速度，能够在短时间内迅速吸引大量关注。口碑营销的传播动力主要来源于用户对产品或服务的满意度和信任度，当用户对产品或服务感到满意时，他们更有可能向其他用户推荐。口碑营销的影响力通常以用户的真实体验和感受为基础，因此具有高度的信任度和可信度。

3．从营销重点看

病毒营销更注重内容的传播与热度的打造，营销重点是迅速扩大品牌曝光度和影响力；而口碑营销的营销重点是树立品牌或产品的美誉度。

二、病毒营销的步骤及实施方法

病毒营销主要分为3个步骤，分别是制造病毒、传播病毒、病毒的更新和再传播。下面将详细介绍病毒营销的每个步骤的具体实施方法。

（一）制造病毒

开展病毒营销的前提是制造传播力度强的病毒。一般来说，制造具有强传播力的病毒可以从4个方面入手。

1. 免费或福利

免费的产品、服务、资源或者能为用户带来利益的东西，是让用户主动参与传播的重要条件。企业可以通过赠送、免费领取、免费抽奖、低价换购等方式吸引用户，但前提是奖励要足够丰厚。例如，拼多多在前期推广时充分利用了免费或福利的方式开展病毒营销，用户将拼多多的安装链接发送到朋友圈或邀请亲朋好友下载安装，受邀者完成安装后，用户就能获得现金奖励。同时，受邀者又可成为新的邀请者，如此循环，使得拼多多在短期内便获得了大量的新用户。到现在，拼多多的一些营销活动仍然采用的是病毒营销模式。

2. 娱乐

很多用户上网的主要目的是娱乐，因此以娱乐性质的方式呈现营销内容，会很容易形成病毒式的传播。搞笑的文字、图片、视频等内容具有非常强的娱乐性，如抖音、快手这类短视频平台前期就是通过娱乐视频来吸引用户，并且在短时间内实现了大量拉新，为其快速发展打下了坚实的用户基础。

3. 情感

策划带有怜悯、悲伤、愤怒等明显情感色彩的营销内容，能够激发用户的情感共鸣，引导用户进行自主传播。

4. 节日祝福

每逢节日，亲朋好友之间就会相互送上祝福，这也让节日祝福成为制造病毒的上佳素材。因此，企业可以通过微信、微博、抖音等渠道为用户送上趣味十足、独具匠心的节日祝福，以此引发病毒式传播。

（二）传播病毒

在制造好病毒后，就需要传播病毒，以扩大病毒的影响范围。具体在传播时，企业需要注意传播方式、传播人群、发布渠道和传播动力4个方面。

1. 使用简单的传播方式

口碑营销和病毒营销的传播媒介都是用户，而复杂的传播方式无疑会阻碍用户参与的积极性。因此，企业应当尽量使用简单的、用户容易操作的传播方式，如点赞、收藏、转发、@好友等。

2. 找准易感人群

传播病毒需要找到容易“感染病毒”的人群。一般来说，这类人群热衷于关注新鲜事物，网络活跃度高，能够很快接收网络信息，并且参与各类活动的积极性也很高。当然，企业也可以鼓励粉丝、意见领袖、媒体参与病毒传播，借助他们的影响力“感染”更多用户。

3. 选择多元化的发布渠道

一般来说，发布渠道的选择标准涉及用户活跃度和集中度、互动性、传播速度等，企业可以根据自身特点和目标用户选择合适的发布渠道。多元化的发布渠道可以确保营销信息能够覆盖更为广泛的用户群体，从而增加曝光机会。因此，企业在选择时需要避免过度依赖单一的发布渠道。

4. 提供充足的传播动力

为扩大病毒营销的影响力，企业有必要为用户提供充足的传播动力，包括提供免费产品、服务、资源，以及制造舆论话题、促进情感沟通等。

（三）病毒的更新和再传播

病毒营销是一种运营周期较短的营销方法，其传播力度和营销效果会随着时间的增加而呈现由强到弱的变化趋势。如果想要持续吸引用户参与传播，就要及时对病毒进行更新和再传播，以维持病毒的传播活力。这不仅需要紧跟热点话题，以确保信息的新颖性和创意性，还需要利用数据分析，识别目标用户的偏好变化，从而实现营销内容的再次、多次传播。

任务六　网络广告营销

网络广告营销指企业利用互联网及其数字媒体资源作为渠道，设计、制作并投放商业广告，以宣传产品、服务或品牌，促进市场认知度和销售增长的一种营销方法。

一、网络广告的类型

网络广告的类型多种多样，横幅广告、文本链接广告、按钮广告、搜索引擎广告、插播式广告、视频广告、电子邮件广告、移动 App 广告等都是常见的网络广告。

1．横幅广告

横幅广告又称旗帜广告，是较早的网络广告类型，其格式以 GIF、JPG 等为主，如图 4-14 所示。横幅广告是横跨在网页上的矩形公告牌，当用户点击横幅广告时，可以直接跳转到具体网页。

图 4-14　横幅广告

2．文本链接广告

文本链接广告通常显示为一排文字，点击文字即可进入相应的页面。文本链接广告有时会像横幅广告那样占据固定的版面，有时也会穿插在大量的内容链接条目中。

3．按钮广告

按钮广告由横幅广告演变而来，具体表现为图标，因此又称图标广告。由于按钮广告尺寸较小，因此可以位于不同的版面位置。

4．搜索引擎广告

搜索引擎广告也称关键词搜索广告，指企业根据自己的产品或服务的内容、特点等，确定相关的关键词，撰写广告内容并自主定价投放的广告。企业在投放搜索引擎广告后，可以在用户搜索结果页面获得靠前的排名或展示位置。例如，图 4-15 所示为在 360 搜索中搜索“洗地机”后所显示的搜索引擎广告。

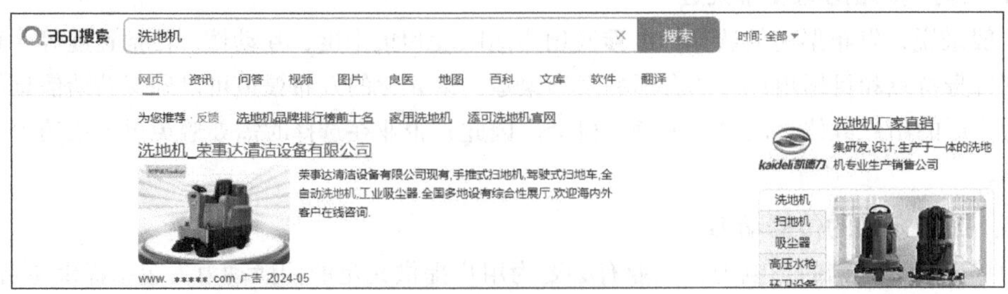

图 4-15　搜索引擎广告

5．插播式广告

插播式广告指在切换两个网页的间隙插入的网页广告，其表现形式主要有弹出式广告和过渡插入式广告。其中，弹出式广告指用户在请求登录网页时，强制插入的广告页面或弹出的广告窗口，类似于电视广告；过渡插入式广告指在切换两个网页的间隙，出现在浏览器主窗口中的广告。当用户单击网页中的链接时，首先出现的就是广告页面，需等待一段时间（一般为 5 ～ 10 秒）后才会出现用户请求的目标页面。

6．视频广告

视频广告是一种通过视频媒体进行传播的广告。常见的视频广告有贴片广告、植入广告、赞助 / 冠名广告等。其中，贴片广告又被称为插片广告，指在视频片头、片尾或播放过程中插播的广告；植入广告是一种将广告内容植入视频内容的广告；赞助 / 冠名广告指通过在节目的片头、节目中，甚至片尾加上赞助商或者广告主名称的方式进行品牌宣传、扩大品牌影响力的广告。

7．电子邮件广告

电子邮件广告指通过互联网将广告发送到用户电子邮箱的网络广告形式。发送电子邮件广告需要事先征得用户的同意，用户需把信息加入电子邮件广告邮件列表，表示同意接收这类广告信息，这样才能收到电子邮件广告，否则电子邮件广告就会被视为垃圾邮件。

8．移动App广告

移动 App 广告指在移动 App 中展示的广告形式。常见的移动 App 广告有插屏广告、信息流广告、推送广告和 LBS（Location Based Service，移动定位服务）广告等。其中，插屏广告指在打开、暂停或退出 App 时，以半屏或全屏的形式弹出的广告（见图 4-16），其持续显示时长一般为 3 ～ 5 秒，广告时间短；信息流广告是穿插于用户的好友动态或资讯媒体和视听媒体内容流中的广告，其特点是与所投放页面的信息流具有相关性，广告与用户所看到的内容自然地融为一体（见图 4-17）；推送广告通过推送通知的方式向用户展示广告，常以文字或图片的形式呈现（见图 4-18）；LBS 广告是一种基于用户地理位置信息的广告形式，利用移动设备的 GPS、Wi-Fi、蓝牙等技术，以及应用程序和平台的位置服务，向用户提供与其当前位置相关的广告内容。

图 4-16　插屏广告

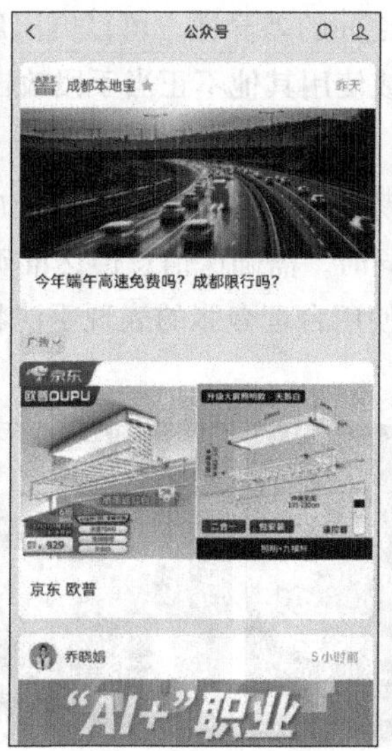

图 4-17　信息流广告

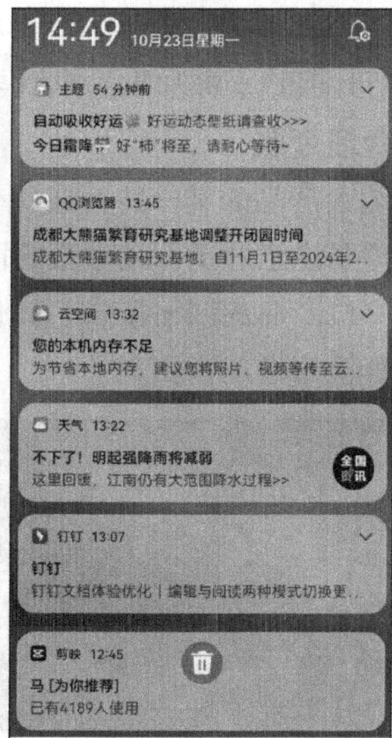

图 4-18　推送广告

二、网络广告策划

网络广告需要经过精细的策划，只有这样才能达到精准传递信息、实现营销效果等目的。网络广告策划主导和统率着各部分广告信息的创作，广告诉求、广告创意、广告语等均需围绕网络广告策划展开。

（一）广告诉求

简单来说，广告诉求就是说服用户接受广告的理由。广告诉求是广告信息的核心，应围绕广告目标展开，网络广告策划应确保广告诉求与用户需求相匹配，以提高广告的吸引力。广告诉求通常可以分为3类：一是理性诉求，主要是“以理服人”，侧重于产品或服务的功能、价值等；二是感性诉求，主要是“以情动人”，更关注用户的情感动机，通过用户的情绪变化和情感共鸣来激发用户的购物欲望；三是道义诉求，以社会公德、伦理道德等为诉求点，强调企业或产品对社会的贡献和责任。

（二）广告创意

优秀的广告设计大多来自好的创意，运用创意方法，以大胆创新的独特视角突出表现广告的主题与内容，不仅能使广告产生与众不同的效果，还能加深用户对广告的印象。

1．直接展示

将广告主体直接放置在画面的主要位置，直观地展示给用户。对于直接展示的广告，可以着力渲染广告主体的外观和特点，呈现主体最容易打动人心的地方，再利用背景、色彩或装饰物进行衬托，以增强广告主体的视觉冲击力。

2．突出特征或卖点

强调广告主体与众不同的特征或卖点，并将这些特征或卖点置于广告画面的主要位置。突出特征或卖点可以使广告具有明确的指向性。例如，图4-19所示为某快餐品牌的网络广告，广告中炸鸡酥脆的外皮就像火焰，具有强烈的视觉冲击力和感染力，简单、直接地突出了炸鸡酥脆的特征。

3．对比衬托

通过对比展示两个或多个事物之间的差异性，可以突出展示广告主体的优势、独特等。在运用对比衬托时，不能贬低、诋毁或使用其他不正当手段攻击竞争对手的产品或服务。

4．合理夸张

通过放大产品的某一特性或优势到超越常规的程度，使广告内容更加新奇、幽默等。这种创意方法需要注意的是，在夸张的同时，需确保信息传达准确且不会误导用户。例如，图4-20所示为某耳机产品的网络广告，其使用合理夸张的表现手法将耳朵内部空间变成演奏大厅，从而渲染了耳机的卓越音质。

图4-19　突出特征或卖点

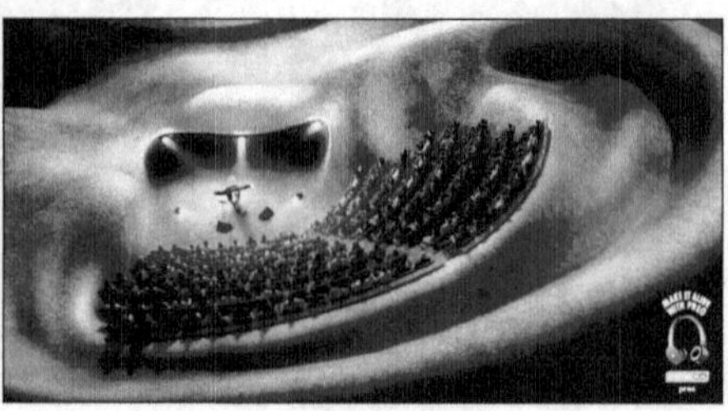

图4-20　合理夸张

5．借物象征

象征指在法律规定或约定俗成的情况下，用具体的事物代指另一种事物，从而表现某种特殊的寓意。在广告设计中借物象征，可以通过某个具体的物品或形象来代表某种抽象的概念、情感或品牌理念，巧妙地传达广告信息，从而增强广告的感染力和记忆度。一些具有特定含义的形象常被用作象征对象，如用橄榄枝象征和平、用太极符号象征平衡、用中国结象征中国传统文化等。

6．制造悬念

通过设置疑问、激发好奇心、营造紧张或期待的情绪，可以促使用户主动探索广告背后的完整信息或故事。制造悬念的基本方法是“设疑—揭露—谜底”，即通过广告文案或图形内容设置疑问，从而引发用户的好奇心，让其在细看画面的过程中找到解疑方法，继而根据画面指示探寻谜底。

（三）广告语

广告语也被称为广告标语或口号，是网络广告中较为关键的元素之一，可以精练而有力地传达品牌的核心信息、价值观或产品优势，旨在快速抓住用户的注意力，让用户对广告留下深刻印象。广告语的设计需要满足以下要求。

1．广告语要符合品牌定位或产品定位

广告语与品牌定位或产品定位需保持一致，这样不仅能够增强用户对品牌或产品的认同感，还能塑造品牌或产品的形象，增强用户对广告、品牌或产品的记忆。例如，汰渍的“有汰渍，没污渍”、王老吉的“怕上火，喝王老吉”等都很好地表现了品牌和产品的特点，将诉求表达得十分清晰、明确。

2．广告语要有冲击力和感染力

冲击力指广告语能够在瞬间吸引用户的注意力，感染力指广告语要能够触动用户的情感。例如，海尔的“海尔，中国造”，携程旅行的“携程在手，说走就走”等就具有较强的冲击力和感染力，可以让用户快速产生情感共鸣，进而主动进行传播。

3．广告语要易于传播

纵观传播范围较广的广告语，大多具有简短、易发音、无生僻字、朗朗上口等特点。广告语的字数一般在 6 ～ 15 个字，要能够清楚地表达广告诉求，且便于用户记忆和传播。例如，特仑苏的“不是所有牛奶都叫特仑苏”、瓜子二手车的“瓜子二手车直卖网，没有中间商赚差价”等。

专家指导

运用修辞手法来写作广告语可以增强其表现力和吸引力，修辞手法有比喻、拟人、排比、对偶、夸张、双关等。例如，某香皂的广告语“使头发根根柔软，令肌肤寸寸嫩滑”，通过使用对偶的修辞手法，很好地传达了香皂的使用效果。

三、网络广告传播

网络广告的传播渠道日趋丰富，费用也日渐高涨。当下，如何以较低的投放成本获得较好的效果，是广告主非常关心的问题。在选择网络广告的传播渠道时，可以综合考虑5个方面。

1．目标用户

了解目标用户的特征和行为习惯是选择传播渠道的基础。通过明确目标用户的年龄、性别、地域、兴趣爱好等信息，可以确定哪些传播渠道更符合目标用户的使用习惯、使用偏好和获取广告信息的方式。

2．广告目标

根据不同的广告目标，可以选择不同的传播渠道。例如，如果网络广告的主要目标是提高品牌知名度，就可以选择具有广泛覆盖能力的传播渠道，如社交媒体平台、新闻网站等；如果网络广告的目标是推广产品或服务，就可以选择转化率较高的平台，如淘宝、京东、抖音、快手等。

3．广告内容

根据广告内容篇幅、特点的不同，可以选择不同的传播渠道。例如，如果网络广告需要传递复杂的信息，那么可以选择微信公众号、今日头条、知乎等；如果网络广告具有突出的视觉效果和故事性，那将其投放在抖音、微博、小红书等平台可能更加适合。

4．预算和投放成本

网络广告传播渠道的选择还需要考虑预算和投放成本。不同渠道或媒介的广告费用不同，需要品牌方根据自身的预算进行选择。

5．数据分析和反馈机制

选择一个有较好的数据分析和反馈机制的传播渠道，可以帮助评估广告效果并优化广告策略。借助网络广告传播渠道提供的数据统计和分析功能，可以了解广告的展示量、点击率、转化率等重要指标，从而对后续投放计划进行调整和改进。

任务七　场景化营销

场景化营销是一种将产品或服务与特定场景相结合，通过创造生动的场景来吸引用户的注意力，从而达成营销目标的营销方法。

一、场景化营销的要素

场景化营销是一种创新的营销方法，即通过创造与用户紧密相关的场景来引发其情感共鸣、激发其购买欲望。要正确实施场景化营销，企业就需要明确场景化营销的要素，具体如图4-21所示。

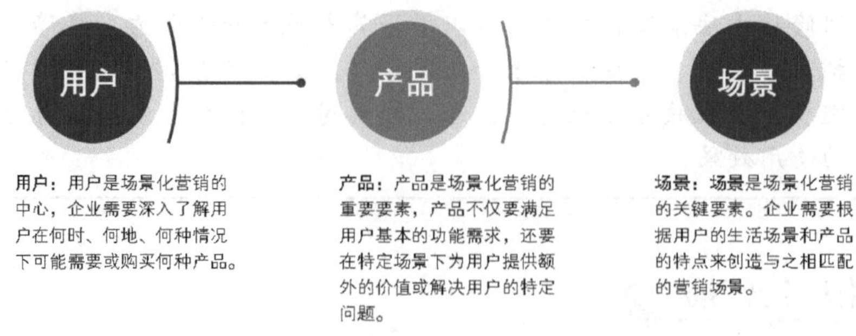

用户
产品
场景
用户：用户是场景化营销的中心，企业需要深入了解用户在何时、何地、何种情况下可能需要或购买何种产品。
产品：产品是场景化营销的重要要素，产品不仅要满足用户基本的功能需求，还要在特定场景下为用户提供额外的价值或解决用户的特定问题。
场景：场景是场景化营销的关键要素。企业需要根据用户的生活场景和产品的特点来创造与之相匹配的营销场景。

图4-21　场景化营销的要素

专家指导

用户、产品和场景是场景化营销的核心要素。此外，还有一些因素也常被提及，如时间、事件、关系等。例如，时间因素考虑用户在不同时间段或特定节日、季节中的行为变化；事件指特定的活动、庆典或突发情况；关系则涉及用户与家人、朋友、同事等的社会联系，这些都可能影响用户的购买决策。

二、场景化营销的模式

场景化营销的模式根据创建的场景不同而有所区分，下面介绍的是按消费行为和场景内容划分的场景化营销模式。

（一）按消费行为划分

按照用户的消费行为的不同，场景化营销模式可以分为购买场景和使用场景。

1. 购买场景

购买场景指用户在购买产品时所处的具体环境或情境。从用户的购买场景入手开展营销工作不仅需要考虑用户购买产品的动机和理由，还要了解用户在购买过程中的决策流程，如需求识别、产品比较、购买决策和购后评价等。

2. 使用场景

使用场景指用户在实际使用产品时所处的具体环境或情境。这种营销模式主要是通过构建贴近用户实际使用产品的场景，突出产品是如何解决用户的实际问题或满足其需求的。例如，在卡塔尔世界杯期间，康师傅洞察到球迷在观赛时往往会有饮食需求，于是联合咪咕视频开展场景化营销，如植入“今晚看球夜，来碗康师傅”的贴片广告，并在哔哩哔哩等平台打造“#fun 肆看球夜 有面不宵停 #”等相关的话题。利用紧贴观赛使用场景的营销，康师傅成功地将产品与世界杯这一赛事紧密结合，有效地提升了其产品在特定场景下的消费频次与品牌好感度。

（二）按场景内容划分

按照场景内容的不同，场景化营销模式的常见场景可以分为生活场景、工作与学习场景、娱乐场景、节日与庆典场景等。

1. 生活场景

围绕人们日常生活中的场景，如厨房烹饪、家庭清洁、亲子互动、饮食出行等开展营销。这种营销模式主要展示的是产品如何融入日常家庭活动，如何解决在日常生活中可能遇到的问题。例如，某纸巾品牌曾发布短视频，从用户日常洗脸、擦手等生活场景出发进行营销，传播其“柔韧不易破”“柔软不易掉絮”“无添加更安心”的产品特点。

2. 工作与学习场景

围绕人们工作和学习的场景，如上班通勤、办公室效率、远程工作、教育培训等开展营销。这种营销模式主要展示的是产品如何提升工作效率，营造良好的学习氛围等。例如，某品牌智能学习机围绕儿童在家中自学英语这一学习场景进行营销，展现智能学习机的互动学习体验、利用游戏带动孩子学习等产品特点。

3．娱乐场景

围绕人们的休闲娱乐场景，如聚会、看演唱会、看直播等开展营销。例如，海信曾围绕用户看球赛这一娱乐场景进行产品宣传，强调其大屏电视的沉浸式观赛体验、高画质表现等。这种营销模式要充分体现趣味性和互动性，展现产品为用户带来的愉悦体验。

4．节日与庆典场景

围绕节日和庆典创作与之相关的场景，如春节家人团聚、毕业典礼、婚礼仪式等。这种营销模式大多会结合特定产品或活动，展现其如何为节日和庆典增添温馨和喜悦等。例如，某剃须刀品牌曾推出生日礼盒套装，在营销时从用户向爸爸送上生日礼物这一场景入手，很好地传递了产品的深层价值——不仅是日常护理的工具，更是表达爱与敬意的媒介。

任务八　LBS 营销

LBS 营销是一种基于地理位置信息的营销方法，即利用互联网、移动通信和卫星定位等技术获取用户的地理位置信息，并据此提供定制化的内容、服务或广告，以达到精准营销与推广。

一、LBS 营销的特点

与其他营销方法相比，由于定位的特殊性，LBS 营销具有以下 3 个特点。

1．精准营销

LBS 营销是一种十分精准的营销，可以将网络和实际地理位置相结合。企业可以通过用户的签到、点评等抓取用户的消费行为轨迹、时间和地点等信息，从而掌握用户的生活方式和消费习惯，有针对性地为用户推送精准的营销信息，根据用户的消费特质为其制订更加准确、有效的营销策略。

2．重视培养用户习惯

LBS 营销有两个基本前提：一是用户主动分享自己的地理位置，二是用户允许接收企业的推广信息。开展 LBS 营销时，企业要重视对用户的习惯培养，要让用户乐于接收基于其位置所提供的营销信息，这样才能更好地开展 LBS 营销。

3．涉及隐私

LBS 营销是基于用户定位的营销方式，因此会不可避免地涉及用户位置隐私。企业在开展 LBS 营销时，如果不能妥善处理用户的隐私问题，就会造成用户兴趣爱好、运动模式、健康状况、生活习惯、年龄、收入等信息的泄露，甚至导致用户被跟踪、被攻击等严重后果。因此，在采用 LBS 营销方法时，必须使用严密的手段保护用户隐私。

二、LBS 营销的模式

根据应用领域的不同，LBS 营销可以大致划分为 LBS+ 地图模式、LBS+O2O（Online To Offline，线上到线下）模式、LBS+ 广告模式。每种模式并非各自独立的，而是可以进行组合的。

（一）LBS+ 地图模式

LBS+ 地图模式是一种重要且被广泛应用的模式，它将用户的地理位置信息与地图服务相结合，为用户提供基于位置的导航、搜索、推荐等服务，同时也为商家提供了展示和推广的平台。这种模式的特点包括精确定位、地图导航、搜索与推荐、实时更新等。

1．精确定位

利用 GPS、基站定位、Wi-Fi 定位等技术，实现对用户位置的精确追踪。

2．地图导航

提供详细的地图信息，帮助用户规划路线并将其导航至目的地。

3．搜索与推荐

基于用户位置，提供对附近的商家、景点、公共设施等的搜索服务，并推荐相关商家或活动。

4．实时更新

地图数据实时更新，以确保用户获取的信息准确可靠。

高德地图和百度地图就是典型的对 LBS+ 地图模式的应用，不仅为用户提供了详细的地图导航服务，还结合位置信息，为用户推荐附近的商家、景点等。同时，商家可以在高德地图上标注店铺位置、发布优惠信息，从而实现与用户的精准连接。

（二）LBS+O2O 模式

LBS+O2O 模式是 LBS 从线上到线下的一种闭环营销模式，可以缩短用户和企业之间的距离，让用户及时看到企业信息并进行消费，多见于本地化产品和服务。LBS+O2O 模式要求定位用户的地理位置，然后根据用户的需求推送周边的企业服务，如外卖订餐、打车等。

1．LBS+O2O的餐饮模式

在这种模式下，企业能够根据用户需求并利用 LBS，搜索附近或指定区域内的餐厅，然后推送符合搜索条件的餐厅，对其进行精准营销。利用 LBS，用户不仅可以了解餐厅的基本信息，还能查看餐厅的口碑和评价，选择优质餐厅，并根据菜单订餐，然后通过移动支付功能完成付款。整个交易流程都可以在订餐平台上完成，大大提升了用户的餐饮体验。例如，图 4-22 所示为在美团上订餐。

图 4-22　在美团上订餐

2．LBS+O2O的商店模式

这种模式主要是利用 LBS 向超市、便利店附近的用户推送超市或便利店的销售信息，如发送新品信息、打折信息、优惠券等，用户可以凭借收到的优惠信息到门店享受相关优惠，从而实现线上销售、线下送货或自提。例如，图 4-23 所示为使用京东到家订购附近鲜花店的鲜花。

3．LBS+O2O的交通模式

在这种模式下，用户可以利用打车应用和平台，发送自己的打车请求，应用和平台则会利用 LBS 定位用户位置，并通知附近的车主，车主通过应用和平台查看用户的位置，接单前往用户所在地，提供接送服务。例如，图 4-24 所示为 T3 出行的打车界面。

图 4-23　在京东到家上订花

图 4-24　T3 出行的打车界面

（三）LBS+ 广告模式

LBS+ 广告模式是企业和 LBS 平台合作，向特定区域内的用户推送广告的一种模式。根据应用方式的不同，LBS+ 广告模式可以细分为地理感知广告推送、地理围栏广告推送和位置图谱广告推送 3 种模式。

1．地理感知广告推送

地理感知广告推送指根据用户地理位置的动态调整，确定用户与目的地之间的距离，并投放特定广告信息给用户的一种广告模式。例如，华为推出的“华为广告”服务就是利用地理定位功能，根据用户的实际位置显示其附近相应的广告内容，从而有效提高用户对广告的关注度和点击率。

2．地理围栏广告推送

地理围栏广告推送指向某个特定地域（如一个城市、地区或特定购物场所）的用户推送广告的一种广告模式。当用户处于该区域时，便会通过移动终端接收相应的广告信息。

3．位置图谱广告推送

位置图谱广告推送指对某个特定区域内具有某些共同特征的用户推送广告的一种广告模式，如针对区域内具有相同消费偏好的用户或某个年龄段的用户推送广告等。位置图谱广告推送可以提高广告推送的精准度。

任务九　大数据营销

大数据营销是通过互联网采集大量用户行为数据，帮助企业找出目标用户，并以此为基础预判与调整广告投放的内容、时间、形式等，从而实现广告精准投放的一种营销方法。

一、大数据营销的运营方式

大数据营销的开展得益于数据。企业在开展营销活动时，由于获取用户数据方式的不同，因而形成了不同的大数据运营方式。

1．自建平台运营方式

自建平台运营方式指企业构建自己的大数据平台，从企业集中管理的数据中获取用户信息，通过精准的营销策略实施大数据营销，与目标用户建立信任关系，从而提高用户忠诚度，为企业创造长期的商业价值。

2．数据租赁运营方式

数据租赁运营方式指企业以租赁付费的方式，通过专业的大数据营销平台及其提供的潜在目标用户数据，向潜在目标用户精准投放企业广告的运营方式。这种方式的目的是增加企业的曝光度，引起目标用户对企业的关注，为建立企业与用户的关系、数据挖掘与分析、品牌推广等市场营销行为提供基础。

3．数据购买运营方式

数据购买运营方式指企业在符合法律规范的前提下，向大数据营销平台购买潜在目标用户数据，然后通过自建平台实施大数据营销的运营方式。这种运营方式一般是和自建平台运营方式配合使用，以达到企业期望的营销效果。数据购买运营方式比数据租赁运营方式更加灵活，当企业通过自身平台无法获取足够的数据或者需要更为丰富的数据时，就可采用这种方式。

二、大数据营销的关键要素

大数据营销并非一个停留在概念上的名词，而是一个可以通过大量运算实现的营销方法。大数据营销能够依托多个平台采集的用户数据，以及大数据技术的分析与预测能力，使营销更加精准有效，为企业带来更高的投资回报率。

（一）用户画像

用户画像是大数据营销中至关重要的要素，它是基于用户的社会属性、生活习惯、消费行为等多维度信息数据，结合数据分析和挖掘技术，将用户群体细分为具有共同特征或需求的标签化用户模型。构建用户画像一般需要经过 3 个步骤：采集和分析数据、提炼用户标签和生成用户画像。

1．采集和分析数据

数据是构建和生成用户画像的核心依据，只有建立在客观数据基础上的用户画像才是真实可靠的。一般来说，构建用户画像需要采集和分析的数据包括用户的基本属性数据（如年龄、性别、地域等）、行为数据（如访问频率、停留时长等）、交易数据（如购买频次、客单价）等。

2．提炼用户标签

用户标签是构建用户画像的关键。用户标签也称数据点，即利用若干个关键词来描述用户的基本特征，是对用户信息高度精练的特征标识。一般情况下，用户标签越精准，其对应覆盖的人数则越少。在具体操作时，可以将统计结果中的用户重要特征提炼出来，将其作为用户标签。常见的用户标签主要有 3 类，具体如表 4-1 所示。

表 4-1　常见的用户标签

标签类别		用户标签
固定属性标签（表明用户是谁）	个人基本属性	年龄、性别、学历、身高、体重、健康状况、收入水平、婚恋状况
	生活 / 社会属性	职业 / 行业、社会角色、居住城市、出行方式、就餐方式
	兴趣偏好	旅行、音乐、影视、体育、美食、书籍等
	消费偏好	价格 / 价位偏好、品牌偏好、购买决策时长、购买渠道等
	行为信息	点击、浏览、收藏、点赞、评论、转发、加购、购买等
路径标签（表明用户在哪里）		常用的媒体平台、常访问的网站、常用的购物平台、关注的媒体账号等
场景标签（表明用户在做什么）		上下班、聚会、午休、下午茶、通勤等

3．生成用户画像

生成用户画像其实就是将多个用户标签汇聚到一起，并通过图表、图片等使其可视化呈现。简单来说，用户画像 = 固定属性标签 + 路径标签 + 场景标签。例如，某相机品牌在提炼用户标签后，使用标签生成用户画像，如表 4-2 所示。

表 4-2　某相机品牌生成的用户画像

标签类别	用户标签
固定属性标签	以 25 ～ 40 岁的用户为主，生活在一、二线城市的用户占比高，月收入在 1 万元以上的用户占多数，喜欢滤镜多样且轻便的产品
路径标签	喜欢通过观看直播购买产品
场景标签	外出旅行时用于记录旅途见闻

（二）预测分析

利用大数据，企业可以预测用户的某些行为。例如，企业可依据用户交易数据预测用户下一次购买行为。预测能力能够让企业专注于一小部分用户，而这一小部分用户能代表特定产品的大多数潜在用户。大数据营销的预测能力与决策价值紧密相关。与被动接收和观察数据不同，预测注重分析的是用户下一次购买的时间和用户的终身价值。企业收集关于用户行为的海量数据，建立模型并分析数据之间的相关性，就能够对用户未来的购买行为做出预测。当然，这些数据是海量的，超出了传统的数据库管理工具的功能范围，因此企业必须用到大数据存储、分析和可视化技术（如云计算），才能挖掘数据中潜在的巨大商业价值。

（三）精准推荐

大数据最大的价值不是事后分析，而是预测和推荐，精准推荐是大数据的核心功能。例如，在个性化推荐机制方面，大多数服装订购网站采用的是用户提交身材比例、风格数据，再由客服进行人工推荐的模式，而某服装订购网站结合机器算法进行推荐，通过分析用户提供的身材比例等数据，结合销售记录，挖掘用户专属的服装推荐模型。

数据整合改变企业的营销方式，从海量业务的广播式推送，过渡到以用户体验为中心的精准推荐。借助精准推荐功能，企业在注重用户体验的同时，还可达到良好的营销效果，并且可全程跟踪营销过程，以实时调整和优化营销策略。

三、大数据精准营销策略

按照大数据精准营销要求，企业如果能够有效利用手中的大量大数据资源，就要在精准定位和数据分析的基础上，深入挖掘市场潜力，制订合理的营销策略，为用户提供更加个性化、差异化、精准化的服务。大数据精准营销策略主要表现在以下 4 个方面。

（一）广告投放

在大数据营销思维的指导下，企业已然改变了其广告投放策略，依托大数据技术的精准导向，可以实现广告与目标用户的精确对接。例如，就网络广告而言，企业如今能够智能地为用户推送定制化的广告信息。这一过程不仅涵盖个性化内容分发，更重要的是，借助数据追踪技术，企业能详尽掌握用户的行为数据，如观看频次、访问渠道及对广告的反馈。

（二）精准推广

根据用户画像和行为模式，企业可以为其定制个性化的营销内容，提高内容的相关性和吸引力；利用推荐系统，企业可以自动向用户推送其可能感兴趣的产品或服务，提升转化率和用户满意度。例如，云南白药牙膏官方旗舰店在淘宝上开业，为了让更多用户知晓，其利用阿里巴巴的大数据技术收集和分析淘宝用户的搜索、浏览、点击、购买和分享等行为，了解淘宝用户的使用习惯和偏好，并结合云南白药的特点，策划营销互动活动。在短短几天内，该活动就吸引了成千上万名用户参与，迅速提升了网店的订阅人数和流量。

（三）制订智能化的价格体系

为精准捕捉市场动态和用户偏好，企业可以借助大数据技术搭建一个跨系统的大数据营销平台。这个平台能够迅速、全面、准确地收集各类数据，包括不同用户的需求、来自不同渠道的信息等。通过对这些数据的深入分析，企业能够洞察用户的偏好，预测他们对产品或服务价格段的反应。在价格策略的制订过程中，企业应充分考虑不同阶段的特定因素，如支付方式、价格结构、付款期限等，并灵活调整以适应市场变化。同时，随着存货地点、覆盖区域及运输方式的调整，价格、销售激励政策、广告投放策略及公共关系策略也应进行相应变动。企业应当充分利用大数据技术来解析用户行为，深入理解用户需求，并据此高效分析信息，做出精准预测。这不仅有助于企业不断调整产品功能方向，验证产品的商业价值，还能帮助企业构建一套科学、智能且灵活的价格体系，以确保企业在激烈的市场竞争中保持竞争优势。

（四）用户关系管理

在大数据时代，良好的用户关系为企业洞察用户数据提供了基础。因此，企业应强化用户关系管理、发掘有效资源。面对繁杂的用户信息，企业除了按照地域、行业、购买能力等因素划分用户类别，还应当深入分析销售数据，精准识别最大影响因素，对用户进行精细化分类。企业可以基于这些分类，制订更有针对性的营销策略，从而持续优化用户关系。

职业素养

有的企业为了获得更多用户数据，可能会诱导用户授权，过度采集数据，导致用户在企业面前是完全“透明”的，毫无隐私可言。企业在开展大数据营销时，不仅应当确保大数据技术（包括其他新兴技术）

的使用合法，还应当保障用户的知情权，要在用户知情授权的情况下进行数据采集，同时做好对用户个人信息的保护。

课堂实训

实训一 为优士惠设计口碑营销方案

在李巧看来，口碑营销不仅可以传播产品信息，还能为优士惠塑造积极、正面的品牌形象。因此，李巧准备为优士惠设计一套口碑营销方案。

1．实训要求

（1）设计完整的口碑营销方案。

（2）按照口碑营销的步骤进行设计。

2．实训步骤

（1）树立口碑。开展口碑营销的第一步就是树立口碑，可以将优士惠打造的热门产品作为突破口来打造经验性口碑。例如，邀请已购买产品的用户在小红书、淘宝等分享使用体验，或与知名时尚达人合作，让其试用产品并分享正面的使用体验，从而进一步增加品牌曝光度。

（2）传播口碑。一方面，多平台宣传用户的良好评价，如在产品详情页展示用户好评；另一方面，鼓励用户创作内容和参与营销，如在微博、抖音、小红书等开展与热门产品相关的创意比赛、话题活动等，鼓励用户根据活动创作内容，并将其发布到多个平台，形成广泛讨论。

（3）维护口碑。建立一套完善的口碑管理机制，包括用户评价管理和危机应对措施等，以确保用户的声音能够被听到并得到妥善处理。例如，就用户评价管理而言，可以在大肚杯、挂脖风扇、带灯化妆镜、卡通气囊梳等的产品详情页突出用户好评；在活动专区中将点赞数量多的优秀内容置顶。就危机应对措施而言，先针对可能影响口碑的问题（如产品质量方面、价格方面、售后服务方面、代言人方面等）设置危机预案，一旦出现危机，立即启动预案，争取挽回口碑。

（4）写作口碑营销方案。根据优士惠的相关信息，结合口碑营销步骤写作具体的口碑营销方案，图4-25所示为方案示例效果。

一、背景与目标

面对日益激烈的市场竞争及模仿者带来的挑战，优士惠需强化品牌形象，维护并提升其市场地位。本口碑营销方案旨在通过精心策划的口碑营销活动，提升品牌认知度，塑造积极的品牌形象，增强用户黏性，最终实现市场份额的稳定增长。

二、口碑营销策略

1. 树立口碑——打造体验式传播

（1）达人合作：精选与品牌调性相符的时尚、美妆、生活领域的知名达人，赠送产品并邀请他们分享真实使用体验，通过他们的社交账号（如小红书、微博、抖音等）传播，利用其粉丝基础快速扩大品牌影响力。

（2）用户见证计划：鼓励已购用户在社交媒体平台（小红书、淘宝、京东等）发布图文或视频分享，讲述产品如何改善他们的日常生活。设立"#优士惠好物分享#"等专属话题标签，便于追踪和聚合内容。

（3）产品体验活动：在线下商场或大学校园举办体验活动，让用户亲身体验大肚杯、挂脖风扇等产品的独特之处，同时鼓励现场参与者在网上分享体验心得。

2. 传播口碑——多渠道推广

（1）用户评价集成：在官方网站及电商平台上显著位置展示用户好评，设置"热销推荐"板块，集中展示好评产品及用户故事。

（2）用户原创内容大赛：在微博、抖音、小红书等平台举办创意内容大赛，如"我的优士惠日常"主题视频挑战赛，设定奖项激励用户创作与品牌相关的内容，增加互动性和参与感。

3. 维护口碑——建立管理体系

（1）用户反馈机制：建立一个便捷的用户反馈渠道，如社交媒体私信，确保用户声音能被及时收集和响应。

（2）好评激励：对于发布优质内容的用户，提供小礼品、优惠券等作为奖励，鼓励更多正向口碑的产生。

（3）危机公关准备：制订详尽的危机应对计划，包括负面评论的快速响应流程、问题产品召回机制、公关声明模板等，确保任何负面影响都能被迅速识别并有效管理。

图4-25 方案示例效果

实训二 使用创客贴制作端午节有关的开屏广告

端午节临近，端午节相关话题的热度正逐渐升高。李巧认为，在端午节期间开展网络广告营销，不仅可以有效提升优士惠的知名度，还可以直接促进产品的销售。于是，她紧锣密鼓地为优士惠设计了一套网络广告营销方案。赵磊看后表示赞同，立即让李巧试着制作优士惠制作方案中提出的开屏广告。

1. 实训要求

（1）使用创客贴提供的模板制作开屏广告。

（2）开屏广告中要体现端午节和产品的有关元素。

2. 实训步骤

使用创客贴制作端午节有关的开屏广告

（1）进入创客贴官网，注册并登录账号后，单击页面左侧的“模板中心”选项卡，在打开页面上方的搜索框中输入“端午”，然后单击“搜索”按钮。

（2）在搜索结果页面的“场景”栏中单击“手机海报”超链接，然后在下方的热门推荐中选择图4-26所示的模板选项。

图4-26 选择模板

（3）进入制作页面，打开“字体风险提示”对话框，提示模板中存在已下架字体或建议更换字体，单击“立即更换”按钮更换创客贴推荐的字体（也可以单击“以后再说”按钮，再自行挑选无版权且与海报风格合适的字体）。

（4）单击选中海报左上方的Logo，再单击页面上方的“换图”按钮。打开“打开”对话框，在其中选择“优士惠 Logo.png”素材图片（配套资源:\素材文件\项目四\优士惠 Logo.png），单击“打开”按钮，如图4-27所示，然后拖动Logo下方的控制点，适当放大Logo。

（5）单击选中Logo下方的竹叶素材，拖动右下角的控制点，适当将其放大，并向左将其移动到合适位置。

（6）单击选中“佳节”文本框，将其中的文本修改为“安康”，然后将海报最下方的“临夏绿意浓 · 粽情山水间”文本修改为“逢好时 · 用优士惠”，效果如图4-28所示。

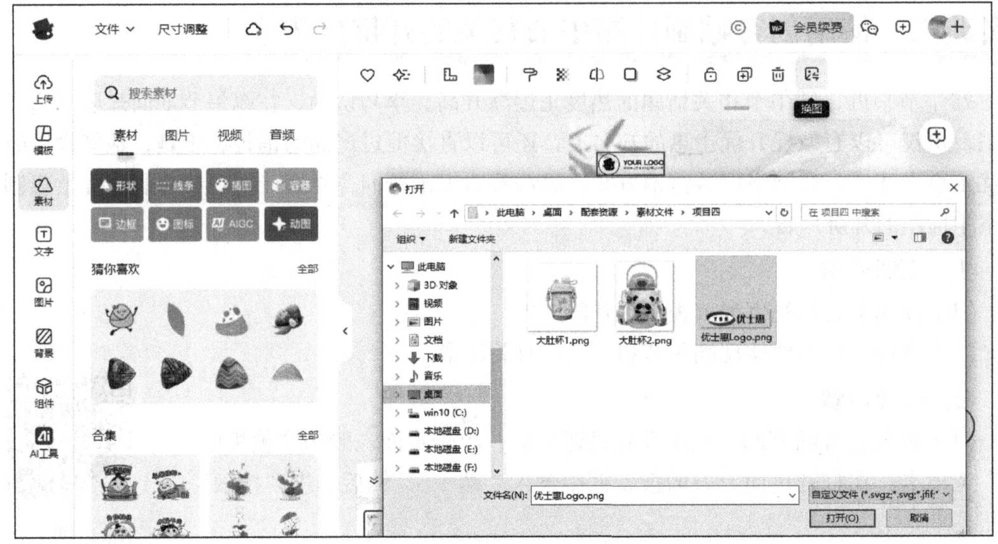

图 4-27　更换 Logo

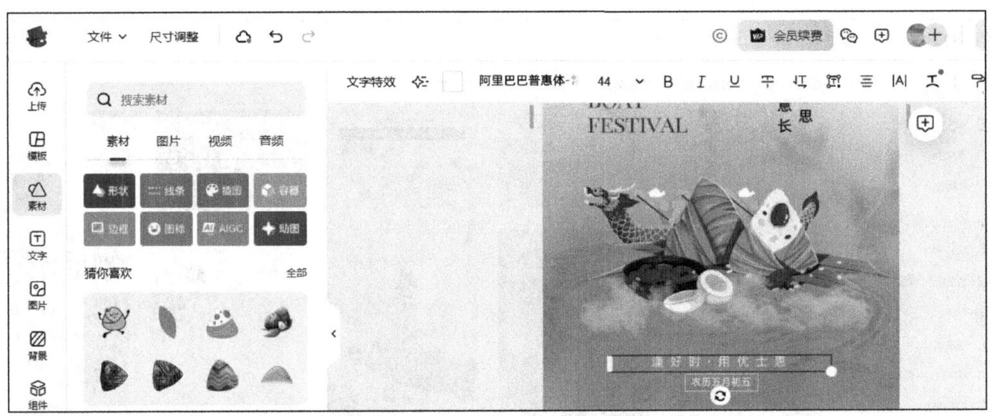

图 4-28　修改文本

（7）单击选中海报中间的粽子素材图片，单击页面上方的“换图”按钮，打开“打开”对话框，选择“大肚杯 1.png”素材图片（配套资源:\素材文件\项目四\大肚杯 1.png），再按相同的方法将龙舟素材图片更换为“大肚杯 2.png”素材图片（配套资源:\素材文件\项目四\大肚杯 2.png）。然后利用素材图片四周的控制点和下方的“旋转”按钮，调整大肚杯素材图片的尺寸大小和角度，并将其移动到合适位置，效果如图 4-29 所示。

（8）单击页面左侧的“素材”选项卡，在右侧列表的搜索框中输入“粽叶”，然后在搜索结果中挑选与海报色调相似的粽叶素材。选好后，单击两次素材，添加两张粽叶到海报中，然后利用其四周的控制点和“旋转”按钮调整尺寸大小和角度，再在其上单击鼠标右键，将其移动到大肚杯的下方，效果如图 4-30 所示。

（9）单击海报右下方的“尺寸调整”按钮，打开“调整全部画板尺寸”对话框，选择“自定义尺寸”选项，将下方的“1242”“2208”，分别改为“1080”“1920”（开屏广告的常见尺寸有两种比例，一种是 2 ∶ 3，多用尺寸为 640px × 960px、1280px × 1920px；另一种是 9 ∶ 16，多用尺寸为 720px × 1280px、1080px × 1920px。此处制作尺寸为 1080px × 1920px 的开屏广告），然后单击“调整尺寸”按钮，如图 4-31 所示。

图 4-29 更换素材图片

图 4-30 添加粽叶素材

图 4-31 调整尺寸

（10）返回制作页面，单击页面右上角的“下载”按钮，打开“下载作品”对话框（见图 4-32），保持默认设置，然后继续单击“下载”按钮下载作品（配套资源:\效果文件\项目四\开屏广告 .png），制作好的页面效果如图 4-33 所示。

图 4-32 下载作品

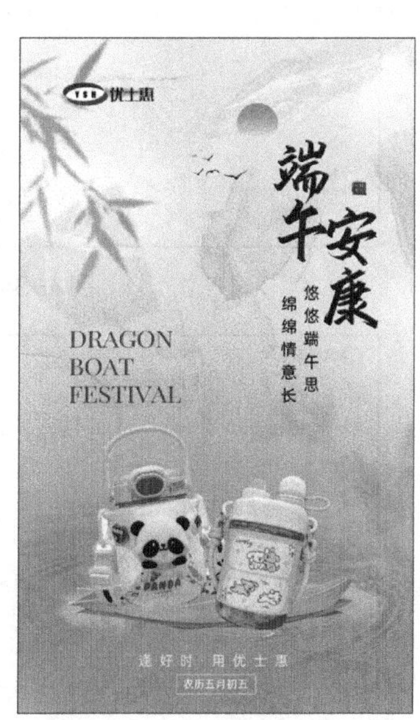

图 4-33 制作好的页面效果

实训三　利用智谱清言生成场景化营销和事件营销创意

在李巧看来，仅开展口碑营销和网络广告营销还远远不够。优士惠作为生活用品品牌，通过构建与用户日常生活紧密相关的场景，将产品融入其中，能让用户更直观地感受产品的使用场景和价值。另外，通过参与或策划相关事件，也可以吸引更多潜在用户的目光，从而提高品牌曝光度。于是，李巧准备再为优士惠设计一套场景化营销和事件营销方案。为提高工作效率，促进灵感迸发，她准备利用 AIGC 写作工具——智谱清言来辅助生成创意。

1．实训要求

（1）利用智谱清言生成场景化营销创意。

（2）利用智谱清言生成事件营销创意。

2．实训步骤

（1）进入智谱清言官网。进入对话页面后，在对话框中输入写作指令。写作指令的内容包括写作背景、写作角色和写作要求等。

（2）智谱清言将根据写作指令生成营销方案，如图 4-34 所示。仔细阅读其生成的内容，并判断内容的可用性。如果内容可用，单击“复制”按钮将内容复制到 Word 文档中；如果内容不可用，则继续在对话框中输入写作要求。例如，联系实训二可知端午节临近，那么通过围绕端午节来开展事件营销，就可以借势节日热点来提升营销热度。因此，可以向智谱清言提出“端午节临近，你准备围绕端午节来开展事件营销，请列出你的营销创意”的写作要求，如图 4-35 所示。

图 4-34　智谱清言根据写作指令生成的内容

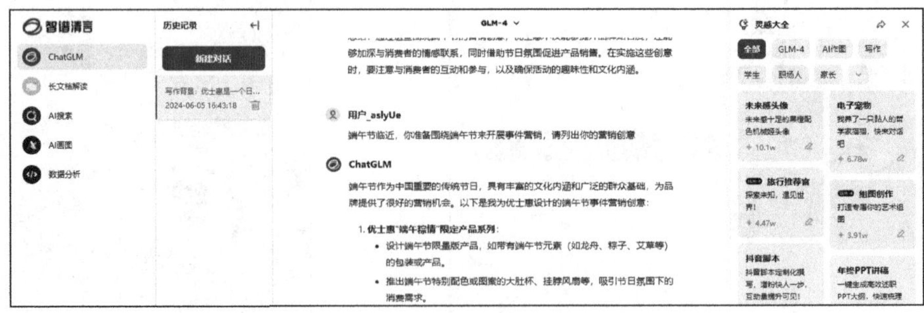

图 4-35　继续输入写作要求

（3）将决定采用的营销创意复制到 Word 文档中，再优化其中的细节和字词。

课后习题

1. 利普达科技的智能家居产品质量过硬、技术先进，因而很快便积累了一批忠实用户，并开设了线下门店。近期，利普达科技推出了一款智能门锁，旨在解决用户忘带钥匙或丢失钥匙的烦恼，通过指纹识别和密码解锁，为用户提供安全、方便的出入方式。利普达科技计划围绕智能门锁开展事件营销，以吸引更多的潜在用户、提高智能门锁销量。恰好此时某知名博主因为外出拿外卖未带钥匙而被狗关在门外的事件登上热搜。请结合相关资料，为其设计事件营销方案。

2. 图 4-36 所示为猫粮品牌麦利达推出的新款猫粮产品图，产品详细信息如下。

图 4-36 新款猫粮产品图

- 严选优质的鸡肝、鸡肉、鸭肉、牛肉等肉类，精选苹果、蔓越莓、海带等果蔬，富含≥30%粗蛋白质。
- 添加羊奶粉、蛋黄粉、卵磷脂、鱼油等，不仅可以促进猫咪肠胃健康，还能呵护猫咪毛发。
- 原料和添加剂的实际投料量透明公开。
- 有多家机构的检测报告。

请在阅读相关信息后，完成以下要求。

（1）围绕新款猫粮产品写作一篇营销软文。

（2）利用创客贴为该品牌设计中秋节主题的营销广告。

（3）利用文心一言为品牌生成场景化营销和病毒营销创意。

PART 05

项目五 搜索引擎营销

学习目标

- 掌握搜索引擎营销的特点、实现过程和营销方式。
- 掌握关键词的选择与优化方法。
- 掌握搜索引擎竞价推广的排名原理、步骤和策略。

能力目标

- 能够根据搜索引擎营销的需要选择合适的关键词。
- 能够在搜索引擎中开展竞价推广。

素养目标

- 遵守法律法规、平台规范，坚持依法合规经营。
- 培养创新意识，加强理论与实践的联系。

情境导读

汇思装饰是一家专注于装修、建材和家居的公司，业务涉及装修设计、房屋装修、装修建材供应、家居产品销售等多个领域，这些业务均在其官网上可查询。李巧的室友——王敏敏自实习以来，就在汇思装饰担任行政专员。近期，王敏敏向李巧咨询其所在公司是否有承接搜索引擎营销项目的意向。得知此消息后，赵磊认为这是一个拓展业务和锻炼李巧的好机会，于是随即接下该项目并指派李巧负责，让其为汇思装饰定制一套搜索引擎营销策略并落实执行。

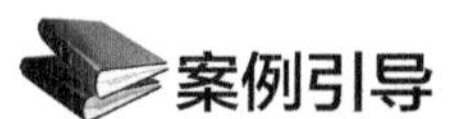

案例引导

利用搜索引擎营销撬动业务增长

2024年，小红书商业化团队发布了《2024小红书搜索推广白皮书》（以下简称《白皮书》）。《白皮书》中提到，随着小红书成为“国民生活指南”，平台内的搜索量级也在稳步攀升。截至2022年年底，小红书70%的月活跃用户存在搜索行为，其中88%的搜索行为为用户主动发起，90%的用户表示消费决策会被小红书的搜索结果影响，更有高达42%的新用户在第一天使用小红书时就使用了搜索功能。因此，小红书搜索逐渐成为企业未来开展小红书营销的重点布局方向。

事实上，虽然小红书的搜索营销展现了社会化媒体平台特有的属性和机制，但其背后的逻辑仍深深植根于搜索引擎营销的土壤之中。搜索引擎营销作为网络营销的重要组成部分，其核心始终是如何有效利用用户的搜索行为，通过优化内容和投放策略，使品牌或产品在搜索结果中获得更高的可见度，进而驱动用户互动与转化。根据中国互联网络信息中心（CNNIC）发布的《第55次中国互联网络发展状况统计报告》显示，截至2024年12月，我国搜索引擎用户规模达8.78亿人，较2023年12月增长5112万人，占网民整体的79.2%。由此可以看出，搜索引擎营销的潜力仍然巨大。各大企业在推广产品或服务、扩大品牌影响力时，往往会借助搜索引擎这一利器，以期迅速提升产品、服务或品牌在搜索结果中的曝光度，实现高效的转化。图5-1所示为荣耀在百度、360搜索中针对“智能手环”关键词开展的搜索引擎营销。搜索引擎营销作为一种成本低、效率高、可量化、可控制的营销手段，可以帮助企业提高知名度、吸引目标用户、增加销售额、提升市场份额等。

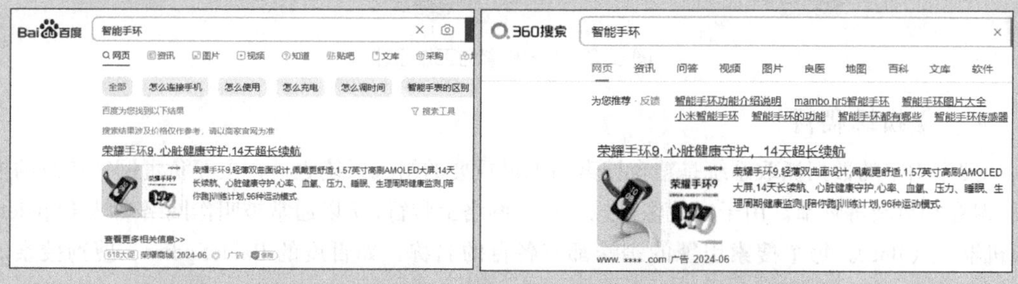

图5-1 荣耀在百度、360搜索中开展的搜索引擎营销

当前，随着技术的进步和用户行为的演变，搜索引擎营销也在发生着变化。在这样的背景下，企业不仅需要关注搜索引擎的排名优化和广告投放，还需要进一步掌握营销方式，如内容营销等，从而激发用户的搜索意愿，进而引导其完成从信息搜索到消费决策的全过程。

思考

（1）小红书搜索营销与搜索引擎营销有什么相同之处？

（2）未来的搜索引擎营销可能会呈现哪些发展趋势？

任务一 认识搜索引擎营销

搜索引擎是一种自动从网络中搜集信息，并在经过一定整理和排序后，再提供给用户进行查询的系统。搜索引擎营销的实质是利用用户对搜索引擎的使用习惯进行信息检索，然后将符合其需求的信息展示给用户，从而达到营销的效果。

一、认识搜索引擎

搜索引擎犹如一个巨大的互联网信息图书馆，能够自动地收集、整理和分类互联网上的海量信息，以便用户查询。目前，我国主要的搜索引擎包括百度、360 搜索和搜狗搜索等。图 5-2 所示为搜索引擎的工作原理，主要涉及蜘蛛爬行、抓取建库、网页处理、检索服务和结果展现 5 个方面的工作。

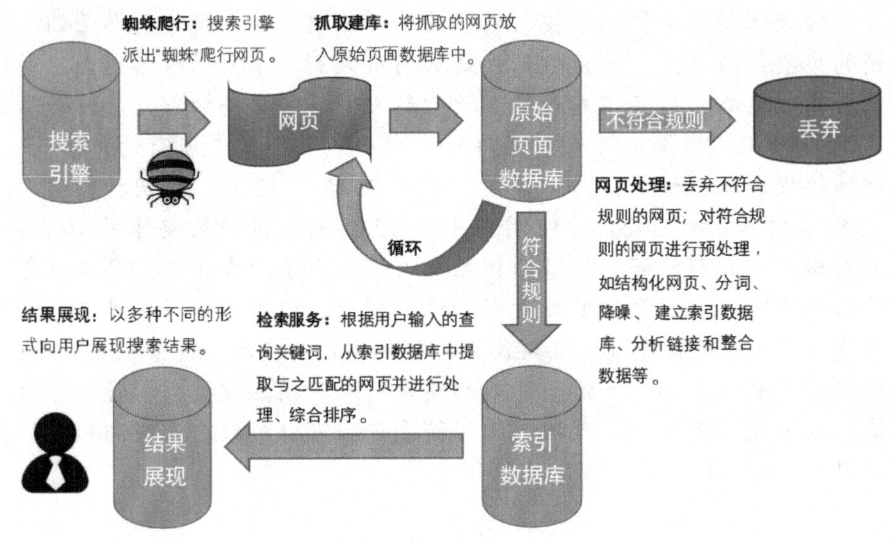

图 5-2 搜索引擎的工作原理

（一）蜘蛛爬行

搜索引擎的数据抓取系统是整个搜索引擎最重要的组成系统之一，主要负责网络信息的搜集、保存和更新等环节。由于它就像蜘蛛一样在网络上爬行，所以通常被叫作网络蜘蛛（Spider）或机器人（Bot）。每个搜索引擎的蜘蛛都有各自的名称，如百度的 BaiduSpdier、搜狗搜索的 Sogou Web Spider 等。

搜索引擎在抓取网页时会同时运行多个蜘蛛程序，从一些重要的种子网址开始，通过网页上的超链接，不断发现新的网址并抓取，然后不断重复这个过程，尽最大的可能抓取更多网页。由于网络中每时每刻都存在网页被修改、删除或出现新的超链接的可能，因此对百度这类大型搜索引擎来说，还需要不断地更新过去抓取过的网页。

（二）抓取建库

网络蜘蛛在经过一段较长时间的爬行后，就可以爬行完网络上的所有网站，但这些网站资源极其庞大，而且其中还夹杂着大量的无用网站，再加上搜索引擎的资源有限，所以通常网络蜘蛛只会抓取其中的部分网页放到数据库中。网络蜘蛛到达一个网页后，会先检测其内容，判断其中的信息是否为无用信息，如大量的重复内容、乱码或与已收录的内容高度重复等。检测通过后，搜索引擎会收录有价值的网页，并将网页信息存储到数据库中。

（三）网页处理

网络蜘蛛抓取到网页数据后，由于数据量过于庞大，是不能直接进行索引服务的，还要做大量的网页处理工作，如结构化网页、分词、降噪去重、建立索引数据库、链接分析和数据整合等。

（四）检索服务

搜索引擎在建好索引数据库后，就可以为用户提供检索服务了。当用户输入一个关键词后，搜索引擎会首先处理该关键词，将其过滤和拆分，然后将索引数据库中与之匹配的网页提取出来，再根据网页不同维度的得分对其进行综合排序，接着通过收集用户搜索数据优化排序结果，最后呈现搜索结果。

（五）结果展现

一个网页会在经历层层筛选之后，最终展现在用户面前。目前，搜索引擎结果展现的形式是多种多样的，如摘要式、图片式、视频式、软件下载式、步骤式和新闻资讯式等。

（1）摘要式。这是比较原始的展现形式，只显示一个标题、两行摘要、一个链接，如图 5-3 所示。

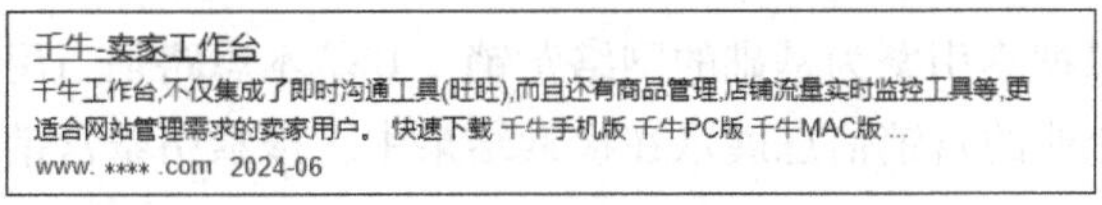

千牛-卖家工作台
千牛工作台,不仅集成了即时沟通工具(旺旺),而且还有商品管理,店铺流量实时监控工具等,更适合网站管理需求的卖家用户。 快速下载 千牛手机版 千牛PC版 千牛MAC版 ...
www. **** .com 2024-06

图 5-3 摘要式

（2）图片式。这表现为在摘要式的基础上显示一张图片，如图 5-4 所示。

千牛_百度百科
千牛-卖家工作台。阿里巴巴集团官方出品，淘宝卖家、天猫商家均可使用。包含卖家工作台、消息中心、阿里旺旺、量子恒道、订单管理、商品管理等主要功能，目前有两个版本：电脑版和手机版。
简介 作用

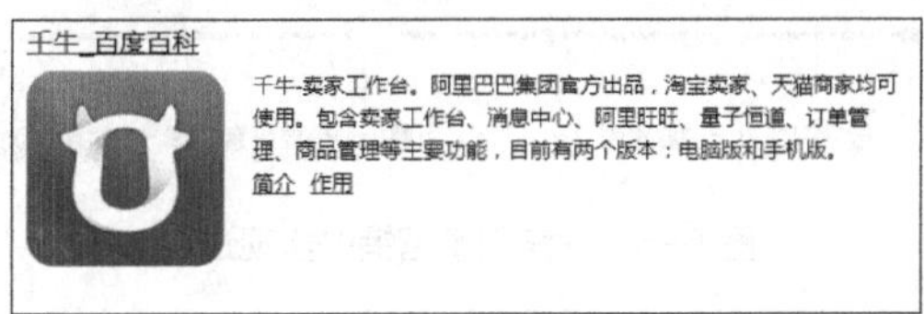

图 5-4 图片式

（3）视频式。用于显示包含视频播放的网页，会在摘要式的基础上显示一张视频缩略图及视频的时长等信息。

（4）软件下载式。用于显示提供软件下载的网页。除了标题的链接，还会显示软件的图标、版本、大小、更新时间、运行环境等信息，以及“立即下载”按钮。

（5）步骤式。主要用于显示各种操作步骤的网页，会显示多张缩略图及文字式的简略步骤。

（6）新闻资讯式。会显示多条新闻的标题、发布网站及其发布时间，并显示第一条新闻的摘要。

二、搜索引擎营销的特点

一般来说，搜索引擎营销的目的是以较小的投入获得较多的访问量，并将访问量转化为商业价值。用户在检索信息时所使用的关键词反映了用户对产品的关注点，这也是搜索引擎被应用于网络营销的根本原因。与其他营销方式一样，搜索引擎营销具有非常广泛的用户基础，可以为企业带来很多新用户。搜索引擎营销主要具备以下特点。

（一）以企业网络营销信息为基础

企业网络营销信息包括内部信息和外部信息。两者都可以利用搜索引擎实现信息传递，前提是信息发布的网站具有良好的网站优化基础。因此，无论是通过企业官方网站、关联网站，还是第三方平台发布信息，都要求信息发布平台具有搜索引擎优化基础。

（二）传递的信息只发挥向导作用

搜索引擎检索的是网页信息的索引，一般是某个网站或网页的简要介绍，或者是搜索引擎自动抓取的少量内容，因此搜索结果只能发挥向导作用。企业在进行搜索引擎营销时，要思考该如何将有吸引力的索引内容展现给用户、如何通过简单的索引内容吸引用户点击并进入相关网页，以及如何给用户提供所期望的信息等问题。

（三）精准性较高

借助搜索引擎，企业可以准确地分析用户行为，并实现精准定位。如果搜索结果页面中的关键词广告与用户检索关键词高度相关，营销效果就会大大增强。

三、搜索引擎营销的实现过程

搜索引擎营销是以搜索引擎为基础的网络营销，其基本思路是当用户使用搜索引擎检索信息时，搜索引擎会将企业的营销信息展示在检索结果中。搜索引擎营销的实现过程主要包括图5-5所示的6个阶段。

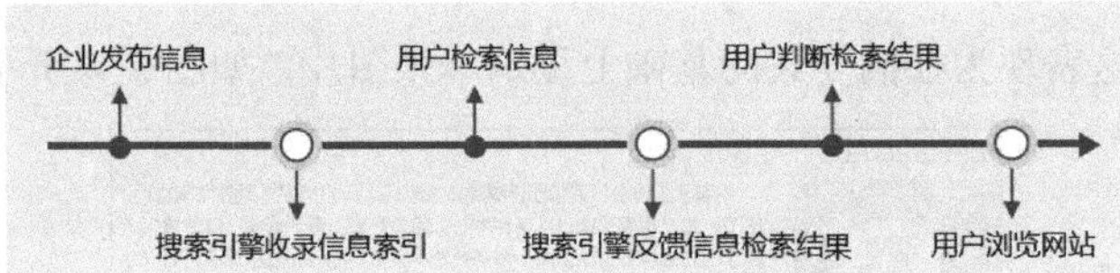

图5-5　搜索引擎营销的实现过程

（1）企业发布信息。企业将信息发布在网站上，该信息成为以网页形式存在的信息源。

（2）搜索引擎收录信息索引。搜索引擎将网站或网页信息收录到索引数据库中。

（3）用户检索信息。用户利用关键词检索，对分类目录逐级进行目录查询。

（4）搜索引擎反馈信息检索结果。搜索引擎在用户的检索结果中罗列相关索引信息及链接URL（Uniform Resource Locator，统一资源定位器）。

（5）用户判断检索结果。用户对检索结果进行判断，包括检索结果的相关性、准确性等。

（6）用户浏览网站。用户选择有兴趣的信息并单击链接URL进入信息源所在网页。受网页吸引，用户继续浏览网页所属网站，或跳转至网页信息相关网站，如企业官方网站、第三方平台等，实现访问量转化。

专家指导

URL是用户在浏览器地址栏中输入的网页网址，互联网上的每个文件都有唯一的URL。

四、搜索引擎营销的方式

搜索引擎营销的基本思路是让用户发现信息，并通过点击或单击的方式进入网页，进一步了解网页详情。目前，搜索引擎营销的常用方式是搜索引擎竞价和搜索引擎优化。

（一）搜索引擎竞价

搜索引擎竞价指需推广的网站通过竞价付费的形式被搜索引擎收录，从而获得靠前的排名。搜索引擎一般会利用关键词进行竞价，参与竞价的企业为自己的网站购买相关产品或服务的关键词，从而让广告展现在搜索引擎的搜索结果页面中。搜索引擎广告按效果付费，也就是按用户点击 / 单击次数付费，仅展现则不需要付费。一般来说，付费越多，获得的排名可能就越靠前。为保持靠前的排名，企业可以根据实际竞价情况调整用户每次点击 / 单击的出价，控制竞价关键词在特定关键词搜索结果中的排名。

企业在购买关键词投放竞价广告后，用户通过搜索引擎输入关键词搜索，搜索结果页面将显示竞价广告。例如，在百度中搜索关键词“家装”，排在前面且带有“广告”字样的几项搜索结果所在的企业就参与了搜索引擎竞价，如图 5-6 所示。

图 5-6 搜索引擎竞价

（二）搜索引擎优化

搜索引擎优化就是对网站进行优化设计，使网站信息在自然搜索结果中靠前显示。搜索引擎优化作为一种免费营销方式，在搜索引擎营销中发挥着重要作用。搜索引擎优化涉及的内容较多，主要包括网站结构优化、网站页面优化、网站链接优化等。

1. 网站结构优化

网站结构指网站文件夹及文件所存储的真实位置所表现的结构，一个结构良好的网站，既便于用户获取所需信息，也便于搜索引擎抓取网站数据。网站结构包含扁平网站结构和树形网站结构两种。

（1）扁平网站结构。扁平网站结构指网站的所有网页文件都保存在网站根目录的结构，如图 5-7 所示。用户只需要访问一次就能浏览这种结构的网站中的所有网页，这种结构有利于用户检索信息和提升网站排名。通常情况下，扁平网站结构适用于较为简单的小型网站。由于大型网站的网页数量较多，若大量网页文件都保存在网站根目录下，就会增加整个网站的组织、查找和维护难度。

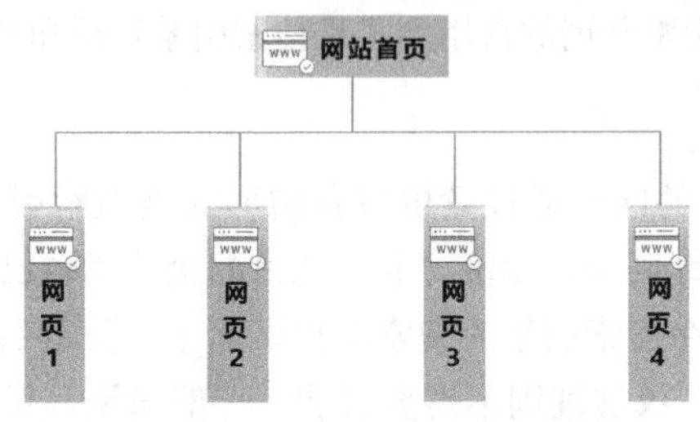

图 5-7 扁平网站结构

（2）树形网站结构。树形网站结构指将网站中的网页文件按照类别及从属关系保存到不同文件夹和子文件夹中的结构，如图 5-8 所示。树形网站结构层次清晰、识别度高，便于管理和维护，适用于内容类别多、内容量大的综合性网站。

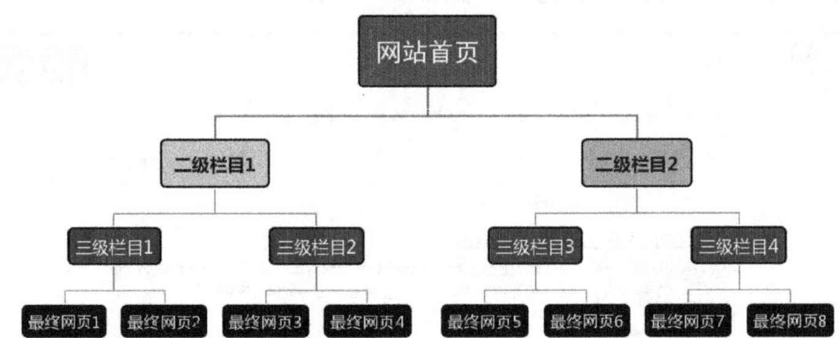

图 5-8 树形网站结构

2. 网站页面优化

网站页面的好坏将直接影响网站在搜索引擎中的收录量，而收录量是衡量搜索引擎权重的一个重要指标。因此，网站页面优化也是搜索引擎优化中比较重要的一个步骤。一般网站的页面类型大致可分为首页、栏目页、专题页、内容详情页等。在优化网站页面时，不能只优化首页，也要优化栏目页、专题页和内容详情页，这样才能达到整站优化的目的。首页和栏目页一般比较固定且重要，因此要重点优化；专题页的时效性、针对性非常强，因此在优化过程中需要对其有所体现；内容详情页则需要根据内容重要性的大小，在优化上有所偏重，如企业网站中的"关于我们"页面，对树立企业形象、深化用户信任非常重要，但一般不会将其作为优化的重点。

3. 网站链接优化

互联网中有很多网站，每个网站又有很多网页，这些网站和网页之间通过链接（也称"超链接"）连接在一起，并形成一张网。要想搜索引擎能够顺利地搜索到网站，并访问网站中的所有网页，完成对网站信息的抓取和收录，企业就必须优化网站链接。网站链接通常分为内部链接和外部链接。

（1）内部链接优化。内部链接指网站内部各网页之间的链接，内部链接的优化内容包括导航栏优化和锚文本优化等。网站导航栏是引导用户访问网站的栏目、菜单、布局结构等网页形式的统称，其主要功能在于引导用户方便快捷地访问网站内容，如图 5-9 所示。小规模网站可以只使用一个导航，通过导航即可抵达所有栏目；而大型网站需要在网站首页中设置主导航，然后在其中设置次级导航。需要注意的是，主导航应该在网站首页第一屏的醒目位置，并且最好采用文本链接的形式。如果网站的主导航包括多个次级导航，并且次级导航也有很多分支，那么可以将次级导航独立，使其成为二级频道。锚文本是一种特殊的文本链接，是网页中的关键词做成的链接，用于指向网站中的其他页面，如图 5-10 所示。锚文本既可以是单独关键词，也可以是组合关键词，文本长度在 12 个字以内为宜。如果同一个网页中多次出现某个关键词，那么不要把每次出现的关键词都做成锚文本，否则不仅没有任何作用，还可能会被搜索引擎判定为作弊。

搜狐
SOHU.com
无障碍 设为默认首页 下载APP | 登录
大家都在搜：天舟"家族"的"高光时刻"
搜狐号
搜狐邮箱
新闻 军事 专题
财经 宏观 理财
体育 NBA CBA
房产 新房 家居
娱乐 视频 电视剧
汽车 买车 新能源
时尚 旅游 母婴
科技 教育 健康
美食 文化 历史
星座 动漫 游戏
邮箱 24小时 博客
SaaS 热评榜 彩票
千帆 大视野 公益
畅游 17173 政务

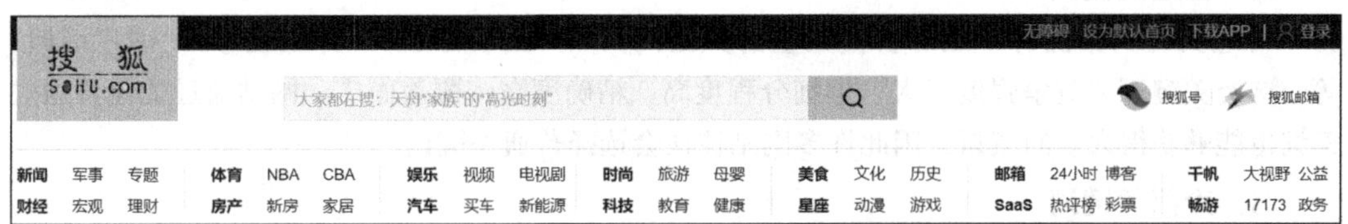

图 5-9 网站导航栏

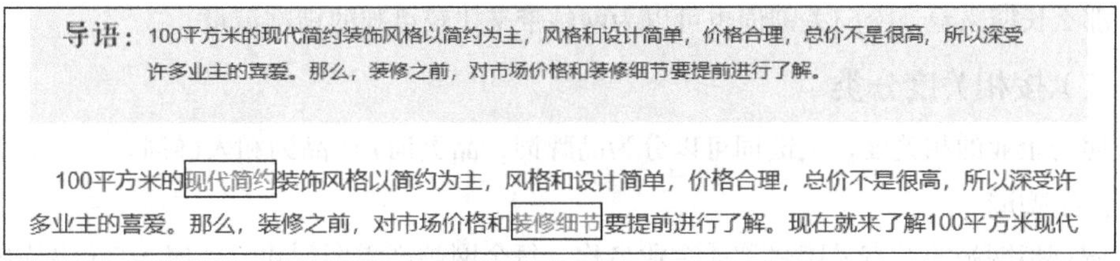

导语：100平方米的现代简约装饰风格以简约为主，风格和设计简单，价格合理，总价不是很高，所以深受许多业主的喜爱。那么，装修之前，对市场价格和装修细节要提前进行了解。
100平方米的现代简约装饰风格以简约为主，风格和设计简单，价格合理，总价不是很高，所以深受许多业主的喜爱。那么，装修之前，对市场价格和装修细节要提前进行了解。现在就来了解100平方米现代

图 5-10 锚文本

（2）外部链接优化。外部链接指从一个网站指向另一个网站的链接，也称为“反向链接”或“入站链接”。外部链接主要具有提高网站权重、增加网站曝光度、提升关键词排名、增加网站流量，以及提升被其他网站收录的概率等作用。总体来说，外部链接来源网站越权威效果越好、来源域名越广泛越好、锚文本越多样越好、链接网页越分散越好、链接位置越多越好、内容相关性越高越好、外部链接数量越多越好。企业可以积极寻求与高质量、相关性强的网站建立合作关系，从而获得更多的外部链接，或创建有价值的内容，以吸引其他网站自愿链接自己的网站。

任务二 关键词的选择与优化

“关键词”源于英文单词 keywords。在搜索引擎营销中，关键词指用户为寻找某个相关信息（如产品、服务或品牌等），在搜索引擎的搜索框中输入的一段文本。对搜索引擎营销来说，关键词不仅是搜索引擎识别和索引网页内容的基础，也是连接用户需求与营销策略的纽带，在吸引用户、构建品牌形象等方面都发挥着重要作用。

一、关键词的分类

关键词可以是一个词语、一个短语或一句话，其分类方式有很多种，当前普遍采用的分类方式主要有按热度分类、按相关度分类和按重要程度分类。

（一）按热度分类

关键词的热度主要指关键词近期的综合搜索量。一般来说，关键词的综合搜索量越大，其

热度就越高；反之，其热度越低。根据关键词的热度，可以将其分为热门关键词、普通关键词和冷门关键词。

1．热门关键词

热门关键词指近期综合搜索量比较大的关键词，如正在热播的影视剧、热门人物和事件等相关关键词。通常情况下，这类关键词的竞争非常激烈，很多大型网站都会参与竞争，要想获得较高的排名有一定难度，但是一旦排名靠前，就可以获得非常可观的流量。

2．普通关键词

普通关键词指拥有一定综合搜索量的关键词，如“图书出版”“卧室装修”“钢琴培训”等。这类关键词的竞争强度不大，但细分程度高、精确度高、覆盖面广。网站通过优化普通关键词也能够获得大量的流量，因此许多网站往往会选择普通关键词。

3．冷门关键词

冷门关键词指综合搜索量较小的关键词，通常涉及一些比较专业的领域。这类关键词虽然搜索量偏低，每隔几天才能为网站带来流量，但其吸引的用户非常精准。如果网站的信息丰富、全面，那么长期来看，冷门关键词也可以为网站带来比较可观的精准流量。

（二）按相关度分类

按照与企业的相关度，关键词可以分为品牌词、品类词 / 产品词和人群词。

1．品牌词

品牌词指网站的专有品牌名称或企业名称。每个网站都需要创建一个属于自己网站的品牌词，这样才有利于网站后期的品牌推广。

2．品类词/产品词

品类词 / 产品词指企业的主营产品或主营服务的关键词，如“化妆品”“数码相机”“婚纱摄影”等。

3．人群词

人群词指目标用户群体所表现的主流兴趣点，例如，培训机构、招聘机构的人群词可以采用“大学生毕业做什么好”“哪些工作有发展前景”等。

（三）按重要程度进行分类

按照重要程度，关键词可以分为核心关键词、次要关键词和长尾关键词。

1．核心关键词

核心关键词指能直接表现网站主题的关键词，一般是由 2 ～ 4 个字组成的词组，如“形象设计”“时尚彩妆”“儿童画具”等。这类关键词的竞争比较激烈，但是带来的流量很大。

2．次要关键词

次要关键词指核心关键词的扩展词，重要程度仅次于核心关键词。例如，一个装修网站的核心关键词是“家装公司”“装修公司”，那么次要关键词就是诸如“小户型装修”“室内装修”“装修案例”等与核心关键词相关的关键词。

3．长尾关键词

长尾关键词指字数较多、描述具体的关键词，一般由多个关键词组合而成，如“2024 新款儿童运动鞋”。这种类型的关键词搜索量相对较小，但是搜索结果精准，用户搜索的目的性很强，且竞争难度较小。

二、关键词的选择原则

选择关键词是搜索引擎营销的重要环节，企业在选择关键词时应当遵循一定的原则。

（一）关键词应与网站内容相关

关键词是为网站服务的，若所选取的关键词与网站的内容无关，那么网站的内容就与用户所要搜寻的信息没有任何关系，即使用户访问网站，也会因为没有找到想要的信息而立刻退出，并且之后再也不会访问该网站。

（二）核心关键词不能太宽泛

核心关键词不能选用太宽泛的词汇，如“网络营销”“电子商务”“新媒体”等。这些关键词往往具有很强的竞争度，优化难度也很大，因此为了长期保持较高的排名，就需要投入大量的人力、物力和资金。此外，过于宽泛的关键词不便于企业精确地掌握用户的搜寻意图，且转换率也较低。总之，选择的核心关键词要具有精准性和针对性，而且要能直接突出网站的主题。

（三）核心关键词不能太特殊

如果关键词太过特殊，即使竞争度很小，也很少有用户会去搜索。通常，企业或品牌名称、产品名称、地名等都是特殊关键词。例如，“成都 ××× 房地产有限责任公司”就过于特殊，就算这个企业很有名，也很少有用户会用它的全称来进行搜索。

（四）应站在用户的角度思考

关键词需要便于用户搜索，符合用户的搜索习惯。因此，关键词的选择应从用户的角度出发，在借助网站数据调查或分析工具的基础上，熟悉用户的搜索习惯，从而最终确定关键词。

（五）选择搜索量大、竞争度小的关键词

有些关键词的含义虽然相同或相似，却具有不同的搜索量和竞争度。选择搜索量较大、竞争度较小的关键词，更容易获得更高的搜索排名，也便于后期优化。但在实际工作中，这样的关键词并不好找，大部分搜索量大的关键词往往竞争度也比较大。这时，就可以通过关键词挖掘、扩展工具列出搜索次数及竞争度数据，从中找出搜索量相对较大、竞争度相对较小的关键词。

（六）选择商业价值高的关键词

不同的关键词具有不同的商业价值。例如，搜索“投影仪的原理与结构”的用户的购买意向就比较低，因此该关键词的商业价值就不高，因为用户可能只是想了解投影仪的相关知识；搜索“如何选择投影仪”的用户有很大的购买意向；而搜索“投影仪购买”和“投影仪价格”的用户的购买意向就更加明显，这样的关键词商业价值很高，如果网站再适时推出促销活动，就很可能促成交易。

三、关键词的竞争度判断

一个好的关键词能够给网站带来许多流量，同时也意味着该关键词的竞争度较大，优化难度也较高。因此，关键词是否值得选择，还需要先对其竞争度进行判断。

（一）通过搜索结果判断

在搜索引擎中输入需要判断竞争度的关键词，可以查看该关键词的搜索结果数量。例如，在百度中搜索“家装公司”和“家装公司十大排名”关键词所得到的搜索结果数分别约为100 000 000个和2 270 000个，如图5-11所示。

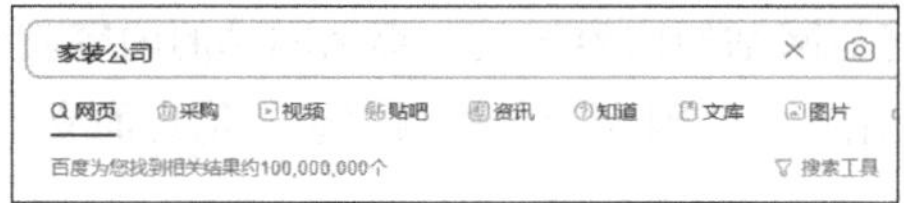

图5-11　搜索“家装公司”和“家装公司十大排名”关键词所得到搜索结果数

这个搜索结果数量是搜索引擎经过计算，认为与所查询的关键词相关的所有结果的数量，也就是参与这个关键词竞争的所有结果数。搜索结果数与关键词竞争度大小的关系如表5-1所示。

表5-1　搜索结果数与关键词竞争度大小的关系

搜索结果数（n）	关键词竞争度
n<10万	关键词的竞争度很小，可以轻松地获得很好的排名
10万≤n＜100万	关键词的竞争度一般，说明该关键词的优化有一定难度，需要一个质量和权重都不错的网站才能竞争到较好的排名
100万≤n＜1000万	关键词的竞争度较大，为热门关键词，优化后将网站排名提升到前几位的可能性很低，需要坚持扩展内容，建立外部链接，并获得一定权重
n≥1000万	关键词的竞争度很大，这类关键词通常是行业通用名称，使用这类关键词，只有大型网站、权重高的网站才能获得好的排名

此外，还可根据网页搜索结果标题中包含目标关键词的网页数量来判断该关键词的竞争度，返回结果越多则竞争度越大。其查询语法为“intitle: 目标关键词”，其中“intitle:”是搜索引擎的高级搜索指令，通过该指令可以获取网页标题中包含指定关键词的网页数量，即intitle结果数。例如，在百度中分别搜索“装修风格效果图”和“intitle: 装修风格效果图”，返回的搜索结果数分别如图5-12、图5-13所示。

图5-12　“装修风格效果图”的搜索结果

图5-13　“intitle: 装修风格效果图”的搜索结果

从返回的搜索结果数可以很直观地看出：两次搜索返回的网页数量相差巨大，含有关键词“装修风格效果图”的网页数量已经达到上限1亿个；而网页标题中包含关键词“装修风格效果图”的网页数量约为2800万个。由此可以看出，有大量的网站没有在网页标题中包含指定关键词，因此这部分网页很有可能只是在网页内容中偶尔提到该关键词，并没有针对该关键词进行优化，因此在优化关键词时可直接排除这部分网页。

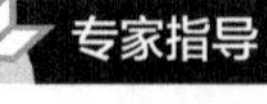
专家指导

在搜索关键词时，关键词既可以加双引号，也可以不加双引号。双引号表示完全匹配，因此加双引号的搜索结果数通常比不加双引号少，但起到了缩小搜索范围、使结果更加精确的作用。百度的搜索结果数上限为1亿，如果某些关键词的搜索结果数达到上限，就无法比较，需要通过添加双引号缩小范围，再进行比较。

（二）通过搜索结果页面广告数判断

在搜索引擎中搜索某些关键词时，搜索结果中会包含一些广告（带有“广告”字样），广告是一种付费推广方式，说明这些关键词能够帮助企业获得更大的利益，因而具有非常大的商业价值。企业可以统计搜索结果页面中的广告数量，一个关键词的广告数量越多，说明愿意为它付费的企业就越多，因此其竞争度就越大。

一般来说，如果一页中广告数量为0个，就表示该关键词的竞争度小；广告数量为1～3个，关键词竞争度中等偏小；广告数量为4～6个，关键词竞争度中等；广告数量为7～10个，关键词竞争度中等偏上；数量超过10个，则表明该关键词的竞争度非常大，属于高难度关键词。

（三）通过搜索指数判断

搜索指数指用户搜索关键词的频率，搜索指数越大，表明该关键词的商业价值越大，越符合用户的搜索习惯，越容易被各大企业争抢，竞争度越大。关键词搜索指数可以通过搜索引擎的数据分析工具查看，如百度的百度指数。登录百度指数并输入需要查看的关键词，设置查询的时间段，即可在“趋势研究”板块的“搜索指数概览”栏目中看到关键词所选时间段的总体搜索指数表现。其中，日均值表示一段时间内搜索指数的日均值；同比表示与去年同期的同比变化率；环比表示与上一个相邻时间段的环比变化率。图5-14所示为2024年5月1日至5月30日“新能源汽车”关键词的搜索指数数据，从中可以看出这期间的整体日均量为47011，移动日均值为46228，整体同比上升277%，整体环比下降49%，移动同比上升298%，移动环比下降49%。

搜索指数概览

关键词	整体日均值	移动日均值	整体同比	整体环比	移动同比	移动环比
新能源汽车	47,011	46,228	277% ↑	-49% ↓	298% ↑	-49% ↓

ⓘ 数据更新时间：每天12~16时，受数据波动影响，可能会有延迟。

图5-14 “新能源汽车”关键词的搜索指数数据

在通过搜索指数来判断关键词的竞争度时，同样可以将其划分为不同的区间。当搜索量小于100时，关键词竞争度较小；当搜索量在100～300时，关键词竞争度中等偏小；当搜索量在300～500时，关键词竞争度中等；当搜索量在500～1000时，关键词竞争度中等偏上；当搜索量大于1000时，关键词竞争度高。

四、关键词的优化

一般来说，在搜索引擎营销中优化关键词的第一步是优化核心关键词。在确定核心关键词之后，还要拓展核心关键词，以选择次要关键词和长尾关键词。

（一）核心关键词的优化

核心关键词指经过关键词分析确定后的主要关键词。通俗地讲，用户搜索量最大、最能带来精准用户的关键词就是核心关键词。核心关键词主要放置在网站首页的标题中，但由于标题位置有限，不可能把所有关键词全部放在标题中，因此一般需要选出 3 ～ 5 个与业务相关，且转化率高的关键词作为核心关键词。

核心关键词的优化应该基于企业自身情况、市场调研和竞争对手的分析，并通过分析得出一个核心关键词的备选方案。在方案中，应至少列出 10 个关键词作为核心关键词的备选词，然后结合以下 3 种方法来辅助挑选，从而得到合适的核心关键词。

1．通过相关搜索挑选核心关键词

在搜索引擎的搜索框中输入备选核心关键词并进行搜索，在搜索结果页最下方的“相关搜索”栏可看到与该关键词相关的用户最近搜索的相关热门搜索词，如图 5-15 所示。这些搜索词的搜索量大、搜索频率高，可以作为优化核心关键词的依据，或直接选择相关词汇作为核心关键词。

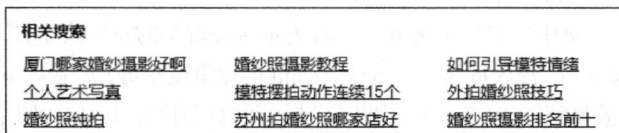

相关搜索		
厦门哪家婚纱摄影好啊	婚纱照摄影教程	如何引导模特情绪
个人艺术写真	模特摆拍动作连续15个	外拍婚纱照技巧
婚纱照纯拍	苏州拍婚纱照哪家店好	婚纱照摄影排名前十

图 5-15　通过相关搜索挑选核心关键词

2．通过搜索下拉列表挑选核心关键词

在搜索引擎的搜索框中输入关键词时，搜索引擎会自动匹配与该关键词相关的热门搜索词，如图 5-16 所示。这些词语的搜索量比较大，且搜索频率比较高，同样可以作为优化核心关键词的依据。

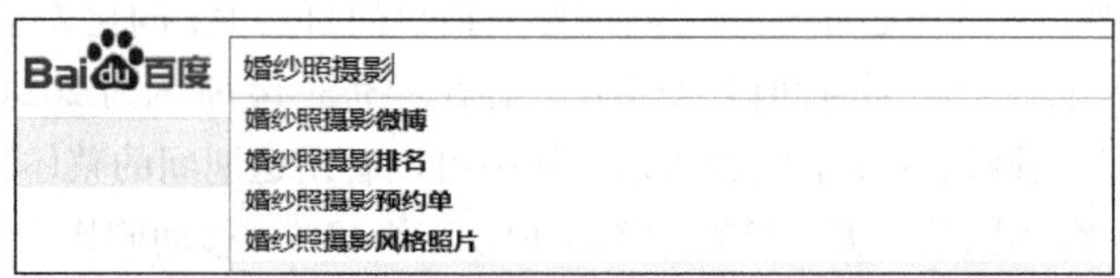

图 5-16　通过搜索下拉列表挑选核心关键词

3．通过工具挑选核心关键词

通过百度指数、站长工具、百度关键词规划师等工具查询关键词的搜索指数，从中选出搜索量比较大且竞争度低的关键词作为核心关键词。

（二）次要关键词的优化

次要关键词主要放置在各个栏目页的标题和描述中。在网站中发布文章时，如果文章栏目中出现了与之相关的关键词，则可以将关键词链接到该栏目，提升文章所在网页关键词的排名。次要关键词是核心关键词的扩展，其优化方法与核心关键词类似，这里介绍两种其他方法。

1．利用不同形式的变体来扩展

扩展关键词时，可以通过关键词的同义词、相关词、简写等不同形式的变体来扩展关键词。例如，“计算机”和“电脑”、“网站建设”和“网页设计”、“北京大学”和“北大”、“人工智能”和“AI”等。

2．利用补充说明文字来扩展

扩展关键词时，可以为其添加各种不同的补充说明文字。例如，加上地名，可以使“旅游”扩展为“云南旅游”“四川旅游”；加上品牌名，可以使“运动鞋”扩展为“特步运动鞋”“安踏运动鞋”等。

（三）长尾关键词的优化

长尾关键词具有字数多、内容具体、有疑问词等特点，其搜索次数通常比较低，但极具潜力。长尾关键词主要有以下 4 个特点。

1．搜索量很小

与核心关键词相比，长尾关键词的搜索量非常小，甚至部分词隔几天才会有搜索量。

2．由多个词组成

顾名思义，长尾关键词普遍比较长，往往由多个词语组成，有时还包含疑问词。

3．转化率高

长尾关键词比核心关键词和次要关键词的转化率更高。例如，在“会计”“会计培训”“成都会计培训哪家好”3 个关键词中，“成都会计培训哪家好”所吸引的用户就比“会计”吸引的用户更为精准。

4．词量大、总流量高

单个长尾关键词搜索量小，但长尾关键词的总体数量比较庞大，其带来的总体流量也比较高。

长尾关键词的优化方法与次要关键词的优化方法类似，只需要在扩展的关键词中挑选出字数较多、精准度更高的关键词作为长尾关键词即可。

营销人员在优化关键词时，应遵循国家的相关法律法规，不得使用敏感词与极限词。如有违反，可能会被搜索引擎降权或被相关部门处罚。

任务三　搜索引擎竞价推广

通过关键词优化的方式来开展搜索引擎营销，短期内的效果可能并不明显，因此对于想要快速获取效果的企业来说，这种方法并不适用。而搜索引擎竞价推广正好可以弥补这种缺陷，使企业通过关键词的推广，更加精准地定位目标用户，并且使广告排名更靠前。

一、搜索引擎竞价推广排名原理

搜索引擎竞价推广的排名原理主要涉及两个概念：竞价排名和质量得分，二者共同决定广告在搜索引擎竞价中的排名。

（一）竞价排名

竞价排名指企业在参与关键词竞价之后，按照出价高低来决定广告在搜索引擎上的展示位置。出价越高，广告的展示位置就会越靠前，用户也更容易看到这些广告。当多家企业竞标同一个关键词时，企业的出价并不是唯一决定排名的因素，还要考虑广告的质量得分。

（二）质量得分

质量得分是搜索引擎根据广告与目标用户的匹配度、广告的可信度等多种因素给出的一个评估得分。搜索引擎会将广告的历史性能、着陆页质量、广告与目标关键词匹配程度等因素相结合，对广告的质量进行评估。这些评估因素的分数分别是 0 到 10 分，分值越高，表示广告的质量越好。

在竞价推广中，搜索引擎会根据广告的出价和质量得分综合计算广告的排名。一般来说，质量得分非常重要，较高的质量得分可能会使低价广告排在高价广告之前。

二、搜索引擎竞价推广的步骤

搜索引擎竞价推广需要先开通竞价账号，然后新建并设置推广计划。一般来说，各大搜索引擎的竞价推广排名原理和步骤是相同的，这里以百度为例进行详细的介绍。

（一）开通百度营销账户

在百度开展竞价推广，需要先开通百度营销账户，开通流程可以分为开户资料准备、注册申请和信息审核 3 步。

1．开户资料准备

不同平台需要的资料不尽相同，开通百度营销账户需要准备的资料包括企业营业执照、网站 ICP 备案（将网站信息提交到相关部门进行官方认证）及行业相关资质等。

2．注册申请

注册百度营销账户的流程十分简单明了：进入百度营销首页，在登录板块单击“注册”超链接后，在打开的页面中填写申请表格并提交相关信息即可。

3．信息审核

注册申请成功后，百度搜索推广会审核营业执照、从业资质、ICP 备案、企业所在地、联系人信息及网站内容等。反馈审核结果一般需要 3 个工作日，若审核通过，企业则需向账户充值以作为推广预算，随后即可开始推广。

（二）账户设置

高效的营销账户设置需要建立在合理的账户结构与灵活运用各功能模块的基础上。账户设置主要包括地域设置、预算设置等。

1．地域设置

通过地域设置，企业可以设置账户的默认推广区域范围。如果某推广计划未设置推广地域，则以账户设置为准。如果企业仅在特定区域投放广告，则可为该地域设置特定推广计划，在计划中单独设定推广地域。例如，若账户设定的推广地域为一线及新一线城市，而重点市场的推广计划仅将北京和天津设置为推广地域，那么关于重点市场的广告将只在北京和天津投放，而其他推广计划中没有设置推广地域的广告将在所有一线及新一线城市投放。

2．预算设置

预算设置可以设置账户和推广计划的预算。当某个推广计划产生的广告费用超出预算时，该推广计划会停止投放；当所有推广计划总的广告费均超出账户的预算时，则所有推广计划都将停止投放。当然，也可以将预算设置为不限，这样就不会因预算不足而出现广告突然终止投放的情况。

（三）新建计划

要使用百度推广发布搜索引擎广告，还需要为广告新建推广计划。登录百度营销账户，单击“搜索推广”栏的“进入”按钮，进入搜索推广页面，单击左侧的“计划”选项卡，进入“计划”页面，单击左上角的“新建计划”按钮，在打开页面中设置推广计划，主要包括“营销目标”“推广设置”“出价”“预算”“推广方式”“推广地域”“推广时段”“人群”等内容。图 5-17 所示为营销目标和推广设置页面，图 5-18 所示为推广地域和推广时段页面。

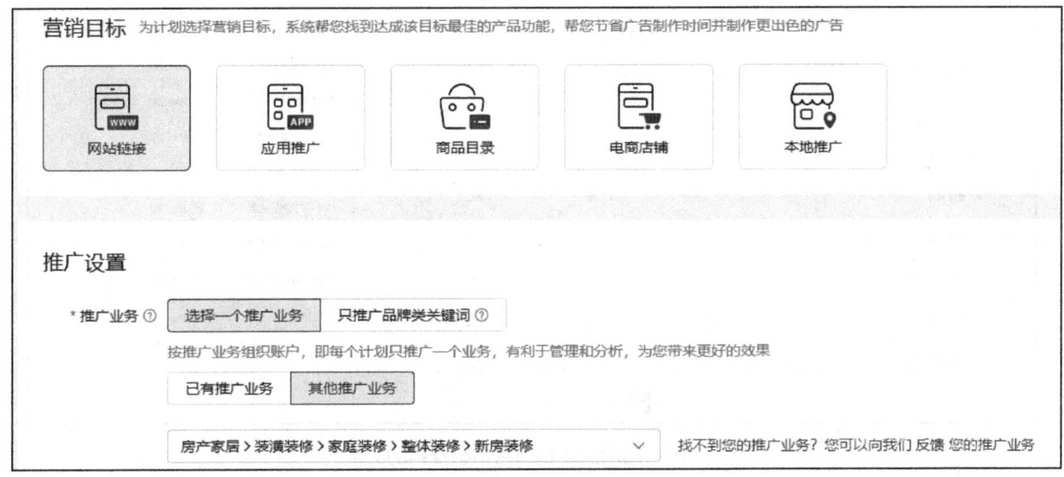

图 5-17　营销目标和推广页面

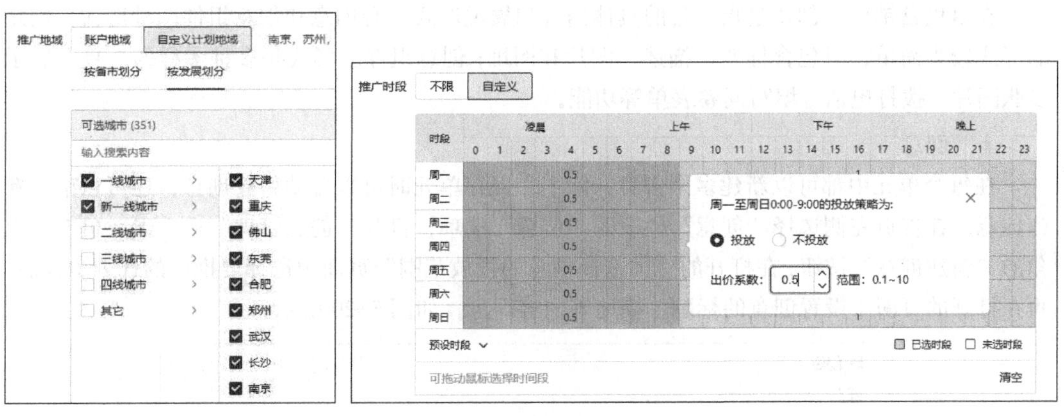

图 5-18　推广地域和推广时段页面

（四）新建单元

在每个计划中可以新建多个单元，除了在保存计划时可以自动新建单元，还可以手动新建单元。在首页左侧选择“单元”选项，单击左上角的“新建单元”按钮，打开“新建单元”对话框，在“推广计划”栏中选择要添加单元的计划，单击“确定”按钮，打开“单元设置”页面，然后可以为刚刚选择的推广计划设置推广单元。推广单元设置主要包括单元出价、品牌信息设置、定向设置、关键词设置等。其中，单元出价用于设置每次点击 / 单击的基础价格；定向设置中主要是自动定向的启用与否，启用自动定向后，即使未添加关键词，系统也可自动定向到与单元内的创意和最终访问网页内容相关的搜索关键词。图 5-19 所示为启用自动定向后系统推荐的关键词。

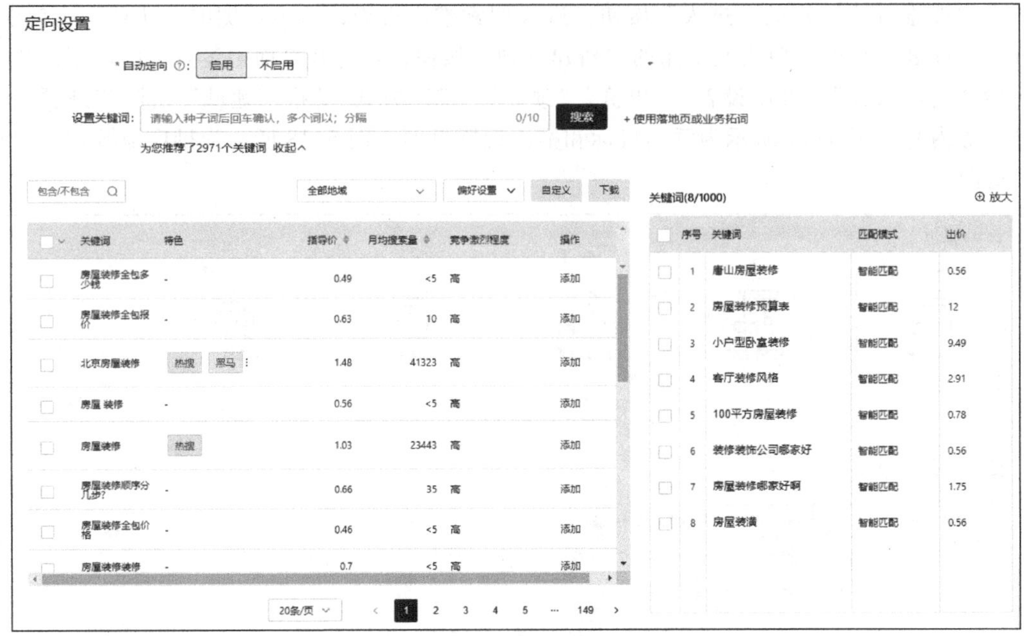

图 5-19　启用自动定向后系统推荐的关键词

（五）新建创意

在百度营销中，创意是指广告的具体内容和展现形式，有创意和创意组件两种形式。创意的形式较为简单，只包含标题、描述、图片和网址；创意组件的形式是多种多样的，具有展示多张图片、拨打电话、填写问卷表单等功能。

1．创意

在每个单元中都可以新建多个创意，除了在保存单元时可以自动新建创意，还可以手动新建创意。在首页左侧选择“创意”栏下的“创意”选项，打开“创意管理”选项卡，单击左上角的“新建创意”按钮，在打开的“请选择创意的投放范围”页面中选择要推广的计划单元后，再在打开的页面中设置创意的标题、描述等内容即可，如图 5-20 所示。

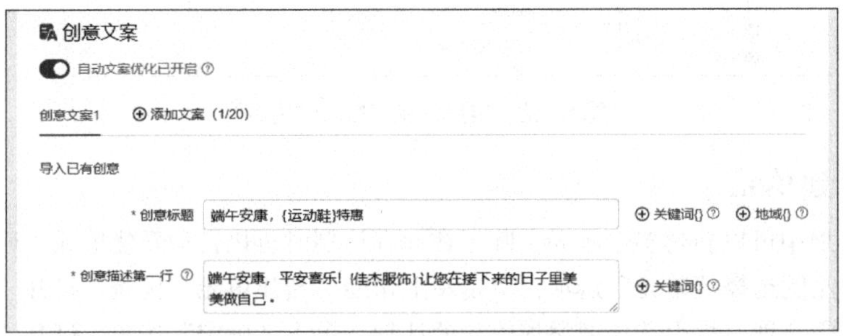

图 5-20　手动新建创意示例

2．创意组件

创意组件是对现有创意样式的补充，可以在原创意的下方增加更多的内容和功能。创意组件的种类有很多，主要有图片类、文字类、视频类、营销类等。要创建创意组件，需要在百度搜索推广首页的左侧选择“创意组件”选项，在右侧选择要创建的创意组件类型，然后新建该类组件，在打开的网页中进行设置，如图 5-21 所示。

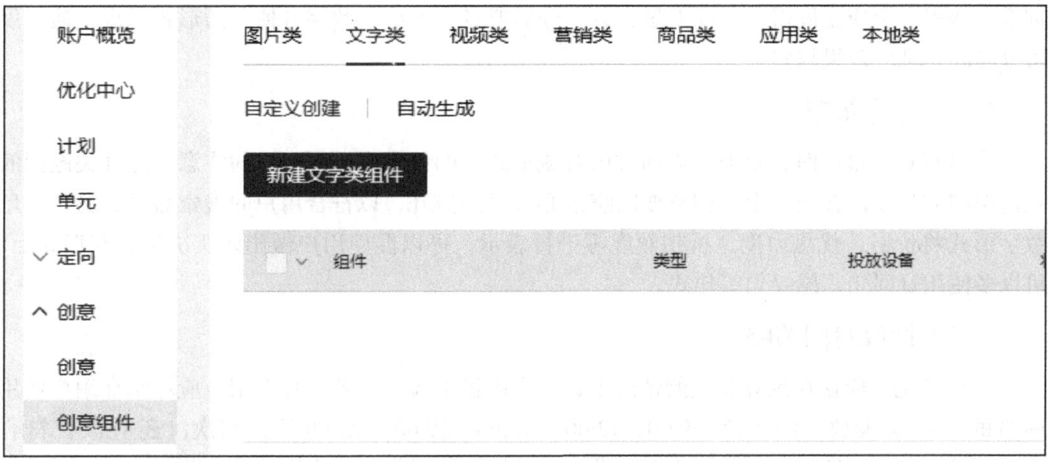

图 5-21 创建创意组件

三、搜索引擎竞价推广的策略

了解搜索引擎竞价推广的步骤后，还需要掌握一定的营销策略才能更好地制订营销推广计划。只有选择合适的关键词和出价，才能在合理控制投入资金的情况下获得预期的收益。搜索引擎竞价推广的策略主要有关键词策略、创意策略、投放时间策略、投放地域策略等。

（一）关键词策略

关键词是搜索引擎竞价推广的核心，主要可以从匹配方式、数量、质量 3 个方面来制订关键词策略。

1. 匹配方式

搜索引擎竞价推广为关键词提供了不同的匹配方式，主要包括精确匹配、短语匹配、广泛匹配 3 种。精确匹配指只有当用户搜索的关键词与企业的竞价推广关键词完全一致时，推广信息才有机会在用户的搜索结果页中展现。短语匹配提供有 3 种匹配选择：一是短语 + 核心包含（用户的搜索词包含企业竞价推广的关键词或关键词的核心部分），二是短语 + 同义包含（用户的搜索词包含企业竞价推广的关键词及关键词的插入、颠倒和同义形态），三是短语 + 精确包含（用户的搜索词完全包含企业竞价推广的关键词）。广泛匹配指用户的搜索词与企业竞价推广的关键词高度相关时，即使企业并未提交这些用户搜索词，推广信息也可能展现在搜索结果页。综合使用这 3 种匹配方式，采用"由宽到窄"的策略来设置关键词，即对于新添加的关键词，尽量将其设置为广泛匹配，并通过 2 ～ 3 周的时间来观察其推广效果。如果推广效果不理想，可以结合否定关键词进行优化，最后尝试使用短语匹配方式或精确匹配方式。

2. 数量

并不是关键词越多，推广效果就越好。推广效果主要与核心关键词有关，可以在保证具备核心关键词的前提下，多发掘一些长尾关键词，因为长尾关键词的价格比较低，但转化率较高。

3. 质量

关键词质量可以通过质量度指标衡量。关键词的质量度指标，通常是用来衡量关键词与广告、着陆页及用户搜索意图之间的相关性和匹配程度的。在企业的搜索推广账户中，每个关键词都会获得一个质量度得分，以五星、数字分值或者“五星 + 数字分值”的形式呈现，质量度得分越高，推广效果越好。

（二）创意策略

在进行竞价推广时，企业可以通过内容或形式上的创意来吸引用户的注意，提升关键词的点击率和质量度。在内容上，创意要围绕核心关键词展开，以符合用户的搜索需求。另外，用数字形式将价格、优惠力度、折扣额度等进行表示，可以促使用户做出购买决策。在形式上，可以多使用疑问句、感叹句等句式。

（三）投放时间策略

一般来说，应该在预算充足的情况下进行全时段覆盖。但若预算有限，应尽量在用户使用网络的高峰期投放，如8:00—9:00、12:00—14:00、19:00—22:00等。其次，还应该在符合市场需求与用户习惯的基础上，合理安排投放时间，从而获得最佳的转化效果。

（四）投放地域策略

一般来说，不同地域的用户需求、搜索习惯等都存在差异，有针对性地进行地域投放可以更好地定位目标用户，从而获得更加优质的流量。对大部分企业来说，投放地域是有特性的，一般不会选择全国性投放。设置地域时，可通过搜索意图定位功能来进行地域优化，当用户的搜索词中包含可识别的地域词，且与企业的推广地域一致时，可提高推广信息的展现概率，从而获得更多流量。

课堂实训

实训一　为汇思装饰选择关键词

关键词的选择是搜索引擎营销过程中非常重要的一环。在李巧看来，不管是开展搜索引擎优化还是搜索引擎竞价推广，都需要为汇思装饰精心选择关键词。在充分了解关键词的选择原则和分析关键词竞争度的方法后，李巧准备为汇思装饰网站选择合适的核心关键词、普通关键词和长尾关键词。

1. 实训要求

为汇思装饰网站选定核心关键词、普通关键词和长尾关键词。

2. 实训步骤

（1）自我分析。结合汇思装饰的相关信息可知，其主要业务范围是室内装修设计，所以可以围绕“室内装修”来选择核心关键词，如装修、家装、装修网、家装平台、室内装修、家装设计、室内设计、室内装饰、装修网站、家庭装修、家居装饰、装修设计公司等。

（2）竞争对手分析。进入某竞争对手网站首页，在空白位置单击鼠标右键，在弹出的快捷菜单中选择“查看源文件”命令查看网页的源代码，在keywords、description、title中查看相关关键词的源代码，如图5-22所示。然后按照相同的方法查看其他竞争对手网站的关键词布局，从而筛选重复度高的核心关键词，如装修、家装、室内装修、家装设计。

（3）在爱站网中启用“关键词挖掘”工具，在搜索框中依次输入“装修”“家装”“室内装修”“家装设计”等关键词，单击“查询”按钮，在查询结果中查找相关关键词，如图5-23所示。

```
<meta name="keywords" content="装修,家装,家装设计,家居装修,装修设计,全屋家装,室内设计,室内装饰,装修公司,装饰公司,房子装修,二手房装修,新房装修" />
<meta name="description" content="土巴兔装修网是一个互联网家装平台，提供新房、二手房、工装等各类型房屋室内设计装饰全包、半包以及全屋定制服务的装修网站，包括家庭装修家居装饰，室内装修设计，还汇聚了优秀的装修设计公司和设计师。" />
<meta property="qc:admins" content="11563036626470476375" />
<meta property="update_time" content="2023-01-28T06:53:31">
<meta name="mobile-agent" content="format=html5;url=https://m.to8to.com/">
<meta name="" content="true">
<link rel="canonical" href="https://www.to8to.com/"/>
<link rel="shortcut icon" href="/favicon.ico" />
<title>土巴兔装修网-家居室内装修设计_全屋家装设计_装修装饰公司</title>
```

图 5-22　竞争对手网站首页的源代码

关键词挖掘

长尾词　相关词　下拉词　需求词

装修　查询

相关词推荐

关键词	指数
装修公司	81,505
装修房子全包价格一般多少	45,331
装修风格	17,647
房子装修	10,535
装修房子的步骤流程	6,494
离婚律师	5,628

历史趋势 >　查看更多 >

下拉词推荐

关键词	指数
装修公司	81,505
装修房子全包价格一般多少	45,331
装修风格	17,647
装修房子的步骤流程	6,494
装修公司全包	6,108
装修设计软件	5,058

历史趋势 >　查看更多 >

需求词推荐

关键词	指数
装修公司	81,505
演艺培训班	50,236
装修公司哪里好	28,230
装修风格	17,647
房子装修	10,535

历史趋势 >　查看更多 >

长尾词挖掘　导出数据

序号	关键词	PC/移动	长尾词数量	收录数	首页第1位	首页第2位	优化难度
1	装修公司	266 / 81239	0	1.0亿	www.***.cn 家装公司--生活家装饰装修公司官...	********.baidu.com 装修公司 - 精选服务(44条) - 本地...	
2	装修房子全包价格一般多少	<50 / 45311	0	3980.0万	******** .baidu.com 装修房子全包价格一般多少(明细...	******** .baidu.com 装修房子全包价格一般多少?全国...	

图 5-23　利用“关键词挖掘”工具查找关键词

（4）在百度中依次搜索“装修”“家装”“室内装修”“家装设计”等关键词，在“搜索建议”下拉列表、“大家还在搜”和“相关搜索”栏中寻找合适的关键词。

（5）在百度指数中依次搜索“装修”“家装”“室内装修”“家装设计”等关键词。其中，在“相关词热度”栏中列出了搜索热度、搜索变化率排在前 10 的关键词，如图 5-24 所示，可以在其中查找合适的关键词。

相关词热度　2023/01/23~2023/01/29

相关词	搜索热度	相关词	搜索变化率
1. 室内装修效果图大全		1. 装修门户	↑
2. 往后		2. 旧房改造装修	↑
3. 室内装修设计		3. 卧室装修效果图	↑
4. 装饰公司		4. 室内装修材料	↑
5. 室内装修公司		5. 电焊工	↑
6. 室内设计效果图		6. 学手艺	↑
7. 木工		7. 装饰板	↑
8. 卧室装修效果图		8. 室内装修设计软件	↑
9. 客厅装修		9. 家庭装修风格	↑
10. 电焊工		10. 室内设计效果图	↑

图 5-24　百度指数“相关词热度”栏中的关键词

（6）从得到的所有的关键词中挑选适合汇思装饰使用的普通关键词和长尾关键词，如下为示例效果。

- **普通关键词**｜室内装修效果图、室内装修设计、家庭装修风格、别墅装修公司装修门户、卧室装修效果图、旧房改造装修、室内装修材料、室内装修图片新房装修、全屋家装设计、客厅装修、写字楼装修、二手房装修、装饰材料。
- **长尾关键词**｜装修房子全包价格一般多少、三室一厅装修大概多少钱、整装装修都包含什么、装饰材料都包含哪些材料、装饰板材的种类和价格、室内装修效果图大全、小户型室内装修设计、大平层中式装修、室内装修污染检测、小户型室内装修图片、房子装修现代风。

实训二　在百度中推广汇思装饰的促销活动

为借助中秋节的热度，汇思装饰决定推出“金秋送福，装修特惠”促销活动。在李巧看来，百度是我国较大的搜索引擎，拥有庞大的用户基础，在百度投放广告可以触及广泛的潜在用户。于是，李巧准备利用百度推广汇思装饰的“金秋送福，装修特惠”活动。

1．实训要求

在百度营销中新建推广计划并发布广告。

2．实训步骤

（1）以汇思装饰为主体开通百度营销账户，设置账户名称、密码等信息后，提交信息等待审核。审核通过后，在账户中存入推广资金，以便开展后续的推广工作。

（2）为账户设置默认推广区域范围。登录百度营销，在账户信息中设置默认推广区域范围为“一线城市”“新一线城市”，效果如图5-25所示。

图5-25　设置默认推广区域范围

（3）为账户和推广计划设置预算。在账户信息中设置账户每日的预算金额为“100”元，效果如图5-26所示。

账户信息
*预算 不限 自定义 预算范围内出现余额不足可能产生透支消费，欠款将
100 元 为了保证您的推广效果，每日预算需≥50元
下线时间 最近30天内，您的账户没有因超出账户预算而下线
确定 取消

图 5-26 设置每日预算

（4）新建推广计划。进入“计划”页面，新建一个推广计划，并设置营销目标为“网站链接”，推广业务为“选择一个推广业务”/“其他推广业务”/“房产家居 > 装潢装修 > 家庭装修 > 整体装修 > 新房装修”。然后设置出价方式、出价、预算、推广地域、推广时段、人群和计划名称，如图 5-27 所示。

图 5-27 新建并设置计划

（5）新建单元。在新建计划中新建一个单元，然后在其中进行单元设置、定向设置、确定单元名称等操作，部分效果如图 5-28 所示。

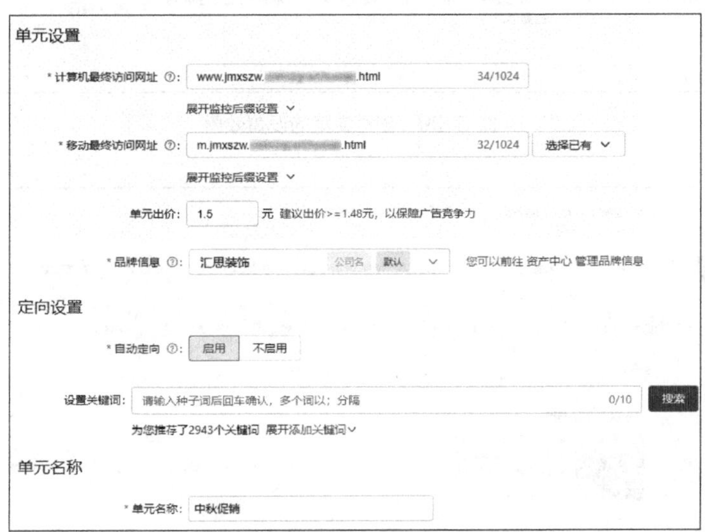

图 5-28 新建单元

图 5-28　新建单元（续）

（6）新建创意。利用“创意”选项卡为新建的单元新建创意。图 5-29 所示为创意文案的设置效果，图 5-30 所示为创意设置完成后的效果。

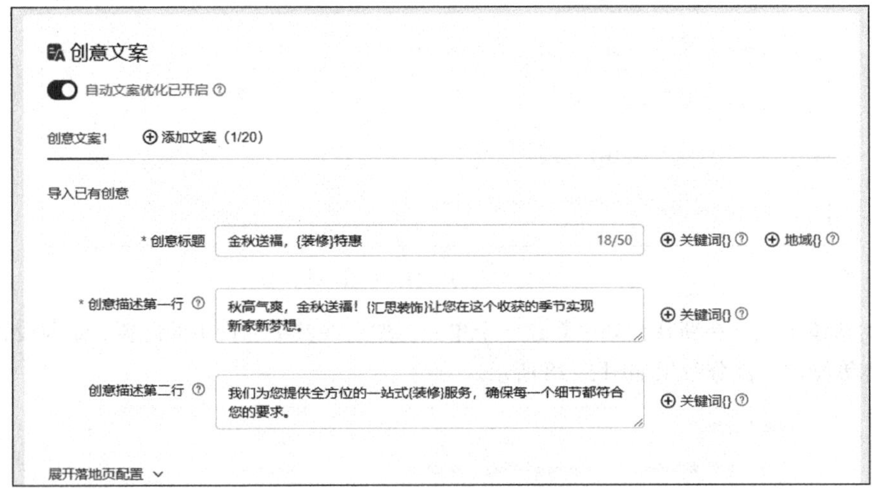

图 5-29　创意文案的设置效果

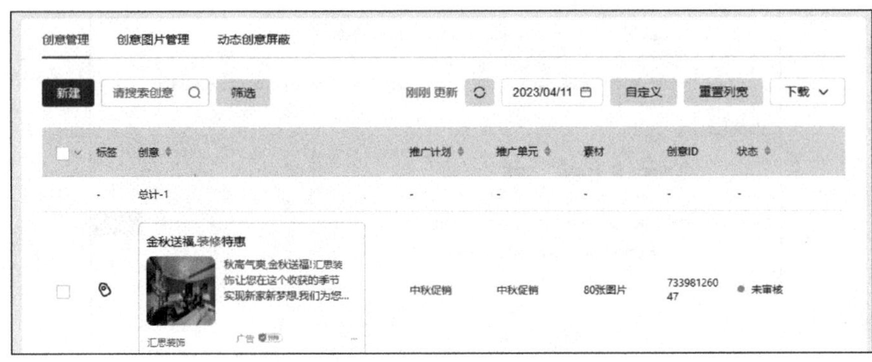

图 5-30　创意设置完成后的效果

（7）设置完成，待审核通过后便可投放，后续还要做好竞价推广的监督管理，根据投放的效果实时调整，以保证资金的合理利用，使营销效果最大化。

课后习题

1. 千履千寻是一家专业经营国际知名品牌运动鞋的网站。网站上线以来，相关关键词在搜索引擎中的排名一直较为靠后，网站访问量较低。为解决这个问题，千履千寻决定优化网站的关键词。网站的主营产品运动鞋的相关信息如表 5-2 所示。请为千履千寻网站选择核心关键词、次要关键词和长尾关键词。

表 5-2 千履千寻网站的主营产品运动鞋的相关信息

项目	内容
主营品牌	361°、鸿星尔克、安踏、回力
运动鞋类型	休闲鞋、跑步鞋、篮球鞋、足球鞋、网球鞋
目标人群	男士、女士、儿童
功能	减震、透气、防滑、耐磨
鞋帮高度	低帮、中帮、高帮
服务	批发、包邮、保养、维修

2. 利用百度关键词规划师工具挖掘与家电有关的 2 ～ 5 个关键词，然后获取这些关键词及其相关关键词的月均搜索量、竞争激烈程度、指导价等数据，并将其填写在表 5-3 中，最后利用百度指数分析这些关键词近 30 天的波动趋势。

表 5-3 选择的关键词

关键词	月均搜索量	竞争激烈程度	指导价 / 元	出价 / 元

3. 一家销售饮料的企业需要通过搜索引擎进行网络营销，推广其主打产品绿茶，该产品的主要功能定位为健康。已知目前的饮品市场竞争激烈，绿茶产品同质化现象严重，消费群体主要集中在 20 ～ 40 岁，分布于一、二线城市，其中女性消费群体占比超过 68%，但其消费行为比较理智。企业希望通过本次网络营销来提升绿茶产品的销量，传递品牌正能量的生活理念，并将自己与其他竞争对手区别开来。作为一名网络营销人员，请你在此基础上为该企业制订一份搜索引擎营销方案，并提出具体的执行计划。

PART 06

项目六 社会化媒体营销

学习目标

- 掌握微信个人号、微信公众号和微信小程序的营销方法。
- 掌握开展微博营销和社群营销的方法。
- 掌握小红书和今日头条的营销方法。

能力目标

- 能够利用微信、微博、社群、小红书、今日头条等社会化媒体开展产品和品牌营销。
- 能够写作有吸引力且符合社会化媒体特点的营销推广文案。
- 能够制订适合产品和品牌的社会化媒体整合营销方案。

素养目标

- 正确引导社会舆论，加强行业自律。
- 秉持社会主义核心价值观，营造健康、积极的交流氛围。

情境导读

在互联网时代，人们的部分社交活动逐渐从线下转移到线上。同时，针对人们的社交需求而推出的社会化媒体也越来越多，如微博、微信、QQ、今日头条、小红书、抖音、快手等。凭借信息传播快、互动功能强、营销玩法多样等特点，针对社会化媒体开展的营销成为网络营销中较为主流的营销方式。基于此，口腔护理品牌笑享护委托泰创公司为其开展社会化媒体营销。泰创公司将这一工作安排给营销部门主管赵磊，赵磊让李巧先了解笑享护的基本情况，然后结合微信、微博、社群、小红书、今日头条等社会化媒体的营销方法和技巧，为笑享护打造“微博—舆论场”+“微信、社群—私域场”+“小红书—种草场”+“今日头条—兴趣场”的多元化营销网络。

案例引导

小米汽车SU7全方位的社会化媒体营销

2024 年 3 月，小米针对首款汽车 SU7 正式召开上市发布会。发布会后，小米汽车在微信、微博等媒体上公布了订单数据。数据显示，小米汽车在交易开放后实现大定（已交付定金、意向极高的用户订单）4 分钟破 1 万台、7 分钟破 2 万台、27 分钟破 5 万台的惊人成绩。与此同时，与小米汽车有关的话题更是登上了各大媒体的热搜榜，引发了无数网友的关注和讨论。事实上，小米汽车火热的背后，除产品所展现的独特魅力外，其全面覆盖的社会化媒体营销方式也起到了至关重要的作用。

小米汽车开展的社会化媒体营销最早可以追溯到 2021 年。2021 年 3 月，小米创始人在小米春季发布会上公开揭晓了他的新计划——造车，并详细阐述了他涉足汽车制造业的动机及小米所具备的强大实力。2021 年 4—8 月，小米在微信、微博等媒体平台持续释放团队和投资布局信息，实时向市场传递造车进度。2021 年 9 月，小米汽车正式完成工商注册；10 月，小米投资者大会公布小米汽车预计 2024 年上半年量产。2022—2023 年，小米汽车继续在微信、微博、小红书等社会化媒体平台发布投资信息和造车进度，其创始人也借助央视网、澎湃新闻等权威媒体释放有关汽车的信息。其间，还有一些网友发布疑似小米汽车外观曝光的相关消息。如此一来，网友对小米汽车越来越好奇。

2023 年 12 月，小米汽车微博、微信公众号、抖音等官方账号首次亮相。同月，小米汽车技术发布会启动预热，小米汽车官方账号频繁、多次发布有关宣传海报、背后思考笔记、答网友问笔记等营销内容，与小米汽车有关的内容以热搜话题的形式迅速扩散。为持续给发布会引流，小米汽车还通过朋友圈广告、信息流广告、达人合作推广等形式为发布会预热。在技术发布会召开当日，小米创始人详细介绍了小米汽车 SU7 的核心技术，如电驱、电池、大压铸、智能座舱、智能驾驶等；会后，小米有关媒体账号更是细致地对技术实力信息进行了解读，以便人们更全面地了解小米汽车，以及为小米汽车 SU7 上市做铺垫。车型亮相后，小米汽车还围绕“这台车的价格不会很便宜”“不会卖 19.9 万元”等开展话题讨论，在长达数月的时间中不断地制造价格悬念，一步步提高网友对价格的讨论热度。

2024 年 3 月初，小米汽车 SU7 上市发布会预告信息释放。发布会进入 10 天倒计时，小米汽车先在社会化媒体平台宣布小米汽车超级工厂正式揭幕，小米创始人而后在微博发布答网友问【第一集】【第二集】等内容，与网友有效互动。同时，小米还联合汽车、科技领域的达人发布汽车照片、汽车评测、试驾反馈、技术特性介绍等内容，以扩大产品和品牌的影响力。上市发布会召开当日，小米汽车联合小鹏汽车、长城汽车、深蓝汽车等品牌发布“向前”主题的营销海报。结合这一系列的营销手段，小米汽车 SU7 上市发布会现场火热、场面盛大，不仅大部分汽车领域的专业人士来到了发布会现场，线上也有不少网友关注和参与此次发布会。上市发布会后，小米汽车在各大媒体平台发布与上市发布会有关的营销信息，其创始人还亲自出镜，推出连续多期的答网友问，不仅确保了上市发布会的持续热度，还为后续的下单订购做好了铺垫。

完整回顾小米宣布造车到新品上市的过程，其背后是小米对网络营销的深刻理解和精湛运用。小米将社会化媒体营销的种种策略和技巧融会贯通，这无疑为小米汽车 SU7 的火热销售奠定了坚实的基础。

思考

（1）小米汽车 SU7 的营销主要在哪些平台开展？

（2）小米汽车 SU7 的营销采用了哪些方法和技巧？

任务一　微信营销

根据腾讯发布的 2023 年第四季度财报显示，微信的月活跃用户数超过 13 亿人。作为拥有庞大用户基础的社交媒体平台，微信不仅渗透率高，而且覆盖范围广，目前已渗透到人们生活和工作的方方面面。微信营销就是利用微信平台开展营销推广的一种网络营销方式，主要通过微信的各种功能，如微信朋友圈、微信公众号、小程序、微信群和企业微信等来推广品牌、产品或服务，并与用户互动。

微信营销的特点

一、微信个人号营销

微信个人号是个人微信账号，其营销基于个人的人际关系展开。微信个人号营销是微信营销中非常重要的组成部分，要想利用微信个人号获得良好的营销效果，需要通过长期的积累，逐渐建立品牌效应和账号影响力。

（一）打造专业个人形象

微信个人号是个人形象的展示窗口，要想微信个人号给微信好友留下深刻的印象，或借助微信个人号建立个人品牌，打造专业的微信个人号形象非常关键。一般来说，用户在查看好友列表或朋友圈时，直接看到的账号信息是名字和头像，因此营销人员可以通过设置有吸引力的名字和头像来打造微信个人号形象。

1．名字

对于有营销需求的微信个人号，名字一般需要直接传递营销意图，其作用是向目标用户展示职业、品牌及所提供的产品或服务等。采用“名字（或简称）+ 职业”“名字（或简称）+ 服务”“品牌 + 产品 + 名字（或简称）”的组合来设置微信个人号名字可以快速建立第一印象，节约沟通成本。例如，图 6-1、图 6-2 所示分别为采用“名字（或简称）+ 职业”和“品牌 + 产品 + 名字（或简称）”的组合来设置微信个人号名字示例。另外，也可以在名字中添加联系电话，但字数不宜太多，应当保证拼写简单、字数简短、易记忆、搜索便捷。

2．头像

头像也是微信个人号形象的体现。以营销和商业信息传播为主的微信个人号可以用积极阳光、有亲和力的个人形象照片，或是产品特色标志、企业 Logo 等作为头像。在选择图片时，应当保证图片的辨识度高、清晰自然。

图 6-1 “名字（或简称）+ 职业”组合

图 6-2 “品牌 + 产品 + 名字（或简称）”组合

3．个性签名与微信状态

个性签名和微信状态也是打造微信个人号形象的重要元素。前者如同名片上的简短介绍，可以用来表达个人的职业身份、业务范围、生活态度等；后者具有微信的动态展示功能，营销人员可以选择不同的状态图标和描述来表达自己的心情、工作状态或生活情况，只要巧妙运用，就能够促进与微信好友的情感交流，传播品牌理念或近期活动信息。

（二）添加微信好友

微信好友是微信个人号开展营销的基础，只有拥有人脉资源，微信个人号的营销才可能稳定地持续下去。添加微信好友的途径有两种，一种是通过查找微信用户添加微信好友，另一种是通过推广微信个人号添加微信好友。

1．查找微信用户添加微信好友

微信为用户提供了多种查找和添加微信好友的方式，包括手机通讯录、微信群和“发现”频道等。一般来说，手机联系人都是营销人员的原始人脉，已经有过基础接触和交流，将其添加为微信好友的成功率较高；身处同一微信群的用户大多具有某些关联性，如处于同一交友圈、有共同学习目标等，因此添加微信群中的用户为微信好友可以大大提升营销效果；在“发现”频道中，可以利用“摇一摇”或“附近”等功能随机添加陌生人为微信好友。

2．推广微信个人号添加微信好友

除了主动添加微信好友，营销人员也可以推广微信个人号，让用户发起添加微信好友申请。将微信个人号嵌入宣传海报、短视频、营销文案，然后引导用户主动搜索微信个人号或扫码添加，都是常用的推广微信个人号添加微信好友的方式。

专家指导

添加微信好友后，营销人员可以采用私聊好友、消息群发的方式开展营销推广。私聊是一对一的互动方式，适用于更为亲密和信任度高的微信好友；消息群发适用于推广通用性的优惠活动、产品上新信息、重要公告、节日祝福等，主要利用群发助手来推进营销工作，但要注意措辞得体、内容简洁明了，可以结合定时发送和标签分组来实现精准推送，以提高营销内容的有效到达率和转化效果。

（三）开展朋友圈营销

拥有一定数量的微信好友后，营销人员就可以在朋友圈开展营销，如在朋友圈与微信好友互动、发布营销内容或开展营销活动等。

1．在朋友圈与微信好友互动

点赞、评论是朋友圈中常见的互动方式，在提升微信个人号的曝光度、加深与微信好友的联系方面有着积极作用。营销人员可以通过点赞、评论微信好友发布在朋友圈的内容来与微信好友互动。但需注意，营销人员在评论时应尽量避免敷衍了事，而是要给出有针对性、有深度的看法或建议，从而体现对微信好友的尊重和关注。

2．在朋友圈发布营销内容

除了在朋友圈与微信好友互动，在朋友圈发布营销内容也是重要的营销形式。营销人员在朋友圈发布营销内容时，应当注重内容规划、发布时间和发布频率 3 个方面。

（1）内容规划

朋友圈比较私人化，在朋友圈发布的营销内容既要有可看性，又要具有营销性，同时还要避免用户反感，因此需要做好内容规划。总的来说，朋友圈营销内容可以是产品或品牌相关的营销信息（见图 6-3），可以是产品使用方法、使用技巧或产品技术等专业性知识，也可以是用产品故事、生活分享或感悟等包装后的营销信息（见图 6-4）。除此之外，在规划朋友圈营销内容时，还可以汇总用户评价和反馈，或设计互动话题（见图 6-5）。

在规划朋友圈营销内容时，还要注意两个方面：一是要注意文字精简，尽量保持在 120 字以内，以免文字因太长而被折叠，无法显示全部内容；二是要注重图文结合及善用表情符号，避免内容单调。

图 6-3　产品相关的营销信息

图 6-4　用生活分享包装营销信息

图 6-5　互动话题

（2）发布时间

为保证营销推广效果，营销人员要分析微信好友在朋友圈的活跃时间，最好在其查看朋友圈的高峰期发布营销内容。一般来说，朋友圈营销内容的最佳发布时间是 8:00—9:30、11:30—13:00、17:00—18:30、20:00—24:00 这 4 个时间段，大多数用户会在这些时间段浏览朋友圈。

（3）发布频率

在朋友圈发布营销内容时，还要谨慎考虑发布频率，以避免因发布频率过高而招致微信好友的反感。一般来说，一天发 1～3 条朋友圈是比较合适的。对于直接展示产品或品牌营销信息的朋友圈，一天 1 条为宜。这样的频率既能够保持与微信好友的互动，又不至于造成信息过载。

专家指导

朋友圈是重要的营销渠道之一，持续的内容更新和开放的朋友圈有助于吸引微信好友的关注。限制朋友圈可见范围不仅可能给好友留下缺乏透明度、不够专业、缺乏互动意愿及缺乏诚信的印象，还会大大降低营销内容的覆盖度和影响力。因此，营销人员最好将朋友圈设置成全部可见，而非局限于三天、一个月、半年等可见期限。

3．在朋友圈开展营销活动

在朋友圈开展营销活动不仅可以提高微信个人号的曝光度，还可以用来开展产品促销和品牌推广。常见的朋友圈营销活动形式主要包括转发、集赞、点赞、试用、互动游戏等。例如，“集齐 ×× 个点赞，送精美水杯一个”“连续转发 3 天活动信息，就有机会获得 ×× 元的丰厚礼品”等。营销人员在设计朋友圈营销活动时，可以通过配图的形式说明活动的相关信息，如活动时间、参与条件、参加流程等。需要注意的是，在活动开始之前，营销人员可以提前在朋友圈预热，提醒微信好友准时参加。

专家指导

企业微信也是微信营销的重要组成部分，不仅集成了日程、会议、微文档、微盘等效率工具，还可以直接添加用户微信开展营销。企业微信的营销方法与微信个人号类似，也是通过添加用户微信，然后利用群发消息、微信群、朋友圈等开展营销，此处不再重复介绍。

二、微信公众号营销

微信公众号是在微信公众平台上申请的应用账号，微信公众平台是在微信基础上开发的功能模块。从营销的角度来说，微信公众号在品牌传播、宣传推广等方面都具有非常重要的意义。利用微信公众号，可以更好地引导用户了解品牌、参与互动，同时扩大营销内容的曝光度，从而促进企业达成营销目的。

（一）微信公众号类型的选择

微信公众号主要有服务号和订阅号两种类型，这两类公众号的特点、功能、适用对象有所不同，具体如表 6-1 所示。选择合适的微信公众号类型不仅有助于明确营销目标和方向，还有助于后续制订有针对性的营销策略。

表 6-1 服务号和订阅号的特点、功能和适用对象

类型	特点	主要功能	适用对象
订阅号	具有发布和传播信息的功能（类似于报纸杂志，提供新闻信息、娱乐资讯、知识分享等），每天可群发 1 条消息	向用户传达资讯	希望通过微信公众号发布和传播内容、资讯等的个人、媒体、企业、政府或其他组织
服务号	具有用户管理和提供业务服务的功能，每月可群发 4 条消息	服务交互	希望通过微信公众号提供深入的业务服务、用户管理及在线支付等功能的媒体、企业、政府或其他组织

确定好要选择的微信公众号类型后，就可以在微信公众平台中申请并注册微信公众号了。成功注册后，还需要在公众号管理后台进行后续的设置，如名称、头像、功能介绍、自定义菜单等，以便完善微信公众号的账号信息和服务功能。其中，名称、头像、功能介绍的设置与微信个人号类似；自定义菜单位于聊天界面底部，可以直接链接微信公众号文章、网页和小程序等，一般可根据微信公众号的定位和提供的功能或服务设置菜单，

微信公众号定位

如活动展示、福利领取、合作联系、文章推荐和商城入口等。

（二）微信公众号内容营销

微信公众号的主要功能之一是向关注用户群发文章，如通知内容、活动内容、新品上架内容、优惠折扣内容或其他话题等，从而实现“点对多”的营销。在开展微信公众号内容营销时，需要围绕文章的标题、封面图、摘要、内文4个部分展开设计。

1. 标题

标题是吸引用户点击和阅读微信公众号文章的决定因素之一，掌握一些标题写作模式可以帮助营销人员写出更有吸引力的标题。

（1）宣布式。直接点明宣传意图，将文章重点直接在标题中表明，让人一目了然，常用于折扣促销活动、产品上新及抽奖活动等。例如，“春日福利放送 | 满199元送围巾1条！”“潮流女鞋 | 把诗意穿在脚上，运动鞋低至59元，专区买2双减50元”。

（2）警告式。通过严肃、警示、震慑的语气说明内容，从而起到提醒、警告的作用。警告式标题可以夸张，但不能扭曲事实。要在陈述事实的基础上，以发人深省的内容、严肃深沉的语调给用户以暗示，让其产生一种危机感，进而忍不住点击标题。例如，“6个卫衣穿搭警告！别再这样穿！”“千万不要随便购买耳机！”。

（3）提问式。用提出问题的方式吸引用户注意，引起用户对该问题的思考，并使用户产生想要一探究竟的想法。提问式标题既可以是反问、设问，也可以是疑问，但应从用户的需求或利益点出发。例如，“孩子一哭，难道就只能妥协吗？为什么不试下这个方法？”“保护环境，我们日常可以做些什么？”。

（4）对比式。通过比较或对比两个或多个事物、概念、观点等，突出其中的差异和特点的标题。在对比时，可以将完全相反或性质截然不同的事物进行对比，如“震惊！有一种传输速度比猎豹还快，快到家了！”；可以将同一品牌的不同产品或不同品牌具有相同功能的产品进行比较，如“OPPO Find X7 VS OPPO Find N3：拍照篇”；也可以与行业内品牌不同但同质的产品进行比较，如“海尔洗地机 VS 大卫魔术拖把，看看谁能把地拖得更干净！”。

（5）证明式。以见证人的身份阐释产品或服务的好处，既可以是自证，也可以是他证。例如，“亲测！用这款洗面奶洗脸真的不紧绷！”“秋冬自用好物分享 | 亲测不踩坑的洗护用品”。

（6）号召式。多采用鼓动性的话语号召用户做出某种决定或行为，且多以动词开头。例如，“速来！阅读这篇家庭干预技巧，让孩子不再挑食！”“收藏！这些实用工具，总有一款适合你！”。

（7）悬念式。悬念式标题是通过设置悬念，利用用户的好奇心来引发用户的阅读兴趣。需要注意的是，设置的悬念应浅显易懂，不能故弄玄虚。例如，“照相馆里的8个遗憾”“那些成年人偷偷攒起来的秘密”。

（8）数字式。利用确切的数字强调数量、排行、销量等信息，具有醒目、直观的特点，可以增强文章标题的可信度，使用户产生强烈的阅读欲望。例如，“99元购价值12 800元学习大礼包！”“从200粉丝到200 000粉丝只用半个月，来看看他的秘诀”。

另外，微信公众号文章标题中还可以添加特殊符号，从而形成独特的风格。例如，可以在标题前使用竖线“|”或方头括号“【】”，并将产品或品牌名、归纳的要点、文章的分类标签或个性化标签等作为关键词展示在“|”前或填入“【】”中，与标题中的其他内容分隔开，从而更好地体现微信公众号文章的个性化风格，强化用户对微信公众号文章的印象。

作为网络信息的重要生产者，营销人员在写作微信公众号文章标题时应秉持正确引导社会舆论、传播社会正能量的原则，加强行业自律，从根源上避免“标题党”（利用夸张的标题来吸引用户点击，内文却可能严重失真）行为的出现。

2．封面图

封面图是对微信公众号文章的简要说明和体现，用于快速吸引用户的注意，并刺激用户潜在的阅读欲望。微信公众号文章的封面图一般使用与文章内文相关的精美图片，如果文章分为不同系列，还可以为每个系列设计风格对应的封面图。例如，图 6-6 所示为小米发布新款手机时某篇公众号文章的封面图，该图为文章内文所推产品的产品图片；图 6-7 所示为某培训网校发布的多篇微信公众号文章，其根据基金从业、银行从业等不同系列分别设计了封面图。

图 6-6 使用产品相关的封面图

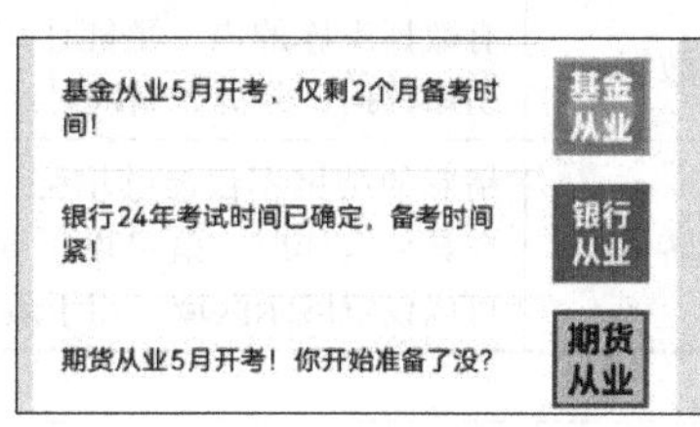

图 6-7 为不同系列文章设计封面图

3．摘要

摘要是封面图下方的一段引导性文字，可以起到快速引导用户了解微信公众号文章，或吸引用户点击、增加点击量和阅读量等作用。摘要一般会显示在单图文列表页中，多图文则不显示，但当某篇多图文文章被单独分享出去后，其摘要将被显示。若不设置摘要，原摘要位置则会自动显示文章内文的前几句话。摘要应简洁明了，可以直接点明文章主题和重点，或揭示文章有惊喜或福利等，摘要的字数最好控制在 50 个字以内。

4．内文

内文是传递营销信息的重要载体，如果内文不能承接标题、封面图等带来的流量，就容易造成用户流失和资源浪费。在写作内文时，同样可以运用一些写作结构和技巧，具体如表 6-2、表 6-3 所示。

表 6-2 内文的写作结构

结构	具体说明
总分结构	在开头部分总括性地提出文章的主题或核心观点，随后通过分点论述来详细展开和支撑这一主题或观点。这种结构能使文章条理清晰、重点突出
总分总结构	开头部分总括性地提出文章的主题或核心观点；中间部分详细展开论述，通过举例或分析等方式来支撑和解释主题或观点；结尾部分再对全文进行总结，升华主题或强调观点。这种结构简洁明了，易于理解和记忆
并列式结构	将文章的内容划分为几个并列的部分，每个部分围绕一个相关的子主题或观点展开。这些子主题或观点并列存在，共同服务于文章的中心思想

续表

结构	具体说明
递进式结构	文章内容层层深入，每一个部分都在前一个部分的基础上更进一步。这种结构能够引导用户逐步深入理解文章的主题
SQA 结构	即 Situation（情境）、Question（问题）、Answer（答案）的结构。首先描述一个特定的情境，然后提出该情境下产生的问题，最后给出问题的答案或解决方案。这种结构适合科普类或知识类的微信公众号文章，能够引发用户的思考并解答疑惑

表 6-3　内文的写作技巧

技巧	具体说明
用户痛点或需求切入	通过分析用户痛点或需求，从用户的角度出发，在内文中重点阐述该推广对象可以给用户带来的利益等。例如，图 6-8 所示的文章就将用户选择猫咪饮用水的需求作为写作切入点
运用网络热词	网络热词通常是某一时间段内网民群体中的流行语言，将其运用在内文中可以让用户感觉到新颖、有创意，进而产生主动点赞、分享等行为。例如，图 6-9 所示的文章中就使用了“家人们，谁懂啊”这一网络热词，有效增加了文案的趣味性
借助数据	有数据支撑的内文更能让用户信服，尤其是在表达某种观点或展示产品卖点时，可以通过引用数据、分析数据或对比数据等方式让内容更有说服力
结尾转化	精彩的结尾不仅能够增强文章的吸引力，还能有效地引导转化，如关注、购买和参与等。在具体写作时，既可以引导用户关注微信公众号或点赞、评论，也可以附上购买链接，还可以设置展示区域，用于展示其他推荐文章、热门产品和活动信息等

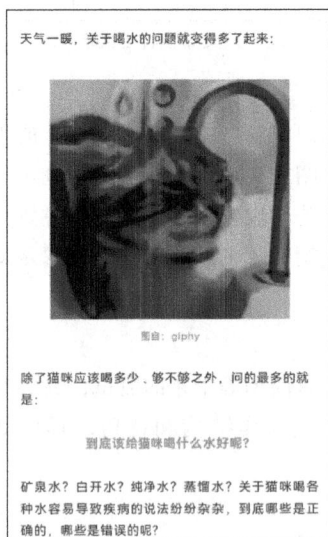

天气一暖，关于喝水的问题就变得多了起来：

图自：giphy

除了猫咪应该喝多少、够不够之外，问的最多的就是：

到底该给猫咪喝什么水好呢？

矿泉水？白开水？纯净水？蒸馏水？关于猫咪喝各种水容易导致疾病的说法纷纷杂杂，到底哪些是正确的，哪些是错误的呢？

凉白开/自来水：一定需要烧开喝吗？

很多宠物主都会说要给猫咪喝凉白开，不要直接喝自来水，这样的说法是正确的吗？

这个说法有一定道理。

关于自来水的安全问题，我国有106项饮用水监测标准来把关。大部分自来水在出厂时都是安全健康的。只是从出厂到每户居民家里还有很长的管道，有可能发生二次污染。

图自：gif gala

图 6-8　从用户需求切入

家人们，谁懂啊！华东师大来到你身边

华东师范大学　2023-06-27 19:17　上海

多少分可以上华东师大？
想了解迭代升级的培养方式？
想了解各学科专业的特色？
这专业我的分够上么？
家人们，谁懂啊！
家人们，谁懂啊！
家人们，谁懂啊！
华东师大招生老师们
已经赶往全国各地 来到你身边
期待为你面对面答疑解惑
欢迎报考华东师范大学

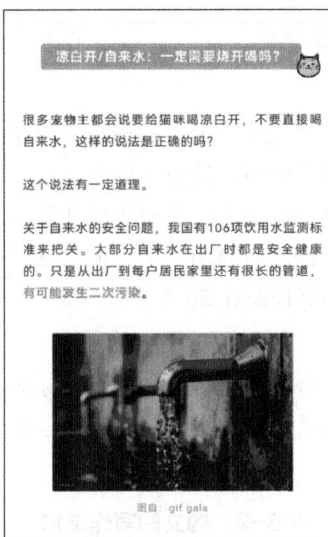

图 6-9　运用网络热词

专家指导

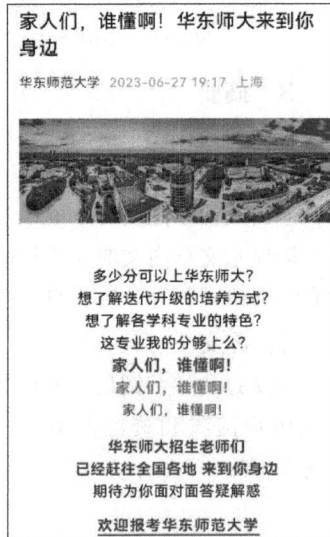

营销人员还可以灵活地运用情感、借势热点、讲述故事等技巧写作微信公众号文章内文。另外，秀米、135 编辑器、i 排版等工具提供了免费且实用的模板，营销人员可以直接套用模板对微信公众号文章进行排版。

（三）微信公众号粉丝营销

粉丝是微信公众号营销的基础，要想获得更大的影响力、提升推广效果，就必须做好粉丝的互动维护，以增加粉丝量、提高粉丝的忠诚度。对微信公众号而言，与粉丝互动、开展微信公众号活动是比较有效的粉丝营销方式。

1．与粉丝互动

在开展微信公众号营销时，有效与粉丝互动是提升粉丝黏性、增加粉丝基数和提升粉丝转化率的关键。营销人员可以采用以下方式与粉丝互动。

（1）点赞、评论粉丝在微信公众号文章留言区的留言，如图 6-10 所示。

（2）在微信公众号文章中引用粉丝的留言，从而增加内容的互动性和趣味性，鼓励更多粉丝参与互动。

（3）探索更多可以提升粉丝互动体验的技术手段，利用微信公众号开发接口接入更多互动形式，如制作交互式小游戏等。

2．开展微信公众号活动

开展微信公众号活动不仅能够增加现有粉丝的活跃度与忠诚度，还能提升品牌曝光度和粉丝参与感。一般来说，留言 / 分享有礼活动、投票活动、答题活动、话题讨论活动等都是常见的粉丝营销活动。其中，留言 / 分享有礼活动一般是围绕文章内容让粉丝在评论区留言，根据留言随机筛选或者按照点赞数等规则选取中奖者（见图 6-11）；投票活动主要是让粉丝上传作品或参与投票，如萌宠大赛、摄影比赛等；答题活动主要是举办专业知识问答或趣味竞赛；话题讨论活动一般是根据文章内容、时下热点、近期活动、节日庆典等来设置话题，引导粉丝就话题进行留言讨论（见图 6-12）。

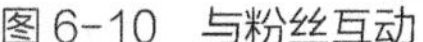

图 6-10　与粉丝互动

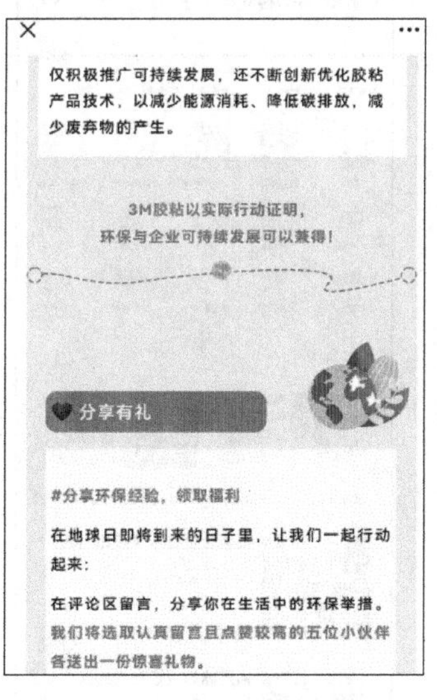

图 6-11　留言 / 分享有礼活动

图 6-12　话题讨论活动

三、微信小程序营销

微信小程序是一种不需要下载和安装就能使用的应用。基于微信的社交属性，微信小程序可以依托微信超 13 亿的活跃用户，在微信生态圈内打通线上线下消费渠道，从而快速实现用户拉新、转化和留存，以及促进商业变现。这些特性让小程序在营销领域具备得天独厚的优势。

（一）微信小程序定位

微信小程序定位是开展微信小程序营销的首要工作，即确定微信小程序具体适用于哪种场景、可以满足用户什么需求。一般来说，微信小程序适用的场景有社交互动、生活服务、电商服务、工具助手等。

1．社交互动

微信是一个强大的社交媒体平台，依托微信生态的小程序同样可以巧妙地嵌入社交元素，如在线交友、互动游戏、活动报名与签到等。图6-13所示为腾讯公益推出的一块走微信小程序，用户不仅可以在其中通过捐赠行走步数参与公益活动，还能邀请好友组成运动队伍。

2．生活服务

微信小程序覆盖餐饮外卖、酒店预订、票务购买（电影票、火车票、飞机票等）、家政服务、本地生活信息服务（如二手交易、租房信息）等方面，可以为用户提供便捷的生活服务。例如，美团外卖推出的同名小程序（见图6-14）轻便、无须下载，可以帮助用户实现在线订餐、线上买药、跑腿代购等服务。

3．电商服务

微信小程序支持构建轻量级的在线商城，可以为用户提供产品展示、搜索、购物车、在线支付等功能，许多商家都会建设小程序商城，让用户在微信内就能完成产品浏览、下单、支付等操作。例如，图6-15所示为服饰品牌热风基于用户的实际消费需求打造的小程序商城hotwind热风商城。

图6-13　腾讯公益一块走小程序　　图6-14　美团外卖小程序　　图6-15　热风小程序商城

4．工具助手

微信小程序可以开发如天气查询、日历、记账、翻译、计算器、健康管理（如步数统计、睡眠监测）等实用功能，具有即用即走、无须下载的特点，可以为用户提供各种实用的工具，帮助用户解决日常生活中的问题。

（二）微信小程序引流推广

开展微信小程序引流推广是开展微信小程序营销的关键，结合有效的引流推广方式，可以将微信小程序展示给更多潜在用户，从而提高微信小程序的曝光度和知名度，以便后续营销工作的开展。

1．社交分享裂变

利用微信小程序的社交属性，设计鼓励用户分享的功能，如分享得红包、邀请好友得优惠、拼团等，让用户将微信小程序分享给微信好友，或分享到朋友圈、微信群等，从而利用用户的社交网络实现快速引流和传播。

2．公众号关联推广

一方面，企业可以将公众号与微信小程序绑定，在公众号的自定义菜单中设置小程序入口（见图 6-16），引导用户直接进入微信小程序，从而实现流量互通；另一方面，企业可以在微信公众号文章中添加微信小程序卡片（见图 6-17），用户在阅读文章时，如果对相关内容感兴趣，就可以点击微信小程序卡片，自动跳转到小程序。

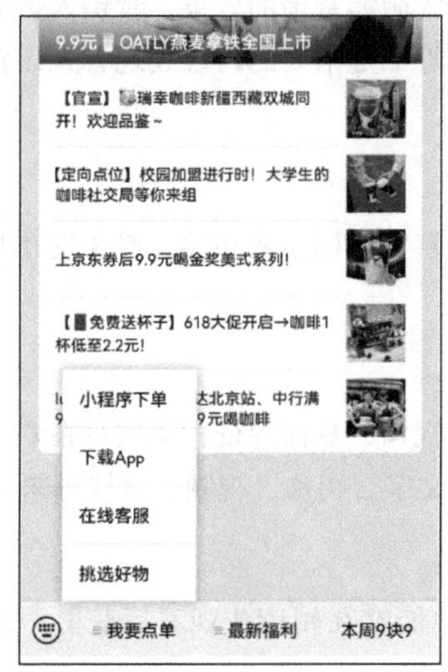

图 6-16　自定义菜单关联

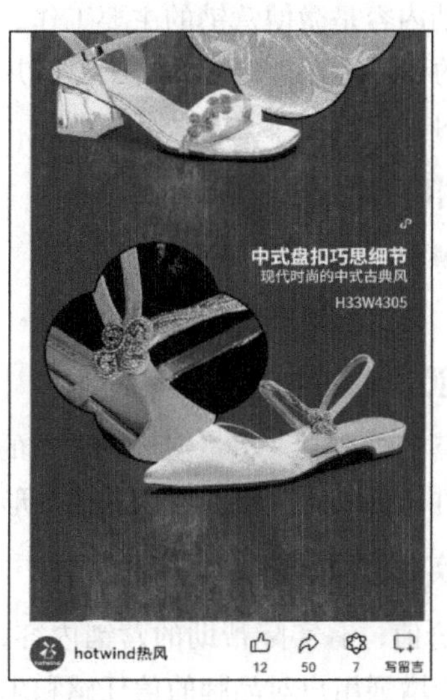

图 6-17　微信公众号文章关联

3．微信广告投放

利用微信广告平台（如广点通）精准投放小程序广告，扩大微信小程序覆盖面。

4．线下扫码

在实体店铺、宣传物料上印制微信小程序的二维码，鼓励线下的用户扫码进入微信小程序。

5．合作互推

与其他微信小程序或公众号合作，互相推荐，共享用户资源。如果要采用这种方式，最好选择与自身目标用户群体匹配的合作伙伴，从而更有效地吸引目标用户。

（三）微信小程序持续优化

微信小程序的持续优化直接关系到用户体验、用户留存率，以及长期的营销效果。市场需求和用户偏好是不断变化的，通过持续优化小程序，如优化性能、增加新功能、改进界面设计、修复问题与错误等，可以更好地满足用户需求、适应市场变化、延长微信小程序的使用周期，从而确保微信小程序能够提升用户满意度、提高用户参与度和转化率，并且具有长期的使用价值。

任务二 微博营销

微博是一种通过关注机制分享简短实时信息的广播式社交媒体平台。微博的准入门槛低、信息发送便捷，且互动性强，能够实现信息的快速传播和实时互动等，因此具有非常高的营销价值。微博营销指企业、个人等利用微博为自身创造价值的一种网络营销方式，其以微博作为营销平台，是基于粉丝基础进行的营销。在微博上，每一个活跃用户都是潜在的营销对象。

微博营销的特点

一、设计微博营销内容

发布营销内容是微博营销的主要工作，要想扩大微博营销的效果，营销人员应当注重对微博营销内容的设计。在微博上，文字、图片、视频等都是主要的内容表现方式。营销人员在设计微博营销内容时，应当遵循以下原则。

（一）相关性原则

确保微博营销内容与目标用户的兴趣、需求及营销目标紧密相关。避免发布与主题不相关的营销内容，以免浪费用户的时间和精力。

（二）创意独特原则

在设计营销内容时，尽量展现其独特的创意和视角，从而保证营销内容在众多信息中脱颖而出。设计时，可以尝试使用不同的内容形式，如文字、图片、视频、直播等来呈现创意。

（三）实用性原则

提供有价值、有实际帮助的营销内容，使用户能够在阅读或观看后获得一定的收获或启示，这有助于增强用户对品牌的信任感和忠诚度。

（四）时效性原则

在设计营销内容时，要充分考虑新闻事件、社会热点和流行趋势等的时兴与否，过时的信息不仅无法吸引用户，还可能损害品牌形象。

（五）多元化原则

在设计营销内容时，不要局限于一种内容形式或话题，应当尝试多样化的内容组合和表达方式，以满足不同用户的阅读需求。

一般来说，有价值、有创意、发人深省或趣味性、娱乐性的内容更受用户欢迎，也更容易获得评论和转发。另外，营销人员在设计微博营销内容时，应当尽量保证文字简洁精练，因为过长的文字内容会被折叠，不利于营销内容的展示和传播。

二、微博借势营销

借势营销是一种“顺势搭车”的营销方式，即利用外部的热点、潮流或者大型活动等已有的影响力和关注度，将营销内容与之自然关联，使得营销内容更易于被目标用户接受和传播。一般来说，借势的素材可以是网络流行元素、娱乐新闻、社会事件、文化活动或节日节气等。借势营销的时效性很强，关键在于把握好借势时机，找准营销内容与借势对象的关联点，即借势点，快速关联产品或品牌，让借助的“势”与产品或品牌所倡导的价值导向和品牌文化相融合，从而引发用户的注意和共鸣。例如，图 6-18 所示为小米手机借势五一劳动节发布的微博营销内容，其将新款手机的营销信息与五一劳动节的假期氛围紧密结合，鼓励用户在假期使用手机记录生活，这样不仅可以引发用户的情感共鸣、增强用户参与感，还能直观地展示新款手机的摄影效果，从而增强营销信息的说服力。

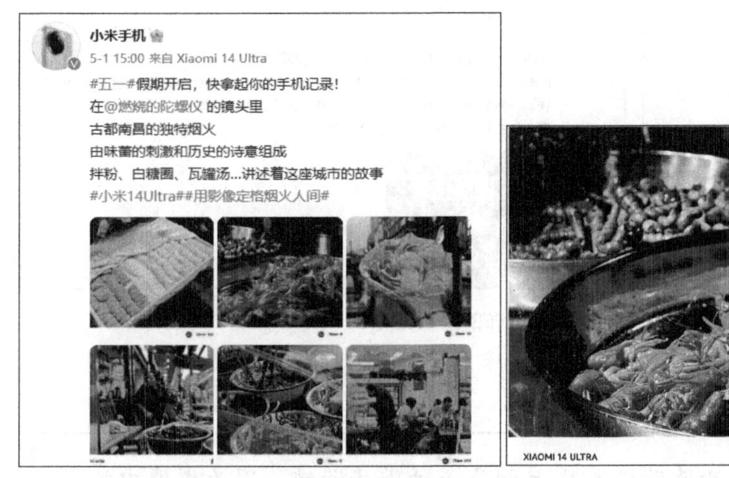

图 6-18　小米手机借势五一劳动节发布的营销微博

专家指导

开展借势营销需要营销人员把握借势时机，以抢占用户关注的黄金时段。许多新媒体账号会不定时发布营销日历，如创客贴、人人秀等就会在微信公众号发布营销日历，营销人员可以密切关注并选择合适的热点或事件，然后提前策划与借势热点或事件相关的营销内容。

三、微博话题营销

话题指微博中围绕某个主题展开的讨论，一般以“#××#”的形式出现。话题营销是微博营销的一种常用方法。借助微博话题来开展营销，可以快速引起用户的注意。开展话题营销的方法是：点击话题名称进入话题页查看具体内容，选择合适的话题，结合产品、品牌或服务，写一段与话题相关性较高的内容并带上该话题。这样就可以使关注该话题的用户加入讨论，从而扩大营销内容的传播范围。如果互动效果较好，转发、评论与点赞数量较多，发布的内容还会获得话题主持人的推荐，并且始终展示在话题首页，从而增加自身微博账号的曝光度和营销内容的热度。

开展话题营销的关键是话题的选择，一个有趣的话题可以使营销效果事半功倍。除了话题榜中的内容，当下实时热点、热门微博、微博热搜榜中的内容也可以作为话题营销的切入点。如果没有比较合适的热门话题，营销人员还可以围绕主推关键词、营销活动或品牌来创建话题。

创建话题后，营销人员还要维护话题内容，发动用户转发、评论话题内容，提高话题的热度。例如，图 6-19 所示为白象食品发布的两则微博，左图中的微博借助热门话题“# 五一劳动节快乐 #”宣传旗下产品，可以提升产品的曝光度；右图中的微博加入了自建话题“# 白象泡面工厂 #”，这样不仅可以引导用户参与话题讨论，还能宣传产品和品牌，从而扩大产品和品牌的影响力。

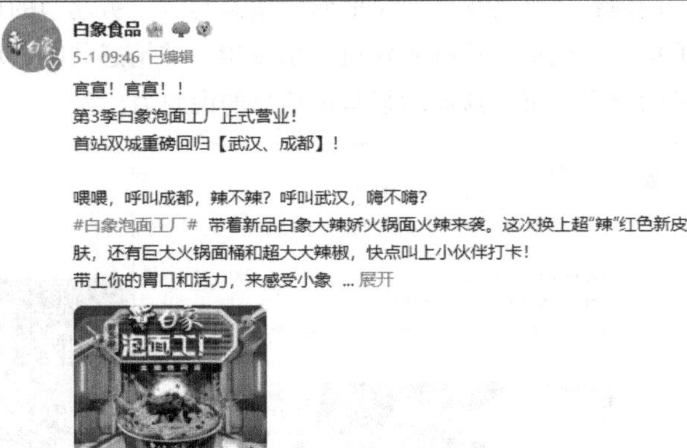

图 6-19　白象食品发布的两则微博

专家指导

借助微博热门话题开展营销本质上也是一种借势营销，因为微博中的热点和热门事件等大多会以热门话题的形式呈现。在选择时，营销人员应挑选具有积极、正面影响力的话题，不能借敏感事件、极端事件、恶性事件等进行恶意炒作博眼球，以免扰乱社会公共秩序。

四、微博活动营销

活动营销是一种整合资源的营销方式，在微博营销中比较常见。活动营销不仅能提高产品、品牌的影响力和用户的忠诚度，还能吸引媒体的关注。微博活动营销的类型多样，有奖转发、有奖征集、有奖竞猜等都是比较常见的活动。其中，有奖转发的开展频率较高，活动开展形式通常为：营销人员发起有奖转发活动，并指定参与形式，如“点赞 / 转发 / 评论 + 关注”“转发 / 评论 + 关注 +@ 好友”等，用户只要完成相关任务即表示参与活动，就有机会获得奖品。有奖征集的主题包括征集创意点子、广告文案、祝福语、买家秀图片等，用户根据征集要求参与活动，就有机会获得奖品。有奖竞猜指发布竞猜信息，提供谜面，由用户来猜谜底，竞猜内容包括猜文字、猜图片、猜谜语、猜价格等，竞猜成功的用户就有机会获得奖品。图 6-20、图 6-21 所示分别为有奖转发、有奖征集活动示例。

活动营销是围绕活动展开的营销，以活动为载体。如何打造有影响力的活动是营销成功的关键。不同于其他营销方式，活动营销所追求的更多是短期内的爆发。因此，开展微博活动营销，激发用户参与热情和扩大活动传播范围非常重要。一方面，要保证活动有意义，活动奖品有足够的吸引力；另一方面，应当拓展活动的传播渠道，如号召粉丝积极参与，或与知名微博博主合作，以扩大活动的覆盖人群和影响范围。

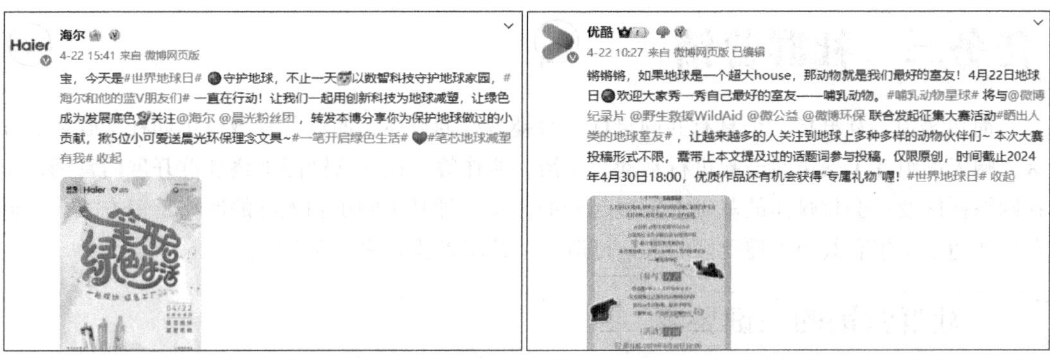

图 6-20　有奖转发活动示例　　图 6-21　有奖征集活动示例

五、微博粉丝营销

所谓粉丝营销，是指利用产品或品牌知名度将用户转化为粉丝，并利用粉丝之间的相互传导性达成营销目的。粉丝营销的效果很大程度上取决于粉丝的质量，如果粉丝对微博账号和内容的认同度高，积极参与互动转发就有利于营销内容的传播。

营销人员应通过评论、转发、私信或 @ 提醒等方式与粉丝保持良好的互动，加强与粉丝的联系、培养粉丝的忠诚度，这样才能扩大微博营销的影响力。同时，也可以将部分活跃粉丝的故事、意见等作为微博内容发布，以引起其他粉丝的共鸣，增强粉丝的归属感和参与感。另外，营销人员要多多关注经常转发微博营销内容的粉丝。转发次数在 5 次以上又积极参与讨论的粉丝属于核心粉丝，关注这些核心粉丝可以为企业或品牌开展口碑营销奠定基础。例如，海尔就是粉丝营销十分成功的品牌，它经常会在微博评论区与粉丝互动（见图 6-22），通过举办粉丝回馈活动调动粉丝的参与积极性，进一步凝聚粉丝。海尔还会发布与粉丝相关的内容，分享与粉丝有关的故事（见图 6-23）。

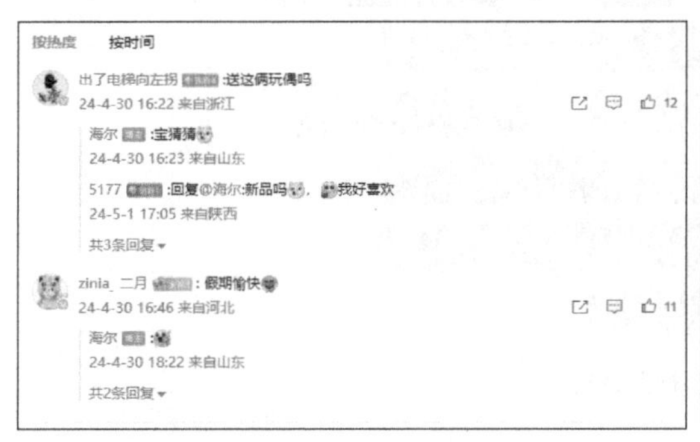

图 6-22　与粉丝互动

图 6-23　分享与粉丝有关的故事

专家指导

与其他有影响力的微博账号开展合作也是有效的微博营销方法。通过与其他微博账号联合推广，企业可以借助其粉丝基础和账号影响力，扩大营销内容的传播范围，从而实现产品和品牌影响力的快速扩散。与其他微博账号的合作形式多种多样，如共同策划活动、互相转发推广、合作发布内容等。

任务三 社群营销

简单来说，社群指一个具有共同目标或兴趣爱好的群体，通过某种载体（如社交媒体、社区、聊天群组等）聚集在一起进行互动、交流、协作等。社群营销即围绕社群开展的营销，是在网络社区及社会化媒体的基础上发展起来的，是一种基于圈子和人脉的网络营销方式。社群营销即通过聚集有共同兴趣爱好的人，打造一个共同兴趣圈并实现营销。

一、社群营销的关键要素

社群营销具有精准、高效、渗透等多种优势，逐渐成为企业进行营销推广的“标配”。社群营销需要依托社群开展，通常情况下，运营良好的社群都具备以下五大关键要素。

（一）同好

同好指社群成员拥有共同的价值观、爱好或兴趣，这既是社群成立的基本前提，也是社群成员共同行动的基础。根据价值观、兴趣、爱好的不同，可以形成不同的社群。例如，一群喂养猫咪的用户，为了更好地交流信息，自发组建猫咪养护群。

（二）结构

社群结构即社群的组织管理结构，主要包括组成成员和社群规则，如图 6-24 所示。其中，明确社群组成成员有助于让社群的分工更加明确，节省社群运营精力。同时，制订合适的社群规则也有利于维持社群的正常运营，以保证社群的和谐。

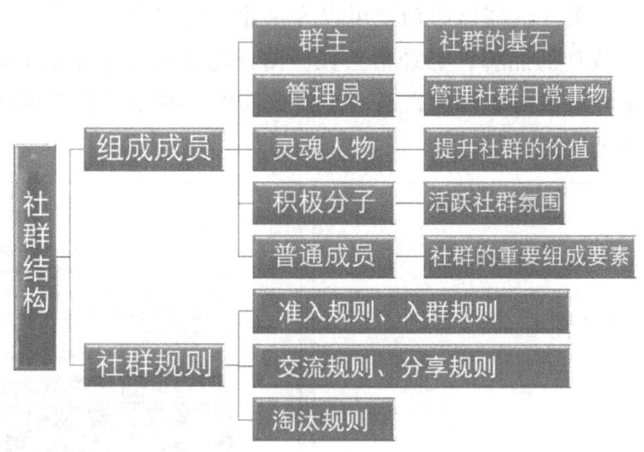

图 6-24 社群结构

（三）价值创造

一个能够持续发展的社群，必须能够为社群成员创造价值。为了让社群成员可以通过社群得到价值、产生价值，社群内必须有持续的输出、分享。一方面，可以引导社群成员互相分享来自不同层次、不同领域的内容；另一方面，可以培养关键意见领袖，激励社群内的普通成员展现、提升自己的价值，壮大社群的整体力量。

（四）运营

运营能够使社群保持活跃、提高凝聚力，提升社群成员的归属感，并使其自觉维护社群的发展和成长。在运营过程中，应当注重营销活动的开展，如通过事件、主题活动、话题讨论等为社群成员提供良好的参与体验，同时活跃社群氛围、加深社群成员对社群的依赖性。运营的关键在于对社群成员情感、态度等的精准洞察，以便采用恰当的方式开展运营。

（五）复制

复制可以扩大社群的规模，将成熟社群的结构及运营模式应用于新的社群，可以在短时间内以相对较小的成本形成一个大规模社群。在复制之前，需要考量是否具备充足的人力、物力、财力，是否形成了有引导社群良性发展能力的核心用户。

二、灵魂人物营销

灵魂人物指社群中占据主导地位的人，是整个社群的核心，能够吸引用户加入社群，如小米的雷军、罗辑思维的罗振宇等。以灵魂人物为主体进行的社群营销，就是借助灵魂人物在某一领域的影响力，吸引感兴趣的用户加入社群，并且能激活其他社群成员为社群创造更多价值。这种营销方式对灵魂人物的要求较高，一般其需要具备以下特征。

（一）有某种特长

灵魂人物需要在某些方面具有一定的特长，如秋叶 PPT 的灵魂人物秋叶就擅长制作职场 PPT。

（二）有一定的影响力

灵魂人物往往具有一定的影响力和知名度，并且聚集了一定数量的粉丝。

（三）善于交流

一个社群的灵魂人物必须善于交流，只有这样才能将自身的经验、知识分享给社群成员，提高社群的凝聚力。除此之外，灵魂人物还需与其他社群的灵魂人物沟通。

（四）有较高的情商

灵魂人物需要能够敏锐地感受到社群成员之间的情绪走向，及时做出反应，避免造成损失；当社群成员之间产生争执、矛盾时，还能够妥善处理。

灵魂人物通常拥有深厚的粉丝基础，利用其营销时，可以借助其影响力，吸引其个人粉丝加入社群，为社群引进新成员。同时，灵魂人物的专业性强、知识面广，能够为社群成员提供帮助，并且可以将这一点作为利益点，在吸引用户加入社群的同时，持续为社群成员提供价值。此外，灵魂人物与社群成员之间不断交流、互动，可以增进社群成员对灵魂人物的信任感和对社群的归属感，并且促进产品或服务的变现。

专家指导

灵魂人物营销不代表灵魂人物要包办所有的事情，社群应该有自己的核心团队，直接对灵魂人物负责，帮助灵魂人物开展营销，促使社群更快、更好地发展。

三、社群文化营销

社群文化营销侧重于通过构建和培育社群文化，来增强社群成员的凝聚力和忠诚度，进而推动品牌传播和销售转化。社群文化营销不仅关注产品和服务的推广，更注重在社群中塑造和传递一种特定的文化价值观，让社群成员产生认同感和归属感。例如，小米社区是小米为与用户建立更紧密的联系而创建的线上社区。这个社区不仅是一个提供产品信息和售后服务的平台，更是一个让用户分享经验、交流想法、参与产品设计和改进的社群。小米社区强调“为发烧而生”的品牌理念，鼓励用户追求极致的产品体验和分享精神。在开展营销时，小米不仅会举办线上线下活动来传递小米的品牌文化，还会定期整理小米社区中的用户反馈，并在后续的研发设计、运营中对其加以改进。图 6-25 所示为小米社区中的相关内容。

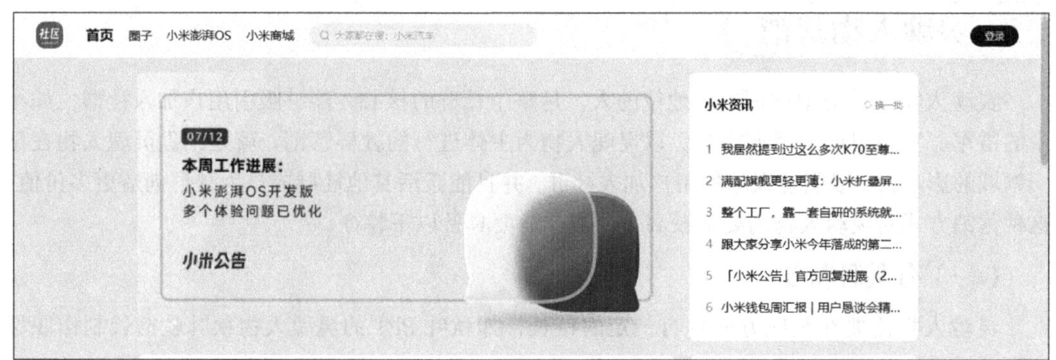

图 6-25　小米社区中的相关内容

社群文化是开展社群文化营销的关键，不仅是凝聚人心的精神内涵，还是维系社群稳定的基础。要建立社群文化，营销人员可以从明确社群标签、树立社群价值观、加强社群成员的信任和提高社群成员归属感等方面入手。

（一）明确社群标签

社群标签指社群给用户留下的印象，能够影响用户对社群的评价。一般来说，营销人员可以利用社群名称、口号、Logo 等来建立社群标签。

（二）树立社群价值观

社群价值观指社群成员对不同事情的认知、理解、判断或抉择。树立社群价值观有利于规范社群成员在社群中的行为，以便社群成员之间进行交流、沟通，提高社群凝聚力。

（三）加强社群成员的信任

社群成员对社群的信任度会影响社群成员对社群文化的认同度。只有社群成员对社群有足够高的信任度，社群才能拥有好的氛围，而好的社群氛围正是社群文化形成的条件之一。

（四）提高社群成员归属感

营销人员可以通过举办各种各样的线上、线下活动，利用奖品等吸引社群成员参与，或制造话题让社群成员进行互动，以提升社群成员的活跃度，增强其归属感。

社群氛围和文化建设对增强社群的吸引力和凝聚力具有重要影响。在营造社群氛围和培育社群文化时，应当秉持社会主义核心价值观，宣扬正确的思想和理念，使社群成为一个积极、健康、向上的交流平台。

四、社群价值营销

社群价值指社群中能够给社群成员提供知识、经验，帮助社群成员学习、解决相关问题的内容。社群价值营销就是通过向用户展示其在社群中能够获得的知识等，吸引用户加入社群。营销人员可以在输出有价值的内容的同时植入营销信息，以加深品牌在社群成员心中的印象或促进产品销售。社群价值营销通常对输出内容的频率、质量等有所要求，一般输出的内容质量越高，越容易吸引更多用户加入社群。根据社群性质的不同，营销人员所采用的内容输出方式也不同，常见的有以下 3 种方式。

（一）讨论输出

讨论输出是指社群成员在社群中对相关知识进行讨论，从而输出价值。营销人员也可发布一些有讨论意义的内容，引起社群成员的交流和讨论，这样不仅能够输出有价值的内容，还能活跃社群氛围。

（二）活动输出

活动输出是指通过社群线上线下分享、交流活动，输出有价值的内容。

（三）直播课输出

直播课输出是指通过开设直播课堂的形式，将社群中的知识、经验等分享给社群成员。要开展直播课输出，社群需要拥有专业的策划团队，以及有辨识度和知名度的讲师。

例如，秋叶 PPT 开展的社群营销就是典型的社群价值营销。其主要面向的是在校大学生、职场新人等，在社群中为他们提供 Office、新媒体运营、AI 工具等方面的学习资源和课程，以满足他们的学习需求。除了开展直播课和课程分享活动，社群还鼓励成员之间进行互动和交流，并为其提供丰富的制作模板、素材和教程等学习资源。图 6-26 所示为秋叶 PPT 微信公众号中展示的社群能提供的价值。

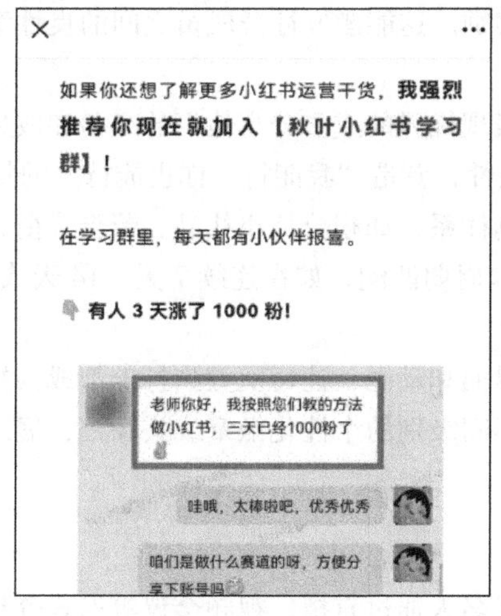

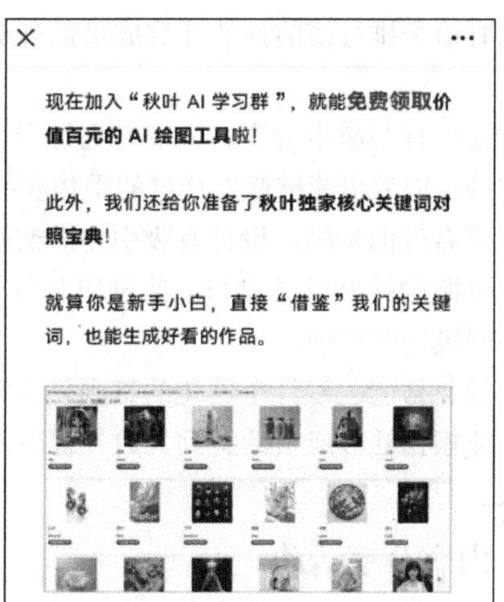

图 6-26 秋叶 PPT 微信公众号中所展示的社群能提供的价值

五、社群活动营销

社群活动营销是保持社群活力和生命力、加强社群成员感情联系、培养社群成员黏性和忠诚度的有效营销方式。其主要通过策划和组织各种社群活动，如签到打卡活动、内容分享活动、主题讨论活动等，来吸引和激活社群成员、增强社群凝聚力，同时提升产品、品牌的曝光度和用户参与度。

（一）签到打卡活动

签到打卡活动是为养成社群成员的良好习惯，或培养良好行为而开展的一种活动，可以监督并激励社群成员完成某项计划。签到打卡活通常需要设置签到打卡规则，并在社群中营造签到打卡的氛围，以促使社群成员养成定时签到打卡的习惯。

1．设置签到打卡规则

为保证社群成员能够坚持签到打卡，可以参考设置以下规则。

（1）押金规则。设置押金积分制度，规定社群成员需要缴纳一定的押金，在完成目标后退还押金。在判断完成程度时，可以设置积分制度，罗列积分加减项目。

（2）监督规则。监督规则是对签到打卡情况进行统计、管理和监督的规则。管理人员可以通过消息或通知发布签到打卡情况，这样一方面可以激励未签到打卡的成员积极签到打卡；另一方面可以鼓励已签到打卡的成员，使其产生持续签到打卡的信心。

（3）激励规则。为持续打卡、表现优秀的成员设置特殊奖励，奖励可以是多种形式，如物质、精神、荣誉等，也可以根据社群成员的个性、特色、职业等为其设置专门的奖项，体现个性化，激励社群成员的积极性。

（4）淘汰规则。设置淘汰制度，对签到打卡完成得不好的社群成员予以淘汰，或对打卡完成得不好的成员给予一定的惩罚。

2．营造签到打卡氛围

营造签到打卡的氛围可以激发社群成员的参与热情，激励社群成员完成签到打卡活动，从而提高其对社群的依赖度和黏性。

（1）展示排行榜与成就。利用社群管理工具展示签到排行榜，让社群成员看到自己的排名和进步，同时给予排行榜前列的社群成员额外奖励。这能激发社群成员之间的良性竞争和集体荣誉感。

（2）树立榜样与故事分享。鼓励签到打卡表现优异的成员分享他们的经验和成果，树立打卡榜样。这些正面故事能够激发社群的整体积极性，营造“我能行，你也能行”的氛围。

（3）设立合理的奖励。设计有吸引力的奖励体系，如积分、小礼品、荣誉头衔、专属课程访问权等，以激励社群成员参与。奖励应与打卡周期匹配，如在连续7天、14天或30天打卡后可获得不同级别的奖励。

（4）个性化体验。设计个性化的签到打卡界面和动画，让每次签到打卡都成为社群成员期待的事情。或根据社群成员的签到天数，提供不同级别的个性化徽章或头像框，展示社群成员的努力成果。

（二）内容分享活动

内容分享活动大多会邀请行业专家、学者或名人通过直播、视频会议等形式分享知识和经验，适合知识付费用户群体。内容分享活动不仅可以让社群成员获取有价值的信息和知识，还能促进社群的活跃度和凝聚力。在开展内容分享活动时，不仅需要提前通知社群成员，还要做好宣传和管理工作。

（1）提前通知。在确定分享内容和时间后，应该在社群内提前反复通知分享信息，以保证更多社群成员能够参与进来。

（2）分享管理。为了保证分享活动的秩序，在分享活动开始之前，应该制订相关分享规则，约束社群成员的行为，如分享期间禁止聊天等。在分享过程中，如果出现干扰嘉宾分享、偏题等情况，管理人员应该及时处理，维护好分享秩序。

（3）分享宣传。在分享期间或分享结束后，分享者可以引导社群成员对分享情况进行宣传，社群运营方也应该总结分享内容，在社交媒体平台进行分享传播，打造社群的口碑，扩大社群的整体影响力。

（三）主题讨论活动

主题讨论活动是发动社群成员共同参与讨论的一种活动形式，可以挑选一个有价值的主题，让社群的每一位成员都参与交流，并通过交流输出高质量的内容。与内容分享活动一样，主题讨论活动也需要经过组织和准备。

（1）预备工作。一个好的主题往往直接影响着讨论效果。通常来说，简单、方便讨论、有热度、有情景感、与社群相关的话题更容易引起广泛的讨论。除了确认参与成员和话题类型，安排话题组织者、主持者、控场人员等也非常重要，因此要合理分配角色、及时沟通。

（2）预告暖场。在主题讨论活动开始之前，最好有一个预告和暖场阶段。预告是为了告知社群成员活动的相关信息，如时间、讨论人员、主题、流程等，以便邀请更多社群成员参与活动。暖场是为了保持活动的积极性，让活动在开场时有一个热烈的氛围。

（3）总结讨论。在社群讨论活动结束后，主持人或组织人员需要对活动进行总结，包括比较有价值的讨论内容、活动经验、活动的不足之处等，并对其进行分享和传播，从而扩大活动的影响力。

专家指导

除了线上活动，线下的社群营销活动也可以帮助社群成员之间建立情感联系，加强社群成员对社群的归属感。在开展线下社群营销活动时，营销人员可以提前制订详细的活动计划，详细规划活动名称、活动主题、活动目的、活动日期、活动地点、参与人员、任务分配、活动策划团队名单、宣传方式、报名方式、参与嘉宾、活动流程、费用、奖品及后续推广等，然后根据活动的复杂程度做好团队分工，从而保证活动的顺利开展。

任务四　小红书营销

小红书是一个通过文字、图片、视频等形式分享生活内容的社会化媒体平台。该平台集社交媒体与电商于一体，用户在该平台内不仅可以交流购物体验，还可直接交易。小红书作为一个深受年轻人喜爱的生活方式分享平台，其营销方式与其他社会化媒体平台的营销有些许不同，主要集中在内容营销、KOL（Key Opinion Leader，关键意见领袖）营销和 UGC（User Generated Content，用户生产内容）营销 3 个方面。

一、小红书内容营销

顾名思义，小红书内容营销是以内容为核心的一种营销方式，通过精心策划和创作高质量的内容来吸引用户的关注和兴趣，进而实现品牌推广和销售增长的目标。千瓜数据发布的《2024“活跃用户”研究报告（小红书平台）》显示，截至 2024 年 2 月，小红书的月活跃用户数超过 3 亿人，女性用户占比近 80%，年龄分布占比较大的为 18 ～ 34 岁，且多生活在一、二线城市及新一线城市。图 6-27 所示为小红书用户的性别、年龄和城市分布情况。另外，平台内用户的内容偏好主要为时尚穿搭、护肤、运动健身、彩妆、旅行、美食、家居家装等。营销人员在开展内容营销时，可以深入了解平台用户的兴趣、需求和喜好，以选择与业务相关且用户感兴趣的内容领域。

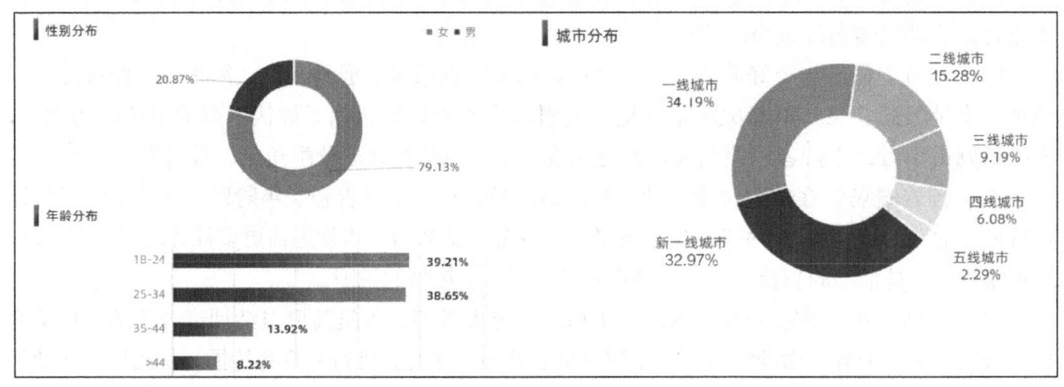

图 6-27　小红书用户的性别、年龄和城市分布情况

小红书中的内容被称为笔记，主要有图文笔记和视频笔记两种。一般来说，笔记的原创性越高、质量越高，越容易受到平台的推荐。在开展小红书内容营销时，营销人员需要特别注重笔记内容的写作。按照内容的构成，可以将重点放在标题和封面图两个方面。

（一）标题

标题是小红书笔记的“第一印象”，是用户首先阅读到的内容。一个吸引人的标题能够迅速抓住用户的注意力，提高小红书笔记的点击率。在写作小红书笔记的标题时，可以灵活运用微信公众号文章标题的写作模式和技巧。由于小红书笔记标题的字数被限制在 20 个字内，因此在写作时还应当保证简洁明了，要能够准确传达笔记的核心内容，并突出其亮点。这可以通过提问、设置悬念或使用强烈的语气等方式实现。另外，小红书的活跃用户大多是年轻人，他们多追求新颖、有趣和时尚的内容。因此在写作标题时，还可以添加一些网络流行语和热门话题。

（二）封面图

封面图是小红书笔记的“门面”，一张高质量、有吸引力的封面图能够迅速吸引用户的眼球，提高小红书笔记的点击率。在发布小红书笔记时上传的第一张图片即为笔记的封面图。在选择和设计小红书笔记的封面图时，应当保证图片清晰、美观，能够准确传达小红书笔记的主题和核心要点，避免使用与内容无关、模糊、低质量的图片。例如，图 6-28 所示为小红书中 3 篇不同主题的笔记的封面图，可以看出其与笔记内容紧密相关，且比较美观、清晰。另外，为提高封面图的吸引力，还可以将标题或能体现内容亮点的关键词呈现在封面图上，并突出显示。

图 6-28　小红书中 3 篇不同主题的笔记的封面图

二、小红书 KOL 营销

KOL 指在特定领域或平台上拥有大量粉丝和较高影响力的个人或团体。他们通常具有专业知识、行业经验和广泛的人脉，能够对他人的购买决策、品牌忠诚度和信息传播产生积极影响。例如，美妆领域某主播在美妆行业有着较高的知名度和影响力，并且在小红书、抖音等平台拥有众多粉丝，凭借其专业的试用推荐和独特的销售技巧，成功地推动了多个品牌化妆品的热销，那么该主播就属于 KOL。

在小红书中，开展 KOL 营销非常常见且有效。这是因为平台内的 KOL 拥有较多粉丝和较高的关注度，且对内容的输出及把控能力也相对较强，具有强大的话语权和影响力。与 KOL 合作开展营销，可以通过 KOL 的个人品牌效应和信任背书来扩大产品或服务的知名度、提高销售转化率。在具体开展小红书 KOL 营销时，需要注意以下 4 点。

（一）选择合适的 KOL

KOL 的选择会影响后期的营销效果。具体选择时，可以根据目标用户和产品特点，结合小红书平台的搜索功能、相关领域的榜单等渠道，寻找与之匹配的 KOL。同时，还要确保选择的 KOL 与企业品牌的粉丝群体、价值观、定位相契合，并严谨核查 KOL 的粉丝数量、互动率、影响力等数据，避免虚假数据影响合作效果。

（二）保持真实性

KOL 在分享内容时，需要保持真实性和客观性，避免夸大其词或虚假宣传。

（三）尊重 KOL 的创意和风格

KOL 有自己的独特风格和创意，因此在与 KOL 合作时，需要尊重并支持他们的创意和风格。

（四）监测营销效果

在选定 KOL 并发布营销内容后，营销工作仍未完成，营销人员还应当定期监测营销效果。一般来说，可以通过关注 KOL 的分享内容、粉丝互动情况、品牌曝光度等指标来评估营销效果，并根据实际情况进行调整和优化。

三、小红书 UGC 营销

小红书 UGC 营销指基于小红书上普通用户主动分享的生活、经验和见解等内容，通过品牌合作、鼓励引导等方式，为品牌带来更多曝光和用户互动的一种营销方式。小红书是一个以 UGC 为核心的内容分享社区，基于用户的亲身经历、实际体验等的内容更容易受到信任和传播。有效开展 UGC 营销不仅可以赢得用户的信任，与用户建立更紧密的联系，还能促进产品和品牌的传播和推广。在具体制订营销策略时，可以参考以下要点。

（一）呈现具有真实性的内容

真实的内容比直接的推广更具说服力。要呈现具有真实性的内容，可以在写作内容时侧重描绘具体的使用场景、生活感受和体验，并增加相应的细节描述，或通过详细的生活故事和亲身经历来介绍产品或服务，从而增强内容的生活气息和代入感。例如，图 6-29 所示为某品牌的相关营销笔记，其就从亲身体验出发分享产品的使用感受，不仅详细介绍了产品的外观、功能和特点，还描述了使用场景和个人使用感受，让用户能够直观地感受产品的优势和价值。

（二）鼓励用户自发参与

要想发挥 UGC 营销的效果，让真实用户自动自发地分享有关产品或品牌的真实体验更为有效。营销人员可以发起话题挑战或品牌活动，设计有趣的互动形式，如 ×× 挑战赛、晒单大赛（见图 6-30）等，激励用户参与分享或创作。同时，还应当提供明确的活动规则和奖励机制，如设立奖项、提供专属优惠、赠送礼品等，从而提高用户的参与动力。

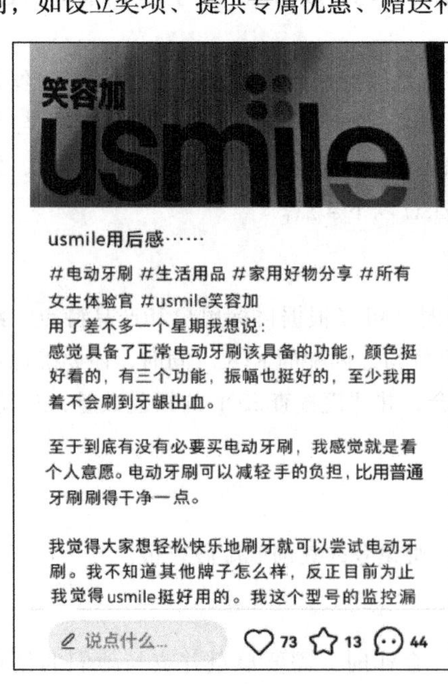

图 6-29　呈现具有真实性的内容

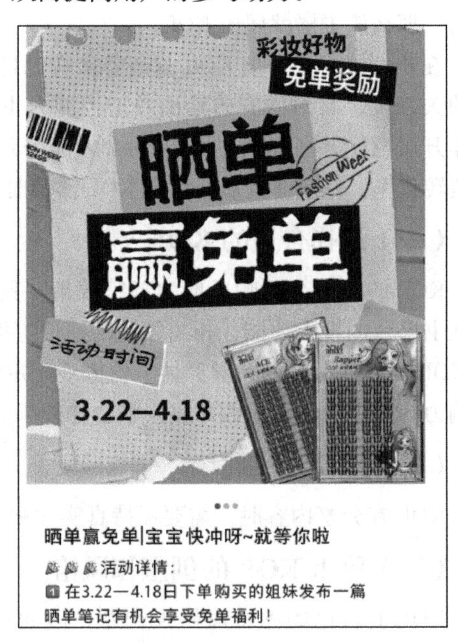

图 6-30　鼓励用户自发参与

任务五 今日头条营销

今日头条是一个通用信息平台，致力于连接人与信息，让优质而丰富的信息得到高效分发，囊括图文、视频、问答、直播和微头条等多种内容形式，涵盖科技、体育、健康、美食、教育等多个内容领域，具备独特的营销优势。

一、今日头条内容营销

今日头条优质多样的信息吸引了大量用户。在今日头条上，优质的内容是吸引用户点击、阅读、分享和关注的基础，因此营销人员需要投入较多的时间和精力来创作具有吸引力的内容。

（一）今日头条的内容推荐机制

今日头条的内容推荐机制实际上是一种个性化推荐机制，其通过大数据算法记录并分析用户数据，计算用户的偏好和兴趣，再为用户推荐可能感兴趣的内容。这种推荐机制可以实现内容的精准推送，一方面减少了用户寻找内容的时间，另一方面也改善了用户的使用体验。

在这种个性化推荐机制下，今日头条中文章的发布大多会经历内容审核、冷启动、正常推荐、复审 4 个推荐环节，具体如图 6-31 所示。在这个推荐过程中，如果文章首次推荐后的点击率较低，系统会认为该文章不适合推荐给更多的用户，因而减少二次推荐的推荐量；如果首次推荐后点击率高，系统会认为该文章受较多用户喜欢，因而进一步增加推荐量。以此类推，文章新一次推荐的推荐量都以上一次推荐的点击率为依据。此外，文章过了时效期后，推荐量将明显衰减。时效期节点通常为 24 个小时、72 个小时和一周。

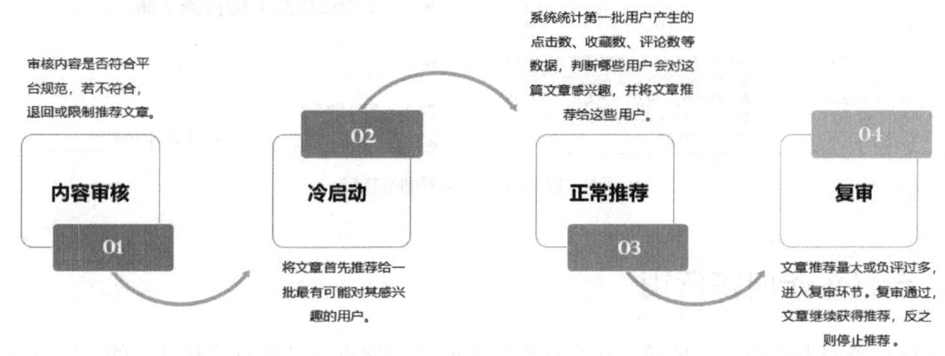

图 6-31 今日头条内容推荐机制

（二）今日头条内容创作策略

在今日头条开展内容营销需要掌握营销重点，并综合运用多种创作策略，不断地调整和优化，以获得最佳的营销效果。

1．合理设置关键词

今日头条可以通过智能算法为用户推荐内容，若要提高内容被平台推荐的概率，可以根据需要在内容中合理设置关键词。一般来说，今日头条主要凭借以下两种判断方法识别内容。

（1）高频词。高频词指出现频率比较高的、与主要内容相关的词语。例如，健身频道内的一篇文章以介绍降低体脂率的方法为主，那么其相关高频词可能是身体代谢、减脂、热量、食物、运动、健身等与内容主题相关且出现频率较高的词语。

（2）低频词。低频词指一类文章，而非一篇文章中出现次数较少的词语。这类词语出现的次数少，更易于被系统从众多内容中识别到。

在写作今日头条文章时，营销人员要尽量多地植入更容易被今日头条识别和判断的关键词。系统判定出关键词后，会将这些关键词与今日头条分类模型中的关键词模板进行对比，如果吻合度较高，就会为今日头条文章标注对应类型的标签。在设置关键词时，营销人员一般会采用文章垂直内容领域的实体词，如在职场领域，文章关键词可以是求职、领导、同事、PPT等。从点击率的角度考虑，营销人员可以根据目标用户相关属性来设置关键词，在标题中添加有关性别、年龄、职业、兴趣或地域等标签的关键词，如“25岁左右女性”“零基础绘画爱好者”“成都”等，从而快速抓住用户眼球，吸引用户点击文章。

2．以时事和热点为引入

在今日头条中，新近发生的、热议的时事或热点会更受用户的关注。因此，若内容与时事和热点相关，则更容易提升内容的吸引力。该策略要求营销人员紧跟时事热点和流行趋势，将文章主题与当前时事和热点相结合，再自然而然地融入营销信息。

3．内容要原创

今日头条文章发布后，系统还会通过全网搜索引擎审核文章的原创度和健康度，以及是否存在恶意营销等情况。只有内容原创度达到60%以上时，文章才会被系统推荐。因此，营销人员还应当保证内容是原创的。在发布时，营销人员可以申请开通原创功能，增加文章被推荐的概率。例如，图6-32所示为今日头条中的文章，可以发现文章的标题下方显示有“原创”字样，这种文章就开通了原创功能，因此更容易被系统推荐。

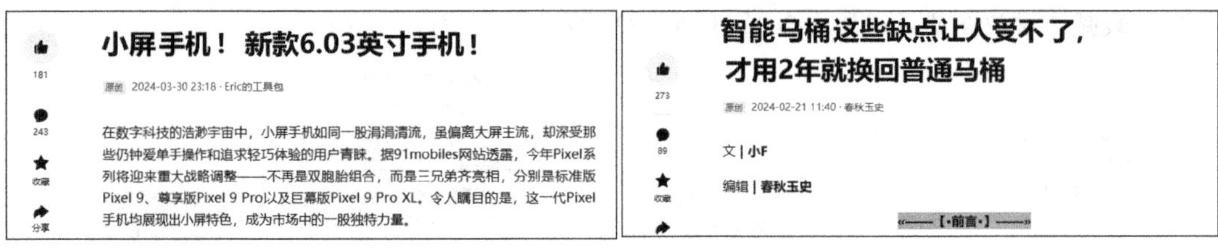

图6-32　开通原创功能的文章

二、今日头条问答营销

今日头条问答营销是一种通过在今日头条的问答功能进行品牌宣传和推广的营销方式。这种营销方式的核心在于通过回答用户的问题，巧妙地植入营销信息，从而达成营销目的。开展问答营销的关键点主要有两个——选择问题和写作回答。

（一）选择问题

问题的选择直接影响问答营销的效果，是连接潜在用户、传递营销信息、建立信任的重要桥梁。具体在选择问题时，可以选择以下两类问题。

1．与品牌或产品相关的问题

与品牌或产品相关的问题直接关系到企业的业务领域，回答这些问题能够直接展示专业知识、产品特点和品牌优势等，有助于提升品牌知名度和用户信任度。另外，当用户对相关的品牌或产品提出问题时，说明他们已经具备了一定的了解和购买意愿。回答他们的问题可以消除他们的疑虑，增强他们对产品或品牌的信心，从而提高转化率。例如，对于专注健康食品的品牌，营销人员可以在搜索框中输入“健康食品”“如何选择健康食品”等关键词，然后在搜索结果中查找相关问题并回答。

2．平台推荐问题和最新问题

今日头条中的推荐问题和最新问题往往拥有大量的浏览量和关注度。通过回答这些问题，可以迅速提升账号曝光度和关注度。

专家指导

如果没有合适的问题，营销人员还可以自行提问，然后采用自问自答的形式来传递营销信息。设计时，可以设想与品牌或产品相关的具体场景，如“上班族如何快速准备一份健康的早餐”等，或在问题中巧妙地融入品牌或产品的关键词。另外，还要确保提出的问题具体明确，避免问题过于宽泛或模糊。例如，如果是家居品牌，可以提问“如何在家中打造一个舒适的阅读角落”，而不是简单地提问“如何装饰家居”。

（二）写作回答

回答的最终目的是解决用户问题，这就要求回答应当具有可靠性、利他性。在设计回答时，可以从以下两个角度出发。

1．从自身出发

之前我处于 ×× 样的状态，很想 ××，但是找不到方法；突然在某个时刻发生了 ××，我找到了 ×× 方法；经过 ×× 的努力，最终得到 ×× 的结果；之后，我总结出 ×× 的方法，在这里分享给大家；曾经我跟你一样 ××，既然我可以做到，那么相信你也可以做到。

2．从问题出发

当前人们对 ×× 存在不正确的认知，造成 ×× 问题，造成这个问题的原因是 ××；正确的做法是 ××。

专家指导

除了今日头条文章和问答，营销人员还可以利用今日头条的微头条开展营销。微头条是今日头条的轻量级内容形式，与朋友圈和微博类似，用户可以通过简短的文字、图片或视频快速分享观点、心得或推荐内容。在开展微头条营销时，可以参考朋友圈和微博的营销方法，此处不再赘述。

课堂实训

实训一　为口腔护理品牌策划并开展微博营销活动

伴随着人们健康意识的提升，口腔护理成为现代人日常生活中不可或缺的一部分。口腔护理品牌笑享护经营有电动牙刷、冲牙器、牙线等产品。为传递正确的口腔护理知识，增强人们的口腔维护意识，并营销品牌及产品，李巧需要为笑享护策划并开展一个吸引力强的微博营销活动，活动时间为4月30日—5月5日。

1．实训要求

（1）简单策划微博营销活动，策划方案中需包含活动目的、活动主题、活动时间、活动参与方式和参与要求等。

（2）为活动撰写营销文案，内容中需包含活动介绍、参与要求及合适的话题。

（3）为活动设计营销海报，并在微博中发布营销文案和海报。

2．实训步骤

（1）确定活动主题。本次活动的目的是传递正确的口腔护理知识，并营销品牌及产品。基于此，可将活动主题确定为"微笑守护计划——从'齿'开始，你的笑容，我来守护"。

（2）确定活动参与方式。如果活动围绕传递正确的口腔护理知识进行，那么参与方式可以是分享用户的口腔护理心得。例如，用户晒出自己的微笑照片，并分享自己的口腔护理心得或口腔护理故事。

（3）确定活动参与要求。营销活动在微博中开展，可选择常见的有奖转发活动等。同时，为了营销品牌，可要求用户转发微博并带话题#笑享护#+关注+@笑享护。另外，为激发用户的参与热情，营销品牌旗下的产品，可将产品作为奖品赠送给用户。

（4）生成活动策划方案。汇总以上所有信息，并适当优化，形成最终的活动策划方案，如图6-33所示。

笑享护微博有奖转发活动策划方案

活动目的：传递正确的口腔护理知识，并营销品牌及产品。
活动主题：微笑守护计划——从"齿"开始，你的笑容，我来守护。
活动时间：4月30日–5月5日。
活动参与方式：用户晒出自己的微笑照片，并分享自己的口腔护理心得或口腔护理故事。
活动参与要求：带话题#笑享护#+关注并@笑享护，就有机会获得口腔护理套装。

图6-33　微博营销活动策划方案

（5）撰写营销文案。为便于用户直观地了解活动，可以采用营销文案+营销海报的形式介绍活动。营销文案简单地介绍活动及参与要求，并带话题。例如："你的笑容，笑笑来守护！想要一口洁白健康的牙齿，自信地展现你的笑容吗？快来参加笑笑为你准备的微笑守护计划吧！晒出你的微笑照片，分享你的口腔护理心得或口腔护理故事，带话题#笑享护#，并关注+@笑享护，精美的口腔护理套装等着你哦！"

（6）设计营销海报。营销文案比较简略，由于用户了解到的活动信息比较有限，因此活动海报的内容可以详细一些，包含活动的所有内容。为保证营销海报的设计效率和效果，可直接使用在线设计工具中的海报模板设计海报，如创客贴、Canva可画等。进入创客贴，搜索活动海报的模板，选择任一模板，在编辑页面将内容修改为活动内容，部分效果如图6-34所示

（配套资源：\效果文件\项目六\营销海报.png）。

（7）发布营销文案和营销海报。打开“发微博”界面，输入营销文案，并上传营销海报，效果如图 6-35 所示。

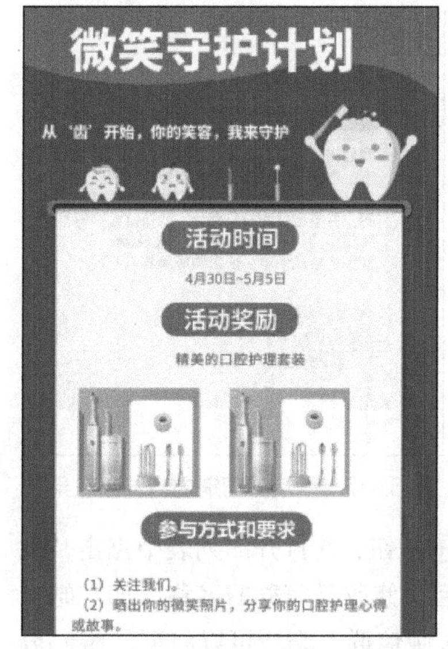

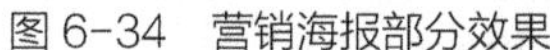
图 6-34　营销海报部分效果

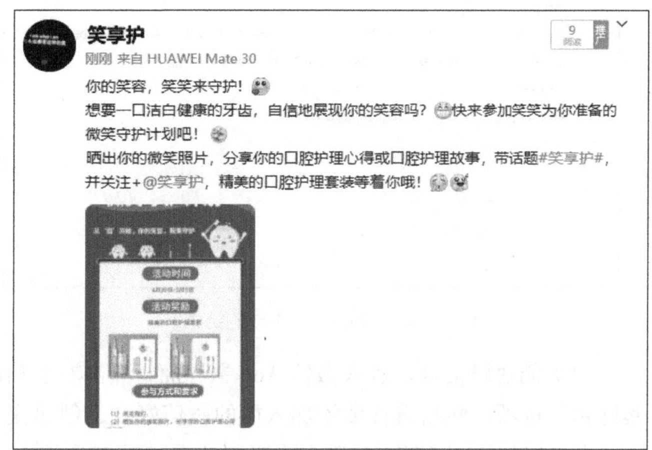

图 6-35　微博发布效果

实训二　在朋友圈和微信群中开展活动营销

笑享护的微信个人号营销效果不是很好，李巧查看后准备重新规划、设置该微信个人号，并利用该微信个人号开展朋友圈营销。另外，她还准备创建一个与口腔护理相关的微信群，在群内分享口腔护理小技巧和笑享护举办的微博营销活动。

1．实训要求

（1）打造与口腔护理、微笑守护者等相关的微信个人号形象。

（2）利用文心一言生成能够吸引微信好友参与“微笑守护计划”微博营销活动的朋友圈营销内容。

（3）创建能吸引注重口腔健康的人加入的微信群，在群内发布有关活动的营销内容，并开展口腔护理有关的文化营销。

2．实训步骤

（1）打造微信个人号形象。根据营销需求，微信个人号的名字可以是“名字（或简称）+职业”“名字（或简称）+服务”“品牌+产品+名字（或简称）”的组合，头像可以是个人照片或口腔护理相关的图片。因此，此处该微信个人号的昵称可以设置为“笑笑－口腔护理小助理”（这里化用品牌名称，将名字设置为“笑笑”，与微博中的品牌自称保持一致），头像则可以是微笑的个人照片。

（2）设置微信个人号。进入微信主界面，点击“我”选项，打开“个人信息”界面，依次点击“头像”“名字”选项，根据设置思路完成微信个人号名字、头像的设置。

（3）设计朋友圈营销内容。进入文心一言官网，登录账号后单击“开始体验”按钮进入对话界面，在对话框中输入写作指令，如“笑享护口腔护理品牌准备开展主题为‘微笑守护计划’

的微博营销活动，相关活动信息为……假如你是品牌的营销人员，请为其写作一篇宣传活动的朋友圈文案”。待文心一言生成结果后（见图 6-36），查看并优化内容，最后将内容发布到微信朋友圈中（可附上营销海报），效果如图 6-37 所示。

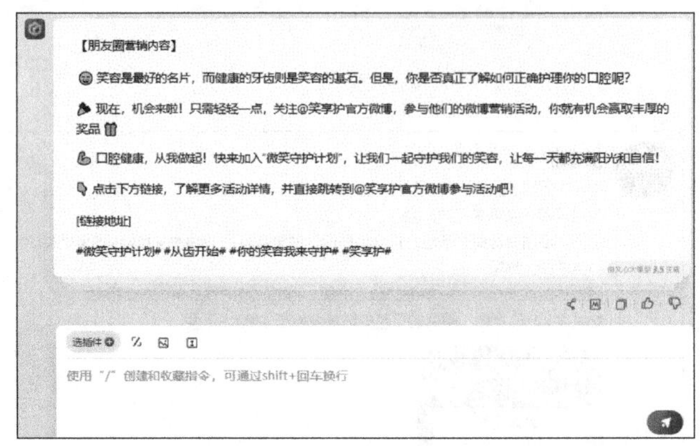

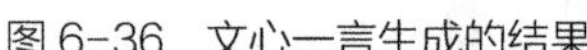
图 6-36　文心一言生成的结果

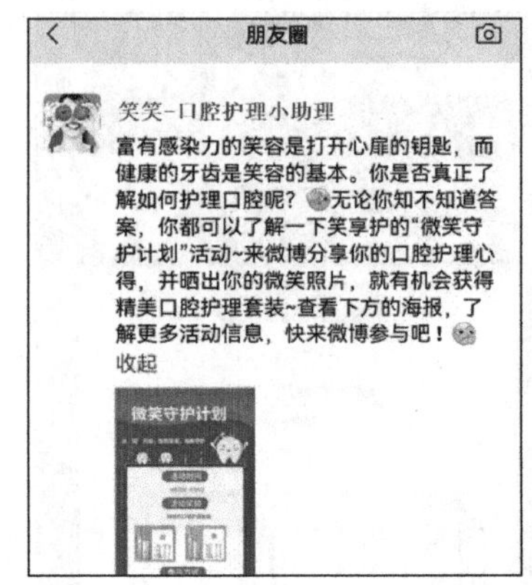

图 6-37　朋友圈营销内容发布效果

（4）创建微信群。进入微信 App 主界面，点击右上角的⊕按钮，在打开的列表中点击“发起群聊”选项，然后选择要添加入群的微信好友。创建完毕后，修改微信群的名称，如“皓齿同行会”“健康口腔家园”等。为吸引注重口腔健康的人加入微信群，李巧可以将群二维码分享到微博、小红书等平台，并告知该群可以提供的口腔护理知识和相关福利等。

（5）设计并发布活动相关的营销内容。在设计微信群内发布的活动营销内容时，最好以聊天对话的形式呈现。例如，李巧可以先询问群内用户的刷牙时长和刷牙方法，然后给出口腔护理的相关建议，最后说明笑享护开展的微博营销活动，并号召用户去微博参与活动。

（6）在微信群内开展与口腔护理有关的文化营销。社群文化营销是一个长期的过程，李巧可以定期发布口腔健康知识，如正确的刷牙方法、牙线使用技巧、口腔疾病的预防等，内容应科学、准确、易懂。同时，李巧可以邀请口腔医生或专家开展在线讲座，解答群成员关于口腔健康的疑问，提高群成员的口腔健康意识。另外，李巧还可以组织各种有趣的互动活动，如口腔健康知识竞赛、口腔护理产品试用报告分享等，激发群成员的参与热情。

实训三　利用 5118 为口腔护理品牌写作小红书营销笔记

5118 是一个功能较多的工具网站，可以提供关键词挖掘、搜索引擎优化、AI 写作等多项功能。笑享护最近推出了一款智能电动牙刷，上新价为 399 元。智能电动牙刷的特点包括：搭配双面屏，前视屏可以查看刷牙状态和刷牙结果，后视屏可查看牙渍清洁进度；可连接 App，能制订护齿目标、调节刷牙力度、输出刷牙报告；有轻柔、强力、经典 3 种清洁模式；机身为防水设计，搭载变频马达；180 天续航；有黑、白、灰 3 种颜色。为推广智能电动牙刷，李巧打算在小红书上发布相关营销笔记，于是她准备使用 5118 的 AI 写作功能来生成笔记内容，以提高工作效率。

1．实训要求

（1）利用 5118 为小红书营销笔记生成标题和具体内容。

（2）设计合适、精美的封面图。

（3）将营销笔记发布到小红书中。

2．实训步骤

（1）生成标题。进入5118官方网站，登录账号后将鼠标指针移至页面顶部“AI工具”选项卡上，在打开的列表中选择“小红书”/“小红书标题生成器”选项。在打开的页面中输入笔记主题，然后单击“立即生成”按钮。系统将在打开的页面中自动生成并显示结果，效果如图6-38所示。从生成结果中选择合适的标题并加以优化，然后确定最终的笔记标题，如“快来给牙齿做场SPA！”。

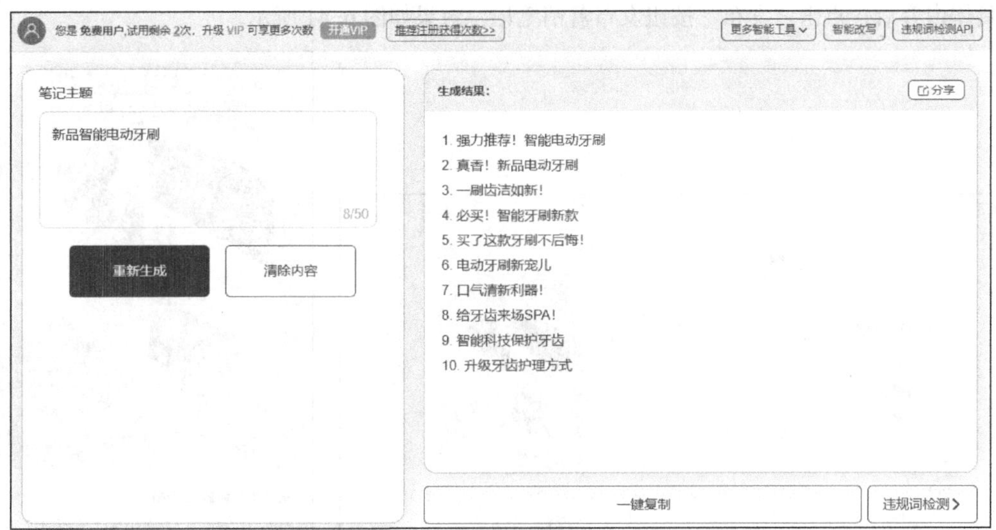

图6-38　5118生成的标题

（2）生成具体内容。继续将鼠标指针移至页面顶部“AI工具”选项卡上，在打开的列表中选择“小红书”/“小红书种草文案大师”选项。在打开的页面中填写笔记内容的主题和产品特色或卖点，然后单击“立即生成”按钮。系统将在打开的页面中自动生成并显示生成结果，效果如图6-39所示。如果确定内容可用，可单击“一键复制”按钮，将文案复制到Word文档中进行修改。如果内容不可用，可单击“重新生成”按钮继续生成。

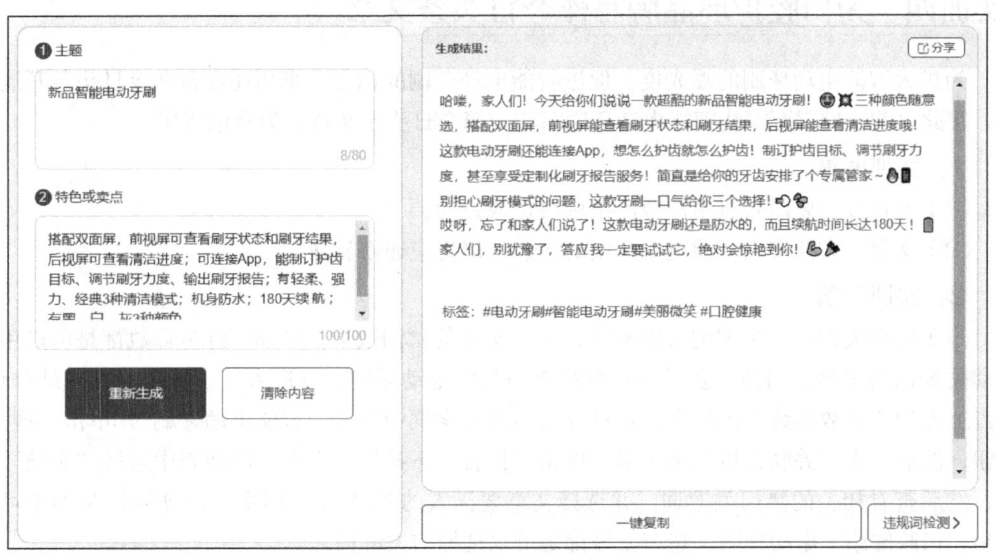

图6-39　5118生成的具体内容

（3）设计封面图。这篇小红书笔记的营销重点是产品，因此可以直接选用清晰、美观的产品图片，或使用创客贴、稿定设计等在线设计网站制作。此处结合素材文件夹中提供的产品图片（配套资源：\素材文件\项目六\产品图片 1.jpg），然后利用稿定设计的稿定 AI 功能设计封面图，如图 6-40 所示（配套资源：\效果文件\项目六\小红书封面图 .jpg）。

（4）将营销笔记发布到小红书中。进入小红书 App，上传封面图、产品图片，在输入标题和具体内容后，点击“发布”按钮发布营销笔记，效果如图 6-41 所示。

图 6-40　使用稿定 AI 功能设计封面图

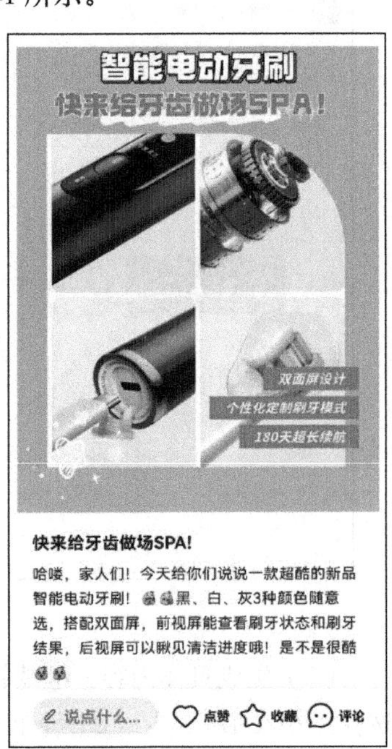

图 6-41　小红书营销笔记发布效果

实训四　为口腔护理品牌写作今日头条文章

为扩大智能电动牙刷的曝光度，促进智能电动牙刷的销售，李巧还准备在今日头条开展营销。在此之前，她需要围绕智能电动牙刷写作一篇今日头条文章，为营销所用。

1．实训要求

（1）文章标题要能号召用户做出某种决定或行为。

（2）文章正文要突出智能电动牙刷的卖点，语言应通俗易懂。

2．实训步骤

（1）选择关键词。关键词会影响今日头条文章的营销效果，5118、巨量算数都是可以用来查询关键词的工具。例如，要用巨量算数查询智能电动牙刷，可进入巨量算数官方网站首页，单击上方的“算数指数”选项卡，在打开页面的搜索框中输入“智能电动牙刷”，单击“搜索”按钮，然后单击“关联分析”选项卡，单击“抖音”下拉按钮，在开的列表中选择“头条”选项，然后查看相关的热门关键词，并选择文章要插入的关键词，如图 6-42 所示。从图中可以看出，口腔健康、电动牙刷、超声波等都是可以选择的关键词。

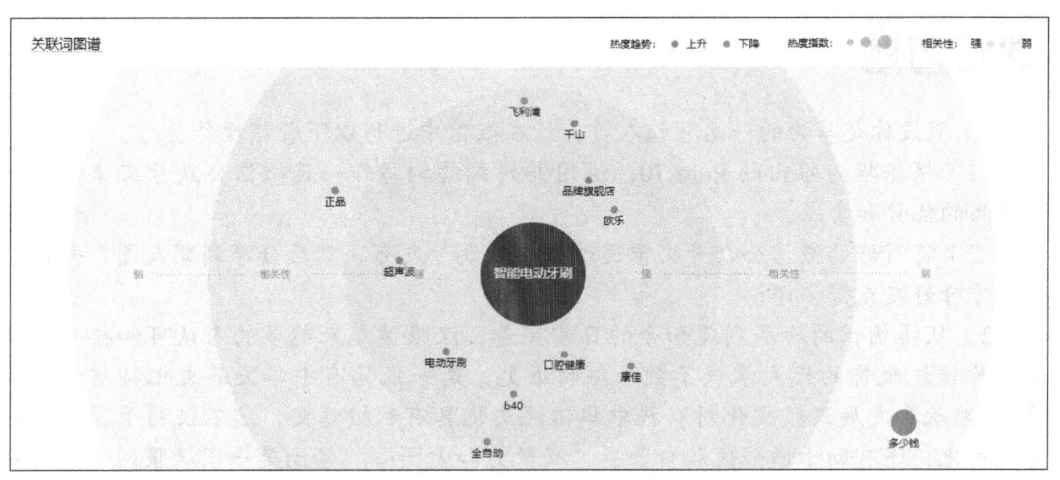

图 6-42　查看相关热门关键词

（2）写作文章标题。由于文章主要用于推广智能电动牙刷，因此标题要能号召用户做出某种决定或行为，那么写作号召式的标题就比较合适，如“就买它了！笑享护智能电动牙刷真实测评”“选它！能呵护你口腔健康的智能电动牙刷”。

（3）写作文章正文。文章的推广对象已经明确，且已知晓其特点，那么可以直接采用总分结构。例如，先总括性地提出文章是关于笑享护智能电动牙刷的评测，然后通过分点论述来详细说明产品特点，并采用通俗易懂的语言风格。图 6-43 所示为写好的文章正文示例。

就买它了！笑享护智能电动牙刷真实测评

在追求健康生活的今天，口腔健康已成为不可忽视的问题。随着科技的进步，电动牙刷以其高效的清洁能力与便捷的使用体验，逐渐成为日常口腔护理的“新宠”。今天，小编就来深入评测一款集科技与美学于一身的创新产品——笑享护智能电动牙刷，探索它如何重新定义我们的洁齿体验。

1. 智能交互，口腔健康的可视化顾问

笑享护智能电动牙刷的双面屏设计令人眼前一亮。前视屏实时显示刷牙状态，可以直观地了解每一次刷牙的成效，独特的后视屏则直观地展示了牙渍清洁进度，让清洁效果一目了然。结合专属 App，它不仅能够根据个人口腔状况定制护齿目标，还能智能调节刷牙力度，确保温和又有效地清洁。每日刷牙报告的输出，更是让我们的口腔健康管理变得科学而精准。

2. 超声波洁齿科技，深层洁净无死角

提到电动牙刷，不得不提其核心的清洁技术。这款电动牙刷采用先进的超声波技术，通过高频震动产生微小气泡，深入牙缝与牙面微细结构，有效清除顽固牙渍和细菌，相比传统手动刷牙，洁齿效果提升显著。无论是轻柔呵护敏感牙龈，还是强力去除顽固污渍，3 种清洁模式（轻柔、强力、经典）能轻松满足不同用户的个性化需求。

3. 极致细节，打造无忧使用体验

从外观到性能，笑享护智能电动牙刷都展现了对用户体验的极致追求。其搭载高性能变频马达，动力持久且噪声低。更值得一提的是，长达 180 天的续航能力，一次充电即可满足半年使用，无论在家还是出行，都能享受无忧的口腔护理。

家人们，如果你正在寻找一款既实用又时尚的电动牙刷，那么这款产品绝对值得你选择。现在上新价仅需 399 元，赶快行动吧！

图 6-43　文章正文示例

课后习题

1. 假设你是华为的一名营销人员，请在微信中进行以下营销操作。

（1）根据华为推出的Pura 70，运用并列式结构写作一篇微信公众号文章，突出该产品的优势和卖点。

（2）将写好的微信公众号文章通过微信公众号发布，然后分享到朋友圈，并在评论区呼吁好友点赞、评论。

2. 从博物馆的珍藏到现如今的日常穿着，汉服被越来越多的人认可和接受。汉服作为传统服饰的代表承载了数千年的历史，是一张具有中华民族文化特质的“名片”。继承和发展汉服文化对弘扬中华传统文化具有积极意义，这不仅利于国人了解传统文化，还有助于增强民族自豪感、凝聚力和爱国心。领尚是一家汉服网店，主要售卖汉服服饰及配件，偶尔还会开展汉服文化课堂。领尚在各大社会化媒体平台均开设有账号，账号名称统一为“领尚汉服店”。花朝节（现一般在农历的二月初二、二月十二或二月十五，随着汉服的兴起，全国各地的汉服爱好者都开始组织花朝节的汉服活动，因此花朝节开始与汉服紧密地联系在一起）临近，领尚决定在各大社会化媒体平台开展营销，请根据以下情景在相应的平台进行营销操作。

（1）为网店策划一个微博营销活动，并写出具体的活动方案和微博营销内容。

（2）为了让更多的人了解和喜爱汉服，网店准备开展汉服文化相关的社群营销，请在微信中创建一个相关的社群，然后给出具体的社群文化营销方案。

（3）围绕网店写作小红书营销笔记，然后发布到小红书。

（4）围绕汉服文化写作今日头条文章并发布，在今日头条文章中要插入相关关键词和品牌信息。

PART 07

项目七

短视频和直播营销

学习目标

- 了解并掌握短视频营销的方法。
- 了解并掌握直播营销的方法。

能力目标

- 能够熟练、快速地创作短视频脚本和直播脚本。
- 能够营销推广短视频，有序地开展直播营销活动。

素养目标

- 打造积极、健康的短视频和直播营销内容，促进短视频和直播行业健康发展。
- 依法依规开展直播，大力弘扬社会主义核心价值观，扩大优质内容生产。

情境导读

幸得农是广西的一个农产品品牌，主要在淘宝上售卖荔枝、金橘、甘蔗、香蕉、皇帝柑、青枣、枇杷、西瓜、菠萝、杨梅、百香果等广西当地应季水果。6 月，葡萄、芒果、百香果、荔枝等大批水果集中上市，产量的大幅增加使得销售压力剧增。此时，仅仅依靠淘宝已经无法迅速将这些新鲜的水果销售出去。为拓宽销售渠道、提升品牌影响力，幸得农委托泰创公司为其开展短视频和直播营销。赵磊接到委托任务后，便让李巧全权负责幸得农短视频和直播营销项目的整体规划和执行工作。

案例引导

徕芬借助短视频和直播营销实现强势突围

近年来，伴随着消费实力和消费意愿的提升，用户对小家电的品质和功能的需求日益增加。尤其是自2020年以来，小家电的市场表现明显优于白色家电（可以减轻人们的劳动强度或改善生活环境的电器，如洗衣机等）、黑色家电（给人们带来娱乐、休闲的家用电器，如电视机等）、厨房电器（厨房大型电器，如抽油烟机等）等其他细分品类（数据来源：飞鲸投研）。如果提到小家电行业的黑马品牌，徕芬必定榜上有名。于2019年成立的徕芬以一款高速吹风机进入人们的视野，短短5年时间，徕芬便成为年轻用户的个护新宠品牌。2023年“11·11”期间，徕芬全网销售额突破4.4亿元，全系产品销量超80万台，成绩颇为亮眼。

然而，徕芬的发展之路并不算顺利。2021年年初，其推出第一款吹风机，由于品牌知名度较低，吹风机的销量也很低。2021年4月，徕芬在哔哩哔哩投放了一则讲述徕芬吹风机迭代研发路的短视频，该短视频为徕芬带来了一定的关注度。2021年9月，徕芬在哔哩哔哩发布了一则名为《深度对话徕芬主创：那些不为人知的秘辛》的新品发布会宣传片，该宣传片累计播放量超过100万次，扭转了徕芬的不利局面。随后，徕芬抓住机遇，持续开展短视频营销。2022年2月，徕芬创始人与前红杉资本合伙人的对话短视频在抖音快速传播，这个短视频巧妙地结合矛盾、冲突和幽默元素，播放量破亿，为徕芬带来了大量的销量和销售额。借此，徕芬发现了抖音电商蕴含的潜力，于是抓住这波热度迅速入局抖音，开展短视频和直播营销。为扩大品牌和产品的知名度，徕芬与多个测评博主合作，从技术的角度体现产品力，如拆解徕芬高速吹风机，从外观、按键、风速、电机等多个角度论证其高性价比。同时，徕芬还在抖音、哔哩哔哩开设官方账号，发布品牌相关动态和宣传短片，通过生活场景植入品牌产品。

为促进产品的销售，徕芬还在抖音、淘宝、京东等平台开设了直播间。在抖音，徕芬打造了多个与品牌相关的子账号，各个子账号有着不同的定位，以吸引不同需求的用户。为了给直播间引入更多流量，徕芬使用了多种引流推广方式和策略，如在直播电商平台发布直播预告、在社交媒体平台发布直播引流文案和短视频等，这样不仅可以让用户知晓直播信息，激发用户的观看兴趣，还能获得更多粉丝，促进直播产品的转化。除免费的引流推广外，徕芬还在抖音、淘宝、京东等平台开展付费推广，如在淘宝利用超级直播让直播间出现在目标用户淘宝直播广场的前排位置或“猜你喜欢”等栏目中。这样成熟的直播布局方式很好地为品牌直播销量的增长打下了基础。

思考

（1）徕芬是如何利用网络营销来提升品牌知名度的？

（2）徕芬是如何借助短视频和直播来促进产品销售的？

任务一　短视频营销

互联网技术的发展和短视频平台的兴起，让观看短视频成为用户日常网络活动中的重要组成部分，这种普遍的网络用户行为促成短视频营销的诞生，并使其逐步成为网络营销中常用且有效的营销利器。

一、短视频营销的定义与模式

短视频是一种视频时长以秒计数，主要依托移动智能终端实现快速拍摄和编辑，可在社交媒体平台上实时分享的新型视频形式。短视频不同于文字、音频等单一的内容模式，其融合文字、音频和视频，能让用户接收的内容更加多元化。

短视频营销是以短视频为主体，以内容为核心，以创意为导向，通过精细策划进行产品营销与品牌传播的营销方式。短视频营销具有感染力强、形式内容多样、富有创意等特点。借助互联网，可以在短时间内进行大范围的快速传播，形成病毒营销，为企业创造巨大的营销价值。短视频营销模式众多，常见的有以下 5 种。

（一）“短视频 + 电商”营销

企业可将短视频与电商平台结合，提高营销效率。用户可以边看短视频边购买产品。通过观看短视频，用户可以直观地了解产品的特征和功能，进而缩短做出购买决策的时间。例如，用户在抖音或快手观看短视频时，有的短视频下方会显示对应产品的链接，如图 7-1 所示，这些产品来源于抖音小店、快手小店或其他电商平台（如京东），用户点击产品链接即可跳转购买。

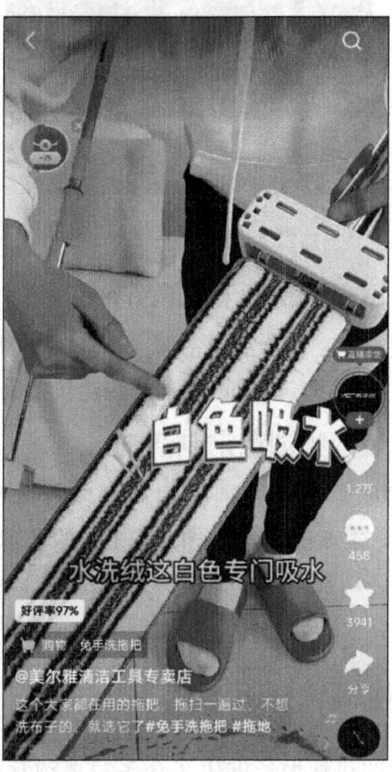

图 7-1　“短视频 + 电商”营销

（二）广告植入

广告植入是很简单的一种短视频营销模式，其一般做法是依托短视频达人的高人气，以贴片广告、口播等形式植入广告。

（三）“短视频+线下活动”营销

“短视频+线下活动”也是一种简单高效的营销模式。企业可以通过邀请达人出席企业的线下活动并拍摄视频，将精彩部分剪辑成短视频，然后上传到网上进行二次传播。例如，2024年4月，波司登举办了一场防晒衣线下走秀活动，在直播走秀时，其也通过短视频在各社交平台上宣传，如图7-2所示。

图7-2　波司登宣传活动的短视频截图

（四）短视频粉丝互动营销

短视频粉丝互动营销通常是由企业发起某一活动，借助短视频平台和短视频达人的影响力带动粉丝参与活动，实现短视频的快速传播。

（五）短视频创意定制营销

短视频创意定制营销指短视频内容采用专业生产内容（Professional Generated Content，PGC）和用户生产内容等形式，按企业的要求进行内容定制生产。创意定制的短视频可以体现内容的价值，让营销信息植入得更加自然。这类短视频更具真实性，因此很容易引起其他用户的关注。

二、短视频营销平台

短视频的迅速增长催生了众多短视频营销平台，目前主流的短视频营销平台有抖音、快手、微信视频号等。

（一）抖音

抖音是字节跳动于 2016 年 9 月推出的一款面向年轻人群体的音乐创意短视频社交平台，自上线以来一直备受关注，图 7-3 所示为抖音相关界面。

图 7-3 抖音相关界面

1．用户画像

根据 QuestMobile 的数据，截至 2023 年 9 月，抖音的月活跃用户数量达到 7.43 亿人。在 2024 年春节期间，抖音的日均活跃用户规模接近 5 亿人，从而可以看出抖音拥有大量的用户基础。至于抖音用户的性别、年龄和地域分布，根据 QuestMobile 的数据，抖音的用户群体主要集中在 18 ～ 35 岁，分布相对比较广泛，不仅在一、二线发达城市有较强的渗透，也在三线及三线以下城市拥有广泛的用户基础。在内容上，抖音用户偏爱音乐和舞蹈相关的内容，此外，美食、旅游、萌宠、时尚等领域的内容也备受用户喜爱。

2．平台优势

抖音是面向全年龄段用户的短视频营销平台，其平台优势主要表现在 3 个方面。一是抖音的用户体量大，而且以年轻用户群体为主，这类群体好奇心重，对新鲜事物接受能力强，消费能力和使用频率都比较高，对平台的黏性强，营销效果好；二是抖音通过多种变现方式将大量的用户转化为销量，用户转化率高；三是抖音通过大数据算法分析用户的兴趣爱好，实施精准的个性化推荐机制，进行有针对性的推送。

（二）快手

快手的前身是诞生于 2011 年 3 月的 GIF 快手，是北京快手科技有限公司推出的一款用来制作、分享 GIF 图片的手机应用软件。2012 年 11 月，快手从图片软件转型为短视频社区，供用户记录和分享生活，图 7-4 所示为快手相关界面。

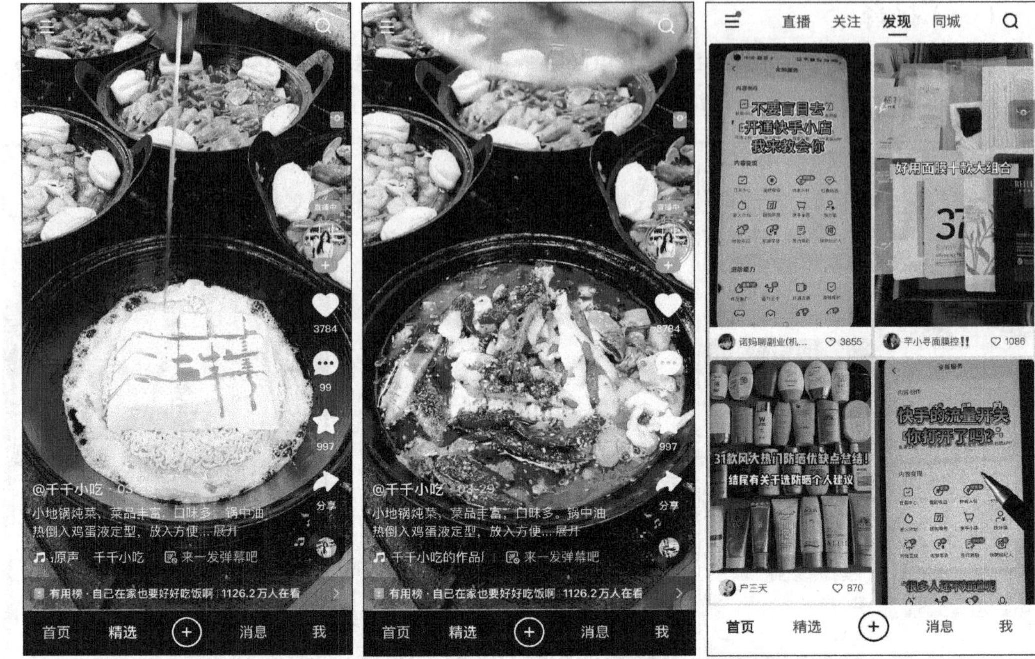

图 7-4 快手相关界面

1．用户画像

根据快手官方公布的数据，在用户性别分布上，快手男性用户与女性用户的比例基本持平，用户整体上偏好生活、娱乐类内容，偏好大众品牌、看重性价比。从快手用户的城市分布上来看，三线及三线以下城市用户居多。用户观看量较大的短视频类型为剧情、情感、美妆、服饰、游戏、幽默搞笑等，且用户的忠诚度高。

2．平台优势

相较于抖音，快手更强调多元化、平民化和去中心化，实行流量普惠策略，将更多的流量分配给普通用户，鼓励用户创作内容，并保护他们的权益。快手对短视频内容运营的支持力度也相对较高，这使得快手拥有大量普通用户，而且用户的信任度和黏性较高。

（三）微信视频号

微信视频号是 2020 年 1 月 22 日腾讯正式开启内测的短视频营销平台，用户可以直接通过微信 App 发布时长为 3 ～ 60 秒的短视频，或是 9 张及 9 张以内的图片，还能添加地理位置和微信公众号文章链接，是一个新兴的内容记录与创作平台，图 7-5 所示为微信视频号相关界面。

相较于其他短视频营销平台而言，微信视频号具有以下特点。

1．用户规模大

微信拥有庞大的用户体量，微信视频号作为微信内部视频功能的模块，用户不需要另外下载软件，因而微信视频号本身就已经有了庞大的用户群体，与其他短视频营销平台相比有着得天独厚的流量优势。

2．引流效果好

微信视频号支持短视频创作者添加公众号文章链接，公众号中也有微信视频号的入口，因此微信视频号不仅可以获取流量，还可以为公众号引流。反过来，公众号也可以提升微信视频号的流量。

图 7-5　微信视频号相关界面

3．自带社交属性

微信视频号立足用户广泛的社交媒体平台，有独特的社交优势。用户在微信视频号中看到感兴趣的内容后，可直接将其分享到朋友圈或转发给微信好友。相比文字交流，短视频更容易拉近与朋友之间的距离。

专家指导

小红书、微博、哔哩哔哩等平台也是常用的短视频营销平台，小红书中的短视频以生活方式和购物分享为主；微博与微信视频号类似；哔哩哔哩实际上是综合类视频网站，是一个年轻人高度聚集、涵盖多个兴趣圈层的多元文化社区和视频分享平台。

三、短视频营销内容的展现形式

短视频营销内容的常见展现形式主要有4种，包括图文拼接类、Vlog（Video Blog，视频博客或视频日志）类、口播类、剧情类等。

（一）图文拼接类

这是短视频所有展现形式中非常简单和容易制作的一种类型。将一些图片拼接起来，加上背景音乐、说明或解说文字，就可以做出一个完整的图文拼接类短视频，如图7-6所示。

（二）Vlog类

Vlog通常指一种通过视频形式记录并分享个人生活、经历、观点或兴趣的在线日志。目前，Vlog是比较常见的一种短视频营销内容展现形式，其内容可以非常多样化，包括但不限于旅游日志、日常记录、美食体验、时尚穿搭、学习分享、工作记录等。Vlog实际上是一种随拍内容，如旅游短视频达人以Vlog的形式展现其在旅途中的所见所闻（见图7-7）；美食短视频达人以Vlog的形式展现其试吃经历、探店经历或美食制作过程；美妆短视频达人则以Vlog的形式展现其日常的美妆技巧和服饰搭配经验；萌宠类短视频达人以 Vlog 的形式展现宠物的日常生活片段等。

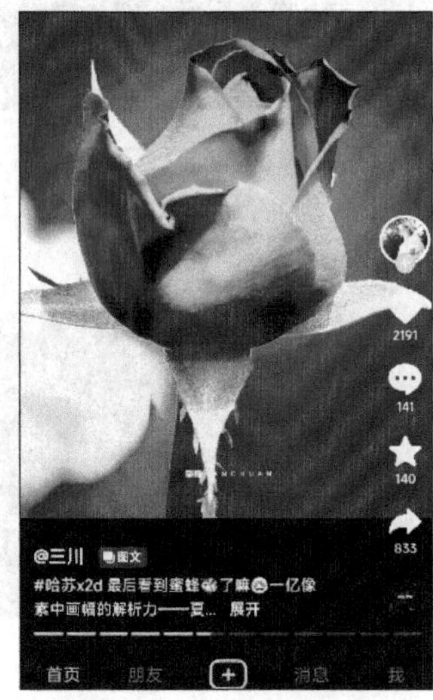

图 7-6　图文拼接类短视频

图 7-7　Vlog 类短视频

（三）口播类

这类短视频以主播的口头讲解为主，结合画面展示产品或服务的特点。主播可以出镜也可以不出镜，以单一固定镜头为主，再根据内容加入视频或图片。干货分享、产品展示或介绍、推书、开箱（见图 7-8）等短视频就常采用这种展现形式。采用这种展现形式的短视频只有向用户传递有价值的信息，才能让用户有所收获，才能得到用户的认可和持续关注。

（四）剧情类

这类短视频以故事剧情为主，设置情节，以故事内容为主要架构，如图 7-9 所示。剧情类短视频的创作难度较大，需要一定的资金和人力支持，在剧情写作、拍摄场景设计、短视频拍摄、后期短视频剪辑等方面要求更加严格。剧情类短视频的展现形式能够清晰地表达短视频的主题，而丰富的情感表达更容易引起用户的共鸣。

图 7-8　开箱短视频

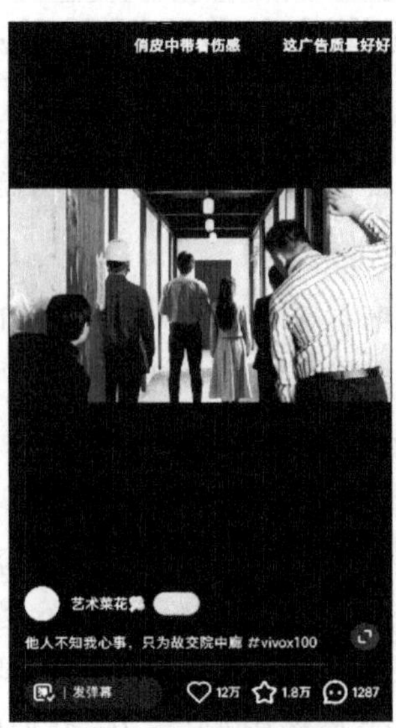

图 7-9　剧情类短视频

四、打造短视频营销内容

不管选择哪一个短视频营销平台，短视频营销的关键点都是内容，内容的好坏直接决定短视频的传播度和影响力。

（一）短视频营销定位

开展短视频营销首先需要有清晰的定位。如果没有明确的定位，就无法锁定目标用户、明确内容创作方向。企业可以从以下两个方面入手进行短视频营销定位。

1．用户定位

短视频营销的前提是了解目标用户的需求和喜好，以便开展精准营销。定位时，首先需要确定用户的基本需求，如休闲娱乐、获取知识技能、提升自我归属感、寻求消费指导等，接着需要获取用户的基本信息，再据此建立清晰的用户画像。

2．内容定位

对企业而言，短视频的内容定位可以根据用户需求、品牌本身的定位或业务需求来确定。例如，美妆类品牌可以将短视频账号定位为美容护肤类账号，然后制作发布美容护肤相关的内容。对个人而言，可按照“分析自身条件→根据特长和知识技能确定 2 ～ 3 个细分领域→搜索该领域优秀达人账号→模仿、学习→发布并测试不同细分领域短视频的数据→最终确定”的流程进行定位。

（二）短视频选题策划

短视频选题是短视频营销内容的设想和构思，好的选题是短视频营销内容的质量保证，能有效地提高短视频的播放量、点赞量和转发量等。不同的选题类型可以吸引不同的用户、传递不同的信息，进而产生不同的营销效果。

1．常规选题

常规选题指记录日常生活、工作技能、学习状态等内容的选题。常规选题的来源主要有两个途径：一是日常生活、工作、学习、娱乐时的记录，包括场景、技能和状态等；二是相似账号定位的短视频，通过观看他们的短视频，可以从中获得选题灵感。

2．热点选题

热点选题一般指与账号定位有关联的热点事件，可以在各大短视频营销平台的热搜榜单中查看。一般来说，根据热点选题创作短视频营销内容时，应尽量在热点出现后 2 个小时左右就完成创作和发布，以获得足够的热度。

3．系列选题

系列选题一般是围绕某中心选题连续策划多个短视频，不同短视频的选题不同（如进城卖农货系列短视频），但短视频之间具有关联性和连续性。在策划系列选题时，应有完整的规划，既要确保每一个短视频营销内容的选题不脱离中心选题，又要确保短视频营销内容的选题具有新意。

一般来说，短视频的选题不仅要与营销定位相匹配，以确保短视频内容和品牌形象的一致性，还要符合用户需求，并且具有创意，能持续引发用户的兴趣，以增强用户黏性。短视频营销是一个持续的过程，企业可以自行收集选题素材，或借助抖查查、新抖、卡思数据、抖音热榜、快手热榜等工具来建立选题库，以便需要时快速查找选题，帮助梳理策划思路、提高工作效率。另外，也可以借助文心一言、智谱清言、笔灵 AI 等 AIGC 工具来生成短视频选题。

（三）短视频脚本策划

短视频脚本是短视频营销内容的提纲和框架，能够为后续的拍摄、剪辑和道具准备等工作提供流程指导，提高整体工作效率，减少沟通成本。

短视频脚本的策划思路一般包括确定短视频主题、规划内容框架、填充内容细节、完成脚本4个部分。

1．确定短视频主题

一个明确的短视频主题可以为后续的脚本写作奠定基调，让短视频内容紧紧围绕主题展开。短视频的主题通常需要根据账号定位来确定，例如，服装穿搭类账号的短视频，主题可以为初春连衣裙搭配、职场通勤着装；美妆类账号的短视频，主题可以为化妆教程、仿妆教程等。

2．规划内容框架

规划内容框架即确定通过什么样的内容细节及表现方式来展现短视频主题，包括人物、场景、事件及转折点等，并对此做出详细的规划。例如，表7-1所示的分镜头脚本在规划内容框架时可以包含以下内容。

（1）拍摄主体：巧克力山楂球的原料和成品。

（2）人物：××（主角姓名）。

（3）场景：厨房。

（4）事件：××（主角姓名）展示巧克力山楂球的制作方法。

（5）产品植入方法：将要植入的××品牌巧克力以道具的方式呈现在用户面前，并通过念台词的方式把巧克力的信息口述出来。

3．填充内容细节

填充内容细节是将内容框架转化为具体场景和情节的过程。在这个过程中，需要着重思考每个角色在故事中的发展和情感变化；为每个镜头编写对话；设计角色在每个镜头中的具体动作和举止；描述每个镜头的环境和背景细节，包括场景的布置、道具的使用和灯光的设置等；确定每个镜头的视角、拍摄方式等；考虑每个镜头中的声音选择等。

4．完成脚本

完成内容细节的填充后，就可以将内容整理成完整的脚本了。短视频脚本通常以分镜头脚本的形式呈现。分镜头脚本由一个个镜头组成，每个镜头用“镜号×”表示，每个镜头包括画面内容、景别、拍摄方式、时长、台词和声音等内容，可以将文字内容转换成可以用镜头表现的画面。表7-1所示为某品牌美食制作短视频的分镜头脚本示例。

表7-1　某品牌美食制作短视频的分镜头脚本示例

镜号	景别	拍摄方式	画面内容	台词	声音	时长
1	近景	固定镜头（正面拍摄）	把山楂糕切成小块备用	大家好，今天来自制巧克力山楂球，先把山楂糕切成小块	轻快的背景音乐	2秒
2			拿出××牌黑、白巧克力，打开包装，慢慢展示，然后将其切碎	先把巧克力切碎，这次准备的是××品牌的白巧克力和黑巧克力，这款巧克力用优质可可豆制成，浓郁丝滑、甜而不腻		4秒

续表

镜号	景别	拍摄方式	画面内容	台词	声音	时长
3	中景	固定镜头（正面拍摄）	把巧克力放入玻璃碗，再把玻璃碗放入小锅中，隔水融化巧克力	接下来把巧克力隔水融化成液体	轻快的背景音乐	2 秒
4	特写		把巧克力装入裱花袋，再挤入球状模具（半分满）	把巧克力装入裱花袋，再挤入模具中，只要半分满哦		2 秒
5	近景		放入提前切好的山楂糕	把山楂糕放到巧克力上		1 秒
6			再挤入一层巧克力覆盖住山楂糕	再挤入一层巧克力，然后等待巧克力凝固就可以啦，等不及的小伙伴可以放入冰箱冷藏哦		2 秒
7	特写		切开巧克力山楂球，向镜头展示	现在巧克力山楂球就做好啦！是不是很简单？赶紧做起来吧，记得一定要用 ×× 牌巧克力哦		3 秒

（1）镜号。即镜头编号，一般按组成短视频画面的镜头的先后顺序编号，用数字表示。

景别与拍摄方式介绍

（2）景别。景别一般包括远景、全景、中景、近景和特写 5 种，不同的景别可以表现不同的人物特征及情绪等，具体可以根据故事整体脉络及矛盾冲突点来设置。例如，主角受到巨大打击，可用面部表情或手部动作特写表现人物的心理变化。

（3）拍摄方式。拍摄方式包括运镜和机位。常见的运镜方式包括固定镜头和推、拉、摇、移等运动镜头。机位包括平视机位、俯视机位、仰视机位等。

（4）画面内容。画面内容需要用精练、具体的语言描述要表现的具体画面，必要时可以使用图形、符号来表达。

（5）台词。台词是为镜头表达准备的，既可以是人物的对话，也可以是旁白或标注的文字。台词若是人物的对话，则要能推动剧情，并展示人物性格。例如，要塑造一个勤俭持家的人物形象，可以设计该人物在买菜时与菜店店主讨价还价的对话。台词若是旁白或标注的文字，则应起到解释说明、助推剧情等作用。

（6）声音。声音指背景音乐或音效。背景音乐一般使用与短视频主题匹配的音乐，如介绍传统文化的短视频可以使用古风音乐。音效包括现场的环境声，如雷声、雨声、动物叫声等，其作用是增强真实感和代入感。

（7）时长。时长与内容的详略有关。通常应根据短视频的整体时间、故事的主题和主要矛盾冲突等因素来确定每个镜头的时长。

（四）短视频拍摄

短视频拍摄既可以使用专业的拍摄工具，如单反相机、运动相机和无人机等，也可以使用手机等移动设备。为提升短视频的拍摄效果，还需要准备一些辅助设备，包括保证视频画面稳定的稳定设备（如手持稳定器、三脚架）、为拍摄提供辅助光亮的灯光设备（如反光板、柔光箱）和录制现场声音的收音设备（如枪式话筒、领夹式话筒）等。图 7-10 所示分别为手持稳定器、柔光箱和领夹式话筒。

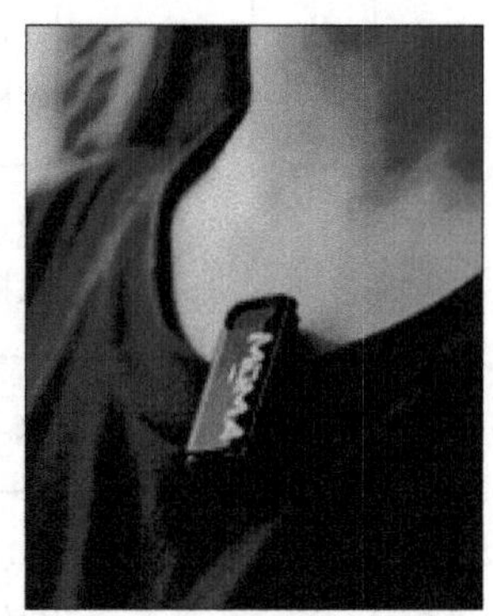

图 7-10　手持稳定器、柔光箱和领夹式话筒

除拍摄器材与辅助设备外，短视频拍摄的场景也是不能忽略的要素。短视频拍摄场景有室内和室外之分。对室内场景而言，应尽量选择符合拍摄风格且容易使用的场景，如学校宿舍、家庭住房等；在选择室外场景时，一定要选择与短视频内容相契合的场景，同时要综合考虑天气、安全、是否影响周围环境、是否有违公序良俗等问题。如果短视频内容包含人物，还要选择合适的演员。一般来说，演员通常要根据短视频的主题进行选择，要选出能充分体现短视频脚本中人物特点的演员，同时还要注意演员穿着的服装、佩戴的饰品及脸部的妆容等。

（五）剪辑制作

短视频剪辑的本质是将拍摄的大量视频素材，经过导入、剪切、添加效果等操作，最终形成一个连贯流畅、立意明确、主题鲜明、具有感染力的短视频，这也是短视频剪辑的基本流程。剪映、Premiere、爱剪辑、快剪辑等都是常用的短视频剪辑工具。在具体剪辑制作时，需要注意以下事项。

（1）短视频的剪辑制作要以短视频脚本为基础。

（2）短视频时长较短，因此在短视频剪辑过程中，要精简素材，删除重复、无效或者不必要的镜头和音频，突出重点，让用户在短时间内了解短视频的主要内容，明确中心思想。同时，还要保证短视频的时长适中，不要让用户感到无聊或者疲劳。

（3）遵循视听一致的原则，注意短视频画面、字幕、音频 3 者的同步。

（4）注意把握短视频剪辑的节奏感，以适当的速度来展现情节。

（5）避免使用过多的特效、转场，保持短视频画面的简洁和清晰，提高短视频的质量和观赏性，以及注意字幕的字体、颜色和位置，以确保字幕的易读性和美观性。

（6）注意版权问题，在使用素材时一定要了解该素材的版权信息，确保所用素材不会造成侵权问题。

专家指导

即创是抖音官方出品的一款 AIGC 工具，不仅可以生成短视频脚本、成片视频、数字人，还可以为生成的短视频配音、配字幕。即创可以有效提升脚本写作和短视频制作的效率。

党的二十大报告对强化知识产权法治保障作出重要部署，报告指出，“深化科技体制改革，深化科技评价改革，加大多元化科技投入，加强知识产权法治保障，形成支持全面创新的基础制度”。这表明我国对知识产权法治建设非常重视。因此，在利用一些现有素材制作短视频时，要始终注意不要触及侵权、盗版的红线，应使用有授权的合规合法素材。

五、短视频营销技巧

开展短视频营销的关键是吸引更多用户观看、传播短视频，加强与用户的信息传播和沟通，运用一些营销技巧更有助于营销工作的开展。

（一）优化标题和标签

一个有吸引力的标题能够激发用户的好奇心，促使他们点击观看。另外，大多短视频营销平台都会根据标题中的关键词进行内容推荐和搜索排名。标题可以说是推动短视频传播的引线。在设计短视频的标题时，可以参考前述微信公众号文章的标题写作方法，此处不再赘述。另外，还应当注意部分短视频营销平台对标题有字数限制。标签不仅是短视频营销平台对短视频内容进行分类和推荐的重要依据，还可以帮助精准定位目标用户群体，一般以“#××”的形式出现，如图 7-11 所示。在选择标签时，要注意挑选与短视频内容相关的标签，也可以添加热门标签和流行话题，以扩大短视频的传播范围。

（二）优化封面

用户在选择是否观看短视频时，首先会注意短视频的标题和封面。封面比标题更加直观，一张有吸引力的封面会为短视频加分不少。封面一般是从短视频中截取的画面，在保证封面清晰和完整的前提下，封面的选取还应注意两点：一是封面应透露短视频的内容，二是封面提供的信息应实用且有价值。

（三）多平台传播

单一的传播渠道往往无法取得良好的营销效果。因此，企业可以采用多渠道传播的方式，除了在抖音、快手等短视频营销平台推广短视频，还可以通过微博、微信、小红书等推广短视频，从而扩大短视频的影响范围。

（四）开展付费推广

付费推广是合理利用各种付费推广工具，提高短视频的曝光度，不同的短视频营销平台通常提供有相应的付费推广工具，如抖音的 DOU+（见图 7-12）、快手的快手粉条（见图 7-13）、小红书的薯条推广等。这些付费推广可以增加短视频在平台内的曝光度，让短视频可以快速触达精准用户。

（五）增强互动体验

增强互动体验是指在短视频营销的过程中，积极与用户保持互动和沟通，关注用户体验，并根据他们的需求提供更多体验的手段。例如，利用抽奖、转发福利等方式与粉丝互动，或在短视频中添加问答、投票等互动元素，又或是在评论区与用户互动，回复评论和疑问等。

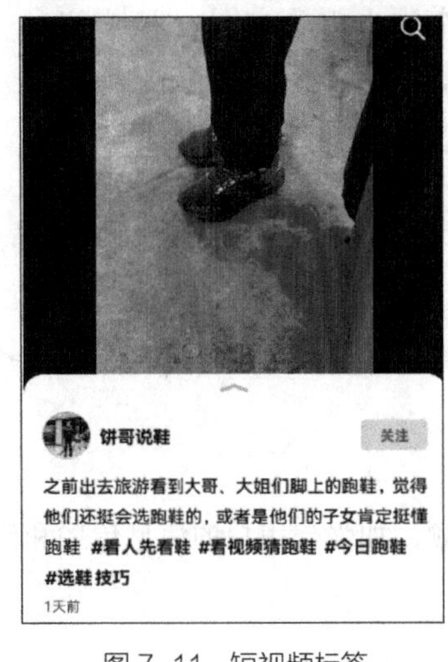

图 7-11　短视频标签

图 7-12　DOU+

图 7-13　快手粉条

（六）发布系列短视频

系列短视频通常具有连贯性和故事性，能够持续吸引用户的关注和兴趣，从而增强用户对品牌的记忆和认知。需要注意的是，系列短视频发布的间隔时间不宜过长，否则短视频将失去热度，用户的热情也会减少。

（七）利用热点

紧跟社会热点和网络流行趋势，及时制作与之相关的内容，可以借助热点的流量提升短视频的曝光度。

任务二　直播营销

直播营销以直播营销平台为载体，通过现场展示的方式来传递企业品牌或产品信息。直播营销是目前非常热门的营销方式，掌握其操作方法可以帮助企业更加灵活地开展营销。

一、认识直播营销

目前的直播营销指基于互联网的直播。从广义上来讲，直播营销可以被看作基于直播营销平台开展营销活动，从而提升品牌形象或增加产品销量的一种网络营销方式。

（一）直播营销的优势

直播营销具有实时互动性强、场景代入性强、直达用户、身临其境的体验，以及营销数据可追踪等优势。

1．实时互动性强

直播营销允许用户实时与主播进行互动，如提问、评论、点赞等。这种互动性极大地提升了用户的参与感和体验，同时也为企业提供了实时收集用户反馈的机会，有助于优化营销策略。

2．场景代入性强

一般的营销方式，用户在查看产品信息的同时需要自己在脑海中构建场景，而直播营销可以直接将产品的形态、使用过程等展现给用户，将其带入营销场景，增强其沉浸式体验。

3．直达用户

直播营销直达用户，能够消除品牌与用户间的距离感。直播能够实时向用户直观地展示品牌理念、产品制作流程和企业实力等，让用户更加了解品牌，切身地感受产品和品牌背后的文化。另外，直播营销不会对直播内容进行剪辑和加工，播出的内容与用户所看到的内容是完全一致的。因此，营销人员要注重直播流程与设备的维护，避免因出现直播失误而给用户留下不好的印象。

4．身临其境的体验

直播营销利用实时共享的直播服务，为用户打造身临其境的场景化体验。例如，阿里旅行直播远比照片、文字更能让用户直观地感受旅游地的自然和人文风光。又如，直播酒店房间设备、景区实景，能让用户感受到具体的细节。

5．营销数据可追踪

直播平台提供了丰富的数据分析功能，企业可以实时了解直播的观看人数、用户互动情况、销售数据等。这些数据有助于企业评估直播营销的效果，优化营销策略，实现精准营销。

（二）直播营销的表现形式

根据不同的应用场景，直播营销可以分为 5 大表现形式。

1．直播+电商

直播 + 电商是一种以直播的方式销售实体产品和虚拟产品的营销活动。直播带货便是直播 + 电商的典型代表，是当前企业较为常态化的直播营销手段。在这种表现形式下，主播可以把产品的优缺点、使用效果等都通过直播直观地展现出来，实现实时互动，完成导购。

2．直播+广告植入

直播 + 广告植入即在直播过程中，主播自然而然地推荐产品或品牌，摆脱广告的生硬感，从而获得用户好感的直播营销方式。例如，很多主播通过直播给用户分享化妆技巧，然后在分享的过程中植入面膜、保湿水、洁面乳等护肤产品的广告，自然而然地推荐产品或品牌。在植入广告的过程中，还可以附上购买链接，促进产品的成交转化。

3．直播+发布会

直播 + 发布会是众多企业发布新品、新闻的重要表现形式，也是企业造势、制造热点的重要途径。其直播地点不再局限于直播间，互动方式也更多样和有趣。这种表现形式可以直观展示产品并对产品进行充分的说明，也可以结合电商平台直接变现直播流量。例如，小米 SU7、华为智界 S7 的新品发布会均采用在线直播的方式，且都取得了不错效果。图 7-14 所示为华为智界 S7 的发布会截图。

图 7-14　华为智界 S7 发布会截图

4. 直播+活动

直播 + 活动的魅力在于通过有效的互动将人气连接到产品或品牌。直播活动的种类有很多，如街头采访、互动游戏、用户体验等，在活动过程中可以通过与用户互动来宣传产品或品牌，如弹幕互动、解答疑问、互动游戏等。

5. 直播+访谈

在这种表现形式下，访谈对象可以是企业的高层管理人员，由企业内部管理人员分享企业文化、发展战略、企业动态等，可信度较高。同时，企业的高层管理人员一般是知名公众人物，影响力较大。访谈对象也可以是行业意见领袖、特邀嘉宾、路人等，从第三方的角度来阐述观点和看法，可以增加直播的可信度，对传递企业文化、提高品牌知名度、塑造良好的企业形象有促进作用。

二、直播营销平台

直播营销以直播营销平台为载体。从平台属性来看，目前的直播营销平台可以分为 5 种类型。

（一）电商类直播营销平台

这类直播营销平台是在电商平台中直接镶嵌直播功能，可以实现边直播边销售的营销目的。目前，主流的电商类直播营销平台有淘宝直播、京东直播、多多直播等。图 7-15 所示为淘宝直播相关界面。电商类直播营销平台整体围绕直播电商展开，能够让用户更便捷、更快速地找到满足自身需求的直播间，具有用户购物目的性强、营销精准等特点。

（二）短视频类直播营销平台

这类直播营销平台是在短视频平台中直接镶嵌直播功能，目前主流的短视频类直播营销平台有快手、抖音等。图 7-16 所示为抖音直播相关界面。这类直播营销平台的内容涵盖多个领域，如舞蹈、唱歌、手工制作等，这些丰富多样的内容形式可以为用户带来轻松愉快的观看体验。另外，这类直播营销平台的直播形式也比较多样，有直播 + 电商、直播 + 音乐、直播 + 发布会、直播 + 公益活动等，能够满足用户多方面的需求。

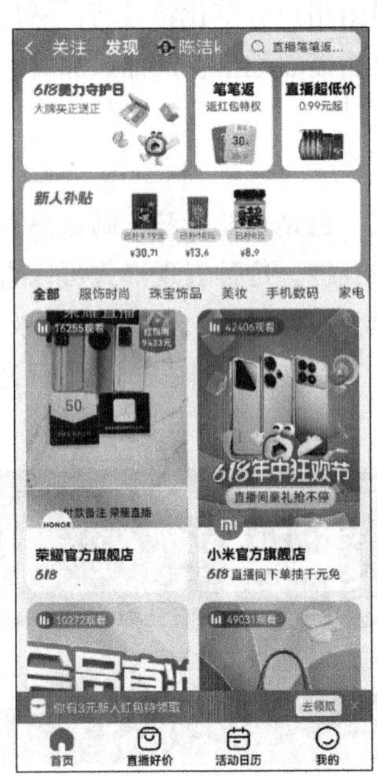

图 7-15 淘宝直播相关界面

图 7-16 抖音直播相关界面

（三）娱乐类直播营销平台

娱乐类直播营销平台兴起于PC端的秀场直播，是直播行业中发展较早的平台类型，入驻门槛低、用户流量大、主播数量较多。娱乐类直播平台的直播类目以休闲娱乐、社交互动为主，涵盖才艺展示、聊天互动、户外活动、美食、体育、科技等内容。目前，具有代表性的娱乐类直播营销平台有YY直播、花椒直播、一直播、映客直播、酷狗直播等。

（四）社交类直播营销平台

社交媒体平台是互联网上基于用户关系的内容生产与交换平台，用户可以在社交媒体平台上分享各类信息。在直播营销飞速发展的形势下，微信、微博等社交媒体平台也上线了直播功能，搭建了社交直播营销内容生态。

（五）教育类直播营销平台

目前，教育类直播营销平台可以分为两类。一类是在传统教育平台的基础上增加直播功能的平台，如网易云课堂、CCtalk等；另一类是独立的教育类直播营销平台，如荔枝微课、千聊、小鹅通等。除了支持实时互动、分享知识，教育类直播营销平台还提供教学服务，包括课后答疑、出题考试，甚至就业帮助等。

三、设计直播营销内容

直播营销内容会直接影响直播效果，其主要围绕两个部分展开，即直播脚本设计和直播话术设计，这两部分是直播营销活动的重点，也是直播营销活动能否顺利实施的依据。

（一）直播脚本设计

直播脚本与短视频脚本的作用类似，是整场直播的流程框架，便于直播团队提前明确直播内容、梳理直播流程、把控直播节奏、推动直播有序进行。直播脚本主要有整场直播脚本和单品直播脚本两种。

1. 整场直播脚本设计

整场直播脚本是对直播执行过程中流程和内容的细致说明，针对性强。在设计整场直播脚本时，要对所涉及的各方面内容进行深入思考，须确保其符合实际，以便把控直播节奏。整场直播脚本的组成要素众多，主要包括直播时间、直播地点、直播主题（如新品发布、优惠促销、专家访谈等）、直播目标、产品数量、主播介绍、直播流程等。表7-2所示为直播+电商形式的整场直播脚本示例。

表7-2　直播+电商形式的整场直播脚本示例

××品牌整场直播脚本	
直播时间	2024年11月11日20:00—22:00
直播地点	第10直播室
直播主题	××品牌“双十一”大促销
直播目标	吸引5万人进入直播间，销售额达到200万元以上
产品数量	15款
主播介绍	王文文

续表

直播流程				
时间段	流程规划	人员分工		
		主播	助理	场控
20:00—20:10	开场预热	自我介绍，与进入直播间的用户打招呼，介绍开场抽奖规则，强调每日定点开播，剧透今日主推产品	演示直播截屏抽奖的方法，回答用户问题	向各平台分享开播链接，收集中奖信息
20:11—20:20	活动剧透	简单介绍本场直播的所有产品，说明直播间的优惠力度	展示所有产品，补充主播遗漏的内容	向各平台推送直播信息
20:21—20:46	产品推荐	讲解第1到第5款产品，全方位展示产品外观，详细介绍产品特点，回复用户问题，引导用户下单	协助主播展示、回复用户问题	发布产品的链接，回复用户订单咨询
20:47—20:49	福利赠送	直播间人数满2万人即抽奖，中奖者可获得保温杯一个	提示发送福利的时间节点，介绍抽奖规则	收集中奖者信息，与中奖者取得联系
20:50—21:15	产品推荐	讲解第6到第10款产品	同产品推荐部分	同产品推荐部分
21:16—21:18	红包活动	与用户互动，鼓励用户参与	提示发送红包的时间节点，介绍红包活动规则	发放红包，收集互动信息
21:19—21:44	产品推荐	讲解第11到第15款产品	同产品推荐部分	同产品推荐部分
21:45—21:47	福利赠送	直播间人数满5万人即抽奖，中奖者可获得斜挎包一个	同福利赠送部分	同福利赠送部分
21:48—21:57	产品返场	对呼声较高的产品进行返场讲解	协助场控向主播提示返场产品，协助主播回复用户问题	向助理与主播提示返场产品，回复用户的订单咨询
21:58—22:00	直播预告	剧透明日主推产品，引导用户关注直播间，强调明日准时开播和直播福利	协助主播引导用户关注直播间	回复用户订单咨询

2. 单品直播脚本设计

单品直播脚本即基于单个产品的脚本，在直播 + 电商形式的整场直播脚本中，它对应整场直播脚本的产品推荐部分。单品直播脚本的核心是突出产品卖点，需要详细阐述产品的参数、用途、工艺、价格、使用场景等。以服装为例，单品直播脚本可以围绕服装的尺码、面料、颜色、款式、细节特点、适用场景、搭配等方面进行写作。为详细介绍产品，单品直播脚本通常会分点叙述，且多以表格的形式呈现，如表7-3所示。

表7-3 单品直播脚本各要素写作

脚本要素	具体内容
产品介绍	产品名称、产品包装、产品功能和特点
品牌介绍	品牌背书，如品牌知名度、品牌核心科技、品牌荣誉等
产品核心卖点	产品“人无我有，人有我优”的特点和优势
产品使用方法和使用场景	产品的使用方法和操作流程，产品在不同场景下的应用
产品价格	零售价和直播售价
引导转化	强调产品利益点和直播优惠，刺激用户下单

专家指导

AIGC 工具可用于辅助生成直播脚本。通过算法和自主学习，AIGC 工具不仅可以生成与直播主题相关的内容，还可以激发创意，通过提供与直播主题相关的图片、视频、音频等素材，帮助营销人员快速找到灵感和创意。笔灵 AI、智谱清言等都可以用来生成直播脚本。

（二）直播话术设计

直播话术是指直播过程中主播使用的一系列口头表达和沟通技巧，用以吸引用户的注意力、提高互动参与度，并有效地传达信息、推销产品或实现其他特定的目的。直播过程中的常见话术主要包括开场话术、引导关注话术、产品推荐话术、促留存话术、促转化话术、下播话术等。

1. 开场话术

开场话术用于直播暖场，既可以是基本的自我介绍或问好，或者对用户观看直播的感谢，也可以是对本次直播主要内容的介绍。好的开场话术可以活跃直播氛围，拉近与用户的距离。表 7-4 所示为常用的开场话术示例。

表 7-4　开场话术示例

序号	示例
1	大家好，我是 ××，大家也可以叫我小 ×！欢迎大家来到直播间
2	大家好，我是 ××，欢迎小伙伴们准时来到直播间！今天是我们的“零食特卖专场直播”，很多品牌的零食都有折扣哦
3	大家好，我是 ××，欢迎大家来到 ×× 直播间！主播是一名新手主播，今天是我直播的第 ×× 天，感谢大家对我的支持

2. 引导关注话术

引导关注话术是引导用户关注直播账号的话术。在设计引导关注话术时，一方面，可以使用积极、鼓励的语气，突出关注直播账号的好处和价值；另一方面，还可以结合福利等方式，激发用户的关注欲望，引导用户关注直播账号。表 7-5 所示为引导关注话术示例。

表 7-5　引导关注话术示例

序号	示例
1	喜欢主播的小伙伴们请动动你们的小手，点一下关注，这样就可以第一时间知晓主播的直播时间啦
2	欢迎 ×× 来到我的直播间，想获得更多福利请给主播点个关注哦
3	关注人数达到 ××，我们就开始抽奖！想参与抽奖的宝宝快动动手指关注主播

3. 产品推荐话术

产品推荐话术是主播介绍产品时的话术，其作用是让用户了解产品、产生购买产品的欲望。在设计这类话术时，可以先介绍产品的材质、工艺、功能、成分等基本信息，然后说明产品独特的卖点，最后强调产品的作用和能带给用户的利益，促使用户购买产品。例如，推荐食品类产品可以先详细说明产品的口味、规格、数量、产地、制作方式、配料、保质期等基本属性，如“下面给小伙伴们推荐一款长粒香米，这款大米吃起来软糯香甜，是5斤装的”；然后强调产品的独特卖点，如“这款大米产自黑龙江，种植地独特的土壤和气候环境，使得大米的品质非常高”；最后介绍产品能带给用户的利益，如“拆开给大家看一看，大米颗颗饱满，闻起来非常香！今天直播间拍1袋到手2袋！太划算了”。

4．促留存话术

促留存话术是促使用户停留在直播间的话术。在设计促留存话术时，可以向用户预告福利，如“××分钟后发红包或送礼品”；或是结合一些互动问题和活动等，延长用户在直播间停留的时间。表7-6所示为常用的促留存话术示例。

表7-6　促留存话术示例

序号	示例
1	下一次抽奖将在××分钟后进行，届时会送出××大礼！大家千万不要走开
2	小伙伴们，我们在20:00有发红包活动、在21:00有抽奖活动哦！大家千万不要走开
3	小伙伴们，想看××号的评论“1”，想看××号的评论“2”

5．促转化话术

促转化话术是引导用户下单购买产品，促进产品转化的一类话术。这类话术有两个设计要点：一是打消用户的顾虑，取得用户的信任，如讲述本人、朋友或同事等使用产品的经历；二是提供优惠，如重点强调产品的优惠信息，或通过对比产品平常价格、线下门店价格与直播间优惠价格来强调优惠幅度大。表7-7所示为促转化话术示例。

表7-7　促转化话术示例

序号	示例
1	购买主播直播间的产品，如果买贵了，15天内可以退差价，如果不喜欢或有质量问题，在退货时的运费由主播承担，大家放心购买
2	这次活动的优惠力度真的很大，买两套非常划算，错过就可惜了
3	小伙伴们，这次直播的优惠力度非常大，现在拍能省××元，还赠送价值××元的礼品

6．下播话术

下播话术是对用户观看、分享直播及点赞、评论等互动行为的感谢，也可以再次介绍和推荐热卖产品，还可以预告下一场直播的时间、产品、优惠、福利或嘉宾阵容等，提前为下一场直播积累热度。表7-8所示为下播话术示例。

表7-8　下播话术示例

序号	示例
1	又到下播的时间了，感谢小伙伴们陪伴我到现在，主播会继续为大家带来更多优质的产品
2	下一场直播是低价特卖专场，全场产品低至3折，直播时间是周六晚20:00，大家一定要准时来哦
3	还有10分钟就下播了，非常感谢小伙伴们的陪伴，最后给小伙伴们抽个奖好不好？我每天的直播时间是××到××，明天还有大家期待已久的运动鞋哦

营销人员在设计直播话术时应当承担社会责任，宣扬正确的价值观，不虚假宣传，不欺骗、误导用户，不得煽动、诱导用户打赏或购买产品。

四、直播营销活动实施

开展直播营销活动不是简单对着镜头聊天，而是需要做好每一阶段的工作，直播前的预热引流、直播中的推荐互动、直播后的推广传播，都影响着直播营销的整体效果。

（一）直播前

在正式开始直播前，主要有两方面的工作要完成，一是直播设备的调试，二是直播预热，前者是为确保直播的质量和稳定性，后者是为吸引更多的用户观看。

1．直播设备调试

直播设备的调试工作包括检查摄像头、话筒、灯光设备等是否正常运作，以及网络连接是否稳定。对于摄像头和话筒，要确保其能够清晰地捕捉主播的表情和声音，以便用户能够获得良好的观看体验。对于灯光设备，要布置合理，从而增强画面的视觉效果。此外，稳定的网络连接是直播顺利进行的基础，需要提前进行网速测试，从而确保直播过程中不会出现卡顿或中断的情况。为保证直播效果，在直播前还可以试播，进行测试和调整。

2．直播预热

直播预热是一项宣发性的工作，其目的是为直播营销活动造势，提高直播营销活动的曝光度和关注度。一般来说，企业可以按照以下步骤来进行直播预热。

（1）制作宣发物料。制作有吸引力的预热内容，可以很好地激发用户的好奇心和期待感。一般来说，直播预热阶段需要制作的宣传物料包括直播预热文案、直播预热海报和直播预热短视频等。这些宣发物料应当能够吸引用户准时观看直播，因而需要有针对性和亮点，应当说明直播主题、主播介绍、产品介绍、直播营销平台和直播时间等，同时还可以采用设置悬念、结合福利和奖品、直接点明直播亮点等技巧。例如，图 7-17 所示为直播预热文案示例，左图采用直接点明亮点的方法说明直播的特邀嘉宾，吸引用户观看；右图采用设置悬念的方法，以激发用户的好奇心，吸引用户观看直播。另外，在制作时，既可以利用一些 AIGC 工具来辅助写作，也可以结合在线设计工具来提高制作效率。

（2）发布直播预热信息。在发布直播预热信息时，一方面，可以在直播开始前更新直播账号简介，在简介中明确、简要地说明重要的直播信息，包括开播时间、直播主题、直播利益点等；另一方面，可以通过微博、微信公众号、企业官网、抖音等平台发布直播预热信息，如直播预热文案、直播预热海报、直播预热短视频，借助多个媒体平台的影响力，扩大预热信息的传播范围。另外，部分直播营销平台提供了直播预告功能，启用该功能后可以设置直播的时间、主题和封面等，在发布后该预告将以图文的形式显示在直播账号主页。

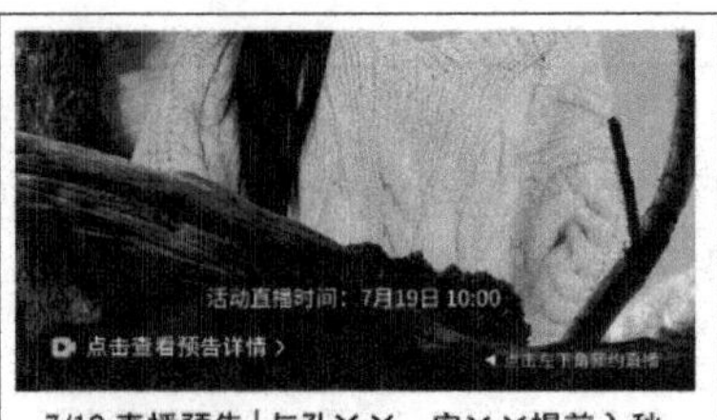

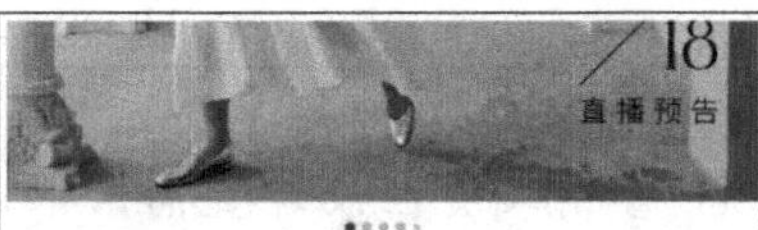

图 7-17　直播预热文案示例

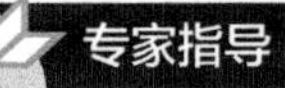

专家指导

一般来说，应提前 3 天准备好预热海报、预热文案和预热短视频等宣发物料，然后在开播前 1 ～ 3 天进行直播预热。如果直播预热与正式直播的间隔时间太短，往往不利于预热信息的持续发酵；如果直播预热与正式直播的间隔时间太长，那么预热信息又容易被用户遗忘。

（二）直播中

在直播的过程中，除了按照直播脚本进行直播，还要注意 3 个方面的内容，即调节直播氛围、直播控场和直播加热。

1．调节直播氛围

调节直播气氛有利于营造热闹的氛围，调动用户的参与积极性，避免冷场。总的来说，可以采用派发福利、与用户热情互动等方式来调节直播气氛，提升用户的活跃度。派发福利的方式多种多样，既可以在点赞或关注数量达到一定数值时派发红包或小礼品，也可以每间隔 10 分钟、30 分钟或在 20:00、21:00 定点抽奖送礼品，还可以在用户输入指定内容、拍下订单后派发奖品。向用户提问、抛出话题、玩小游戏等，均是能让用户参与互动的好方法。

2．直播控场

直播控场也就是控制直播节奏。要想把控好直播节奏，应当遵循直播流程，谨记直播脚本中的时间分配和任务分工，并严格按照直播脚本开展直播。同时，为避免影响直播节奏，还需要把控直播秩序，及时处理扰乱直播秩序的用户，如禁言、踢人、拉进黑名单等。

3．直播加热

除了直播前的预热，直播过程中也要尽可能地扩散直播信息，以增加直播间的曝光度，提升直播间的人气。除了通过分享链接的方式将直播间链接分享到粉丝群、社会化媒体平台等，还可以利用直播营销平台的付费推广工具加热直播间，提升直播间的人气，如淘宝直播的超级直播、抖音的 DOU+、快手的小火苗等。

（三）直播后

直播的结束并不意味着营销的结束，为持续扩大直播营销活动的影响力，在直播后，还需要通过一定的方法推广直播营销活动。同时，还需要对直播营销活动进行复盘，总结开展情况，为后续开展直播营销活动积累经验。

1．直播二次传播

直播二次传播即在直播后，通过其他渠道再次传播直播内容的过程。这种传播方式可以有效填补信息缺口，并可能引发“三次传播”或多次传播，从而扩大直播的影响力。一般来说，将直播中的精彩片段剪辑出来，制作成短视频或动图，再分享到社会化媒体平台等渠道是比较常见的方式。

2．直播复盘

直播复盘指在直播后对此次直播营销活动的各项数据进行回顾、分析、总结的过程，其主要目的是查找差距、弥补不足、积累经验，并确定后续直播的节奏和策略，以优化直播营销效果。直播复盘的主要内容包括：回顾直播中的高潮、亮点、受欢迎的内容；评估直播的观看人数、互动人数、评论数量、点赞数量等指标；收集用户的反馈和意见，了解他们对直播内容和体验的评价；总结和分析直播中出现的问题，以免下次再犯。

课堂实训

实训一　为荔枝写作短视频脚本

幸得农本次的主推水果为荔枝，为促进荔枝的销售，李巧准备为其拍摄并制作营销短视频，接下来她需要为该短视频写作脚本。

1．实训要求

（1）按照短视频脚本的策划思路撰写短视频脚本。

（2）以表格的形式呈现短视频分镜头脚本。

2．实训步骤

（1）确定短视频主题。该短视频主要用于营销荔枝，那么主题可以直接是幸得农荔枝的分享和推广，强调其新鲜、优质和来源可靠等特点。

（2）规划内容框架。根据短视频主题，可以大致将脚本的内容框架分为 3 个部分：一是引入部分，将早晨阳光下的荔枝果园作为背景，引出幸得农的荔枝；二是展示部分，展示幸得农荔枝的生长环境、采摘过程、包装细节等；三是结尾部分，展示已购买荔枝的用户收到后的场景，并阐述品牌口号，以强化品牌形象。

（3）填充内容细节。在内容框架的基础上，需要填充具体的细节，使短视频更加生动和吸引人。例如，在展示新鲜荔枝时，可以通过镜头的推拉和特写效果来展示荔枝的鲜艳色泽和晶莹剔透的果肉；在荔枝采摘部分，可以展示工人忙碌的场景等。

（4）完成脚本。最后需要根据内容框架和细节填充来制作分镜头脚本。其中，需要描述每个镜头的编号、景别、拍摄方式、画面内容、台词、声音和时长等。表 7-9 所示为短视频分镜头脚本示例。

表 7-9　短视频分镜头脚本示例

<table>
<tr><th>镜号</th><th>景别</th><th>拍摄方式</th><th>画面内容</th><th>台词</th><th>声音</th><th>时长</th></tr>
<tr><td>1</td><td>远景</td><td>移镜头</td><td>阳光照耀下的荔枝园</td><td>这是我们幸得农的荔枝园</td><td rowspan="7">轻快的纯音乐</td><td>4 秒</td></tr>
<tr><td>2</td><td>近景</td><td rowspan="3">固定镜头</td><td>阳光沐浴下的新鲜荔枝</td><td>荔枝颗颗饱满、色泽鲜艳</td><td>2 秒</td></tr>
<tr><td>3</td><td>近景</td><td>从树上摘下一颗荔枝并剥开</td><td>轻轻摘下一颗来剥开看看</td><td>5 秒</td></tr>
<tr><td>4</td><td>特写</td><td>荔枝剥开后晶莹剔透的果肉</td><td>果肉晶莹剔透、香甜多汁</td><td>2 秒</td></tr>
<tr><td>5</td><td>近景</td><td rowspan="2">移镜头</td><td>工人采摘荔枝并装进大框</td><td>工人们每天一大早就来荔枝园采摘新鲜的荔枝</td><td>4 秒</td></tr>
<tr><td>6</td><td>特写</td><td>工人将洗净的荔枝打包装箱</td><td>多重包装，顺丰冷链护航，保证新鲜</td><td>5 秒</td></tr>
<tr><td>7</td><td>特写</td><td>固定镜头</td><td>已购买用户收到荔枝后的场景</td><td>买荔枝，就选幸得农</td><td>3 秒</td></tr>
</table>

实训二　使用剪映 App 制作荔枝营销短视频

赵磊在仔细审核李巧写作的短视频脚本后，便直接将其交给公司的摄影师完成后续的拍摄工作。拿到拍摄素材后，赵磊安排李巧根据短视频脚本继续制作荔枝的营销短视频。

使用剪映 App 制作荔枝营销短视频

1．实训要求

（1）使用剪映 App 完成剪辑制作。

（2）根据短视频分镜头脚本进行剪辑。

2．实训步骤

（1）启动剪映 App，在主界面点击“开始创作”按钮，如图 7-18 所示。

（2）打开的界面中将显示拍摄的视频素材，根据视频素材的编号依次点击视频素材（配套资源:\素材文件\项目七\“营销短视频”文件夹），再点击选中界面右下角的“高清”单选项，然后点击“添加”按钮，如图 7-19 所示。

（3）进入剪辑界面，在编辑区点击“荔枝 1.mp4”视频素材，将时间轴向左滑动，将时间线定位到“00:03”的位置，在界面下方依次点击“剪辑”“分割”按钮，如图 7-20 所示，将视频素材分割为两部分，然后点击分割后的前一段视频片段，点击“删除”按钮。

（4）使用相同的方法分割、删除其他视频素材，使其与短视频脚本的画面内容和时长保持一致。处理后的短视频总时长为 25 秒。

（5）在编辑区点击“荔枝 1.mp4”视频素材，点击“动画”按钮（见图 7-21），再点击“动画”工具栏中的“入场动画”选项卡，然后点击“轻微放大”选项（见图 7-22），最后点击“确认”按钮完成操作。

（6）将时间轴向左滑动，在编辑区点击“荔枝 7.mp4”视频素材，点击“动画”按钮，再点击“动画”工具栏中的“出场动画”选项卡，然后点击“渐隐”选项（见图 7-23），点击按钮完成操作。

（7）返回剪辑界面，在编辑区点击第 1 段和第 2 段视频素材中间的按钮，打开“转场”工具栏，点击“叠化”选项卡，点击“叠化”选项，设置叠化时长为“0.5s”，并点击“全局应用”按钮（见图 7-24），将该转场应用到所有视频素材。

图 7-18　点击“开始创作”按钮　　图 7-19　选择视频素材　　图 7-20　分割视频素材

图 7-21　点击“动画”按钮　　图 7-22　点击“轻微放大”选项　　图 7-23　点击“渐隐”选项

（8）返回剪辑界面，将时间线定位到视频素材开始的位置，点击“文字”按钮，然后点击“新建文本”按钮，在文本框中输入“这是我们幸得农的荔枝园”，再选择图 7-25 所示的文字模板，最后缩小文字，并将其移动到视频画面的正下方位置，点击✓按钮。

（9）调整该文字模板的开始位置为“00:01”，结束位置为“00:02”。

（10）返回剪辑界面，点击“文字”按钮，继续点击“新建文本”按钮，在文本框中输入“荔枝颗颗饱满、色泽鲜艳”，点击“花字”选项卡，选择图7-26所示的花字样式，然后缩小花字并将其移动到视频画面最下方，点击✓按钮，最后调整花字的开始位置为“00:04”，结束位置为“00:06”。

图7-24　点击“全局应用”按钮

图7-25　选择文字模板

图7-26　选择花字样式

（11）按照相同的方法新建花字“轻轻摘下一颗来剥开看看”，并调整开始位置为“00:07”，结束位置为“00:09”；新建花字“果肉晶莹剔透、香甜多汁”，并调整开始位置为“00:10”，结束位置为“00:13”；新建花字“工人们每天一大早就来荔枝园采摘新鲜的荔枝”，并调整开始位置为“00:14”，结束位置为“00:17”；新建花字“多重包装，顺丰冷链护航，保证新鲜”，并调整开始位置为“00:18”，结束位置为“00:21”；新建花字“买荔枝，就选幸得农”，并调整开始位置为“00:22”，结束位置为“00:25”。

（12）选择步骤（8）中添加的文字模板，点击“文本朗读”按钮，在打开的工具栏中点击“热门”选项卡下方的“广西表哥”选项，然后点击选中“应用到全部文本”单选项（见图7-27），最后点击✓按钮。

（13）返回剪辑界面，将时间线移动到开头位置，再点击“音频”按钮，然后点击“音乐”按钮，打开添加音乐界面中的“音乐”选项卡。

（14）点击“纯音乐”选项，在打开的界面中点击音乐试听，确定后点击“使用”按钮。此处选择图7-28所示的纯音乐。

（15）返回剪辑界面，点击添加的音乐，在“00:25”位置分割音乐，并删除分割后的后半段音乐。

（16）点击剩下的音乐，点击“音量”按钮，设置“音量”为“30”，点击✓按钮完成操作；然后点击“淡化”按钮，设置“淡入时长”和“淡出时长”均为“0.5s”（见图 7-29），最后点击✓按钮完成操作。

图 7-27 设置文本朗读　　图 7-28 选择音乐　　图 7-29 设置音乐淡入淡出时长

（17）短视频制作完成，点击“播放”按钮播放短视频，确认无误后点击界面右上角的“1080P”下拉按钮，在打开的下拉列表中设置短视频的分辨率和帧率，此处设置分辨率为“1080p”，帧率为“60”，最后点击“导出”按钮导出短视频（配套资源：\效果文件\项目七\荔枝营销短视频.mp4）。

实训三　利用讯飞星火大模型为幸得农设计整场直播脚本

为促进水果销售，幸得农曾在抖音开展过直播带货活动，但由于粉丝数量少，直播带货效果并不理想。在李巧看来，幸得农在抖音的知名度和影响力都比较低，但若是与“三农”达人合作开展直播带货可能会收获意想不到的效果。经过挑选和多番洽谈，某位口碑较好的“三农”达人答应到幸得农的抖音直播间为其进行直播带货，但该达人只能在直播间待 1 个小时。端午节临近，考虑到许多家庭端午节有送礼需求，幸得农希望将直播时间定在端午节前 3 天（即 6 月 5 日），直播时长为 2 个小时。当下留给李巧的筹备时间已经不多，为提高工作效率，她决定利用讯飞星火大模型为幸得农设计此次直播带货活动的整场脚本。

1. 实训要求

（1）利用讯飞星火大模型生成整场直播脚本。

（2）以表格的形式呈现整场直播脚本。

2．实训步骤

（1）打开讯飞星火大模型官网，登录账号后进入对话界面，然后在对话框中输入写作指令。写作指令的内容包括写作背景、写作角色和写作要求等，如图7-30所示。

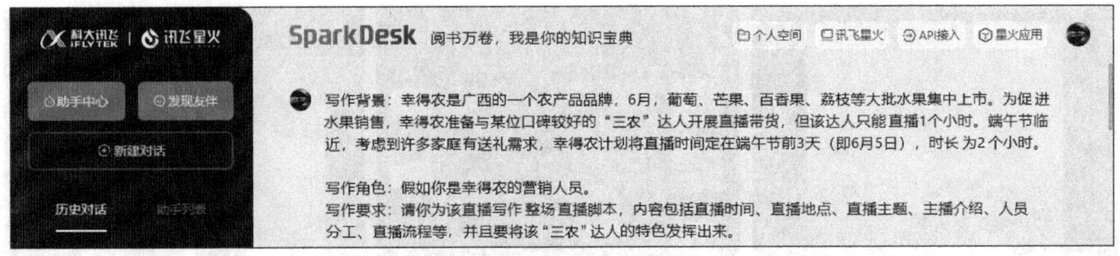

图7-30　输入写作指令

（2）讯飞星火大模型将根据写作指令生成直播脚本，如图7-31所示。仔细阅读其生成的内容，并判断内容的可用性。如果内容不可用，则继续在对话框中输入写作要求。待生成的整场直播脚本内容符合需求后，再将其复制到Word文档中。

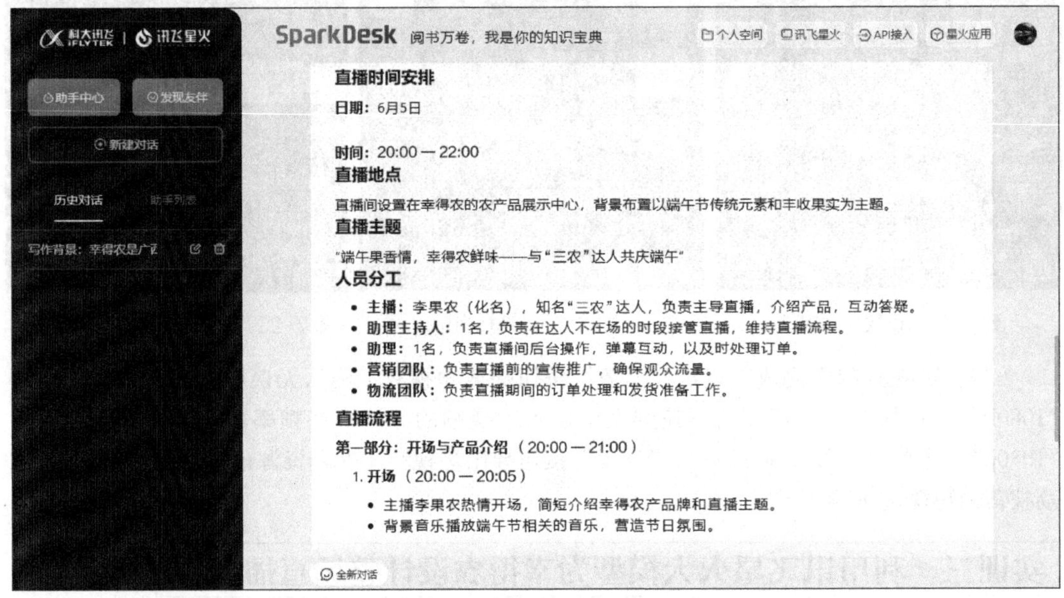

图7-31　讯飞星火大模型生成的直播脚本

（3）根据实际情况优化直播脚本，并调整其中的细节，将其整理成完整且具有创意的直播脚本。表7-10所示为幸得农整场直播脚本示例。

表7-10　幸得农整场直播脚本示例

幸得农整场直播脚本	
直播时间	2024年6月5日20:00—22:00
直播地点	幸得农种植基地
直播主题	端午果香情，与李××共迎端午
产品数量	8款
主播介绍	李××，“三农”达人；李××不在场时由刘亮主持

续表

直播流程		
时间段	流程规划	工作安排
20:00—20:10	开场预热	刘亮热情开场，简短介绍幸得农和今日的直播主题，并强调半小时后会有一位特邀嘉宾来到直播间；场控播放端午节相关的背景音乐，营造节日氛围
20:11—20:15	福利赠送	引导用户关注直播间并点赞，点赞数量到 ×× 时就开展幸运抽奖活动。抽奖活动的规则为发送指定内容的弹幕，奖品为端午节小果篮
20:16—20:30	产品推荐	刘亮依次介绍葡萄、芒果、百香果、荔枝等水果的特点，如产地、口感、营养价值，然后行走在种植基地，展示水果挂在枝头的样子，以及包装成礼盒的水果实物，让用户更直观地了解产品的新鲜度和品质
20:31—21:30	达人登场	（1）开场：李 ×× 登场，自我介绍，与用户打招呼，并分享自己在幸得农种植基地的所见所感 （2）产品推荐：李 ×× 依次讲解 8 款产品，全方位展示产品外观，详细介绍产品特点并试吃，回复用户问题，引导用户下单；刘亮协助李 ×× 展示、回复用户问题；场控发布产品的链接，回复用户订单咨询 （3）互动：开展抽奖活动，提问有关端午节习俗的问题，答对的用户就有机会参与抽奖，获得专属水果礼包或优惠券
21:31—21:45	产品推荐	刘亮接着介绍产品，继续进行产品展示和互动答疑
21:46—21:48	福利赠送	引导用户关注直播间并点赞，点赞数量到 ×× 时就开展幸运抽奖活动。抽奖活动的规则为发送指定内容的弹幕，奖品为幸得农订购的特色粽子
21:49—21:57	产品返场	对呼声较高的产品进行返场讲解，场控向刘亮提示返场产品，并回复用户的订单咨询
21:58—22:00	直播预告并下播	引导用户关注直播间，剧透下次直播时间和产品，并向用户表示感谢

课后习题

1. 小王是一名普通的农家小伙儿，在农村管理自家的果园。他性格开朗热情，熟知水果的保鲜、挑选、食用方法等知识，将果园打理得井井有条。有一天，小王发现快手上很多与他年龄相仿的农村年轻人都在利用短视频推销自家的农产品，因此他也决定效仿，为自家的水果拓宽销路。请根据小王的个人情况为其实施短视频营销出谋划策。

（1）为提高账号的人气、推销自家水果，小王可以发布哪些短视频内容？

（2）小王在短视频营销过程中，可以采取哪些营销技巧来增加水果销量？

2. 某家居品牌最近推出了一款环保便携购物袋（两个 19.9 元），容量大、可折叠，牛津布材质，耐磨、实用，不仅可以用来装水果蔬菜，还能用来装书本杂物和笔记本电脑，并且有多种印花设计，美观大方。为促进销售，该品牌打算拍摄短视频来推广该环保便携购物袋。假如你是该品牌的营销人员，请试着利用 DeepSeek 来为其写作短视频营销脚本。

3. 假设某手机品牌要发布一款新品，其主打卖点是可伸缩拍摄镜头、1 亿像素、6.61 英寸微曲屏、卫星通信功能，请简述该怎样通过直播来向用户传达其产品特点，树立其品牌形象？又该怎样设计直播的整个过程。

4. 某家具品牌计划开展直播带货活动，以销售旗下的餐桌、沙发等 15 款产品，时间预计为 2024 年 6 月 10 日 19:00—21:00。本场直播由李佳担任主播，蔡雯担任场控。为吸引用户，品牌计划开展“满 2000 元减 200 元”的直播优惠活动。此外，品牌还安排了 3 轮直播抽奖活动，奖品分别是抱枕、折叠凳和露营椅。请利用文心一言为该场直播写作整场直播脚本，并为其主推餐桌写作单品直播脚本。如下为餐桌的详细信息。

- 岩板餐桌，可伸缩，方桌圆桌随心切换，搭配4根实木导轨。
- 桌腿采用加粗实木，承重性强。
- 餐桌耐高温，且易清洁。
- 有白色和灰色两种颜色，纹理灵动精美。
- 餐桌四周为弧形边角，经过反复打磨，光滑有质感。
- 日常零售价为2099元，直播优惠价为1899元。